大学赤本シリーズ

461

新潟国際情報大学

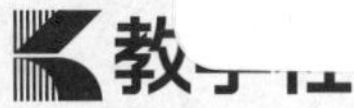

は　し　が　き

おかげさまで，大学入試の「赤本」は，今年で創刊 70 周年を迎えました。

これまで，入試問題や資料をご提供いただいた大学関係者各位，掲載許可をいただいた著作権者の皆様，各科目の解答や対策の執筆にあたられた先生方，そして，赤本を使用してくださったすべての読者の皆様に，厚く御礼を申し上げます。

以下に，創刊初期の「赤本」のはしがきを引用します。これからも引き続き，受験生の目標の達成や，夢の実現を応援してまいります。

本書を活用して，入試本番では持てる力を存分に発揮されることを心より願っています。

編者しるす

＊　＊　＊

学問の塔にあこがれのまなざしをもって，それぞれの志望する大学の門をたたかんとしている受験生諸君！　人間として生まれてきた私たちは，自己の欲するままに，美しく，強く，そして何よりも人間らしく生きることをねがっている。しかし，一朝一夕にして，この純粋なのぞみが達せられることはない。私たちの行く手には，絶えずさまざまな試練がまちかまえている。この試練を克服していくところに，私たちのねがう真に人間的な世界がはじめて開かれてくるのである。

人生最初の最大の試練として，諸君の眼前に大学入試がある。この大学入試は，精神的にも身体的にも，大きな苦痛を感ぜしめるであろう。あるスポーツに熟達するには，たゆみなき，はげしい練習を積み重ねることが必要であるように，私たちは，計画的・持続的な努力を払うことによって，この試練を克服し，次の一歩を踏みだすことができる。厳しい試練を経たのちに，はじめて満足すべき成果を獲得できるのである。

本書は最近の入学試験の問題に，それぞれ解答を付し，さらに問題をふかく分析することによって，その大学独特の傾向や対策をさぐろうとした。本書を一般の参考書とあわせて使用し，まとはずれのない，効果的な受験勉強をされるよう期待したい。

（昭和 35 年版「赤本」はしがきより）

挑む人の、いちばんの味方

1954 年に大学入試の過去問題集を刊行してから 70 年。赤本は大学に入りたいと思う受験生を応援しつづけてきました。これからも，苦しいとき落ち込むときにそばで支える存在でいたいと思います。

そして，勉強をすること，自分で道を決めること，努力が実ること，これらの喜びを読者の皆さんが感じることができるよう，伴走をつづけます。

そもそも赤本とは…

受験生のための大学入試の過去問題集！

70年の歴史を誇る赤本は，500点を超える刊行点数で全都道府県の370大学以上を網羅しており，過去問の代名詞として受験生の必須アイテムとなっています。

なぜ受験に過去問が必要なのか？

大学入試は大学によって問題形式や頻出分野が大きく異なるからです。

赤本の掲載内容

傾向と対策

これまでの出題内容から，問題の「**傾向**」を分析し，来年度の入試に向けて具体的な「**対策**」の方法を紹介しています。

問題編・解答編

- 年度ごとに問題とその解答を掲載しています。
- 「**問題編**」ではその年度の試験概要を確認したうえで，実際に出題された過去問に取り組むことができます。
- 「**解答編**」には高校・予備校の先生方による解答が載っています。

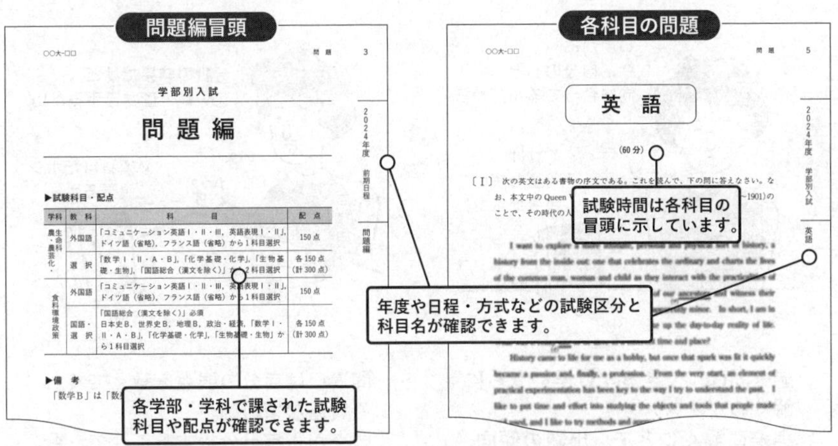

他にも，大学の基本情報や，先輩受験生の合格体験記，在学生からのメッセージなどが載っていることがあります。

掲載内容について

著作権上の理由やその他編集上の都合により問題や解答の一部を割愛している場合があります。
なお，指定校推薦入試，社会人入試，編入学試験，帰国生入試などの特別入試，英語以外の外国語科目，商業・工業科目は，原則として掲載しておりません。また試験科目は変更される場合がありますので，あらかじめご了承ください。

受験勉強は

過去問に始まり，

STEP 1 なにはともあれ

まずは解いてみる

しずかに…
今，自分の心と
向き合ってるんだから
ムーン
それは
問題を解いて
からだホン!

過去問は，**できるだけ早いうちに解く**のがオススメ！
実際に解くことで，**出題の傾向，問題のレベル，今の自分の実力**がつかめます。

STEP 2 じっくり具体的に

弱点を分析する

分析の結果だけど
英・数・国が苦手みたい
スリー
必須科目だホン
頑張るホン

間違いは自分の弱点を教えてくれる**貴重な情報源**。
弱点から自己分析することで，**今の自分に足りない力や苦手な分野**が見えてくるはず！

合格者があかす 赤本の使い方

傾向と対策を熟読
（Fさん／国立大合格）

大学の出題傾向を調べるために，赤本に載っている「傾向と対策」を熟読しました。

繰り返し解く
（Tさん／国立大合格）

1周目は問題のレベル確認，2周目は苦手や頻出分野の確認に，3周目は合格点を目指して，と過去問は繰り返し解くことが大切です。

過去問に終わる。

STEP 3

志望校にあわせて

苦手分野の重点対策

明日からはみんなで頑張るよ！
参考書も！ 問題集も！
よろしくね！
呼んだ？
なにを!?
どこから!?
グッ
グッ

参考書や問題集を活用して，苦手分野の**重点対策**をしていきます。**過去問を指針**に，合格へ向けた具体的な学習計画を立てましょう！

STEP 1 ▶ 2 ▶ 3

サイクルが大事！

実践を繰り返す

STEP 1～3を繰り返し，実力アップにつなげましょう！
出題形式に慣れることや，**時間配分を考えること**も大切です。

目標点を決める

（Yさん／私立大合格）

赤本によっては合格者最低点が載っているので，それを見て目標点を決めるのもよいです。

時間配分を確認

（Kさん／私立大学合格）

赤本は時間配分や解く順番を決めるために使いました。

添削してもらう

（Sさん／私立大学合格）

記述式の問題は先生に添削してもらうことで自分の弱点に気づけると思います。

新課程入試Q&A

2022年度から新しい学習指導要領（新課程）での授業が始まり，2025年度の入試は，新課程に基づいて行われる最初の入試となります。ここでは，赤本での新課程入試の対策について，よくある疑問にお答えします。

Q1. 赤本は新課程入試の対策に使えますか？

A. もちろん使えます！

旧課程入試の過去問が新課程入試の対策に役に立つのか疑問に思う人もいるかもしれませんが，心配することはありません。旧課程入試の過去問が役立つのには次のような理由があります。

● 学習する内容はそれほど変わらない

新課程は旧課程と比べて科目名を中心とした変更はありますが，学習する内容そのものはそれほど大きく変わっていません。また，多くの大学で，既卒生が不利にならないよう「経過措置」がとられます（Q３参照）。したがって，出題内容が大きく変更されることは少ないとみられます。

● 大学ごとに出題の特徴がある

これまでに課程が変わったときも，各大学の出題の特徴は大きく変わらないことがほとんどでした。入試問題は各大学のアドミッション・ポリシーに沿って出題されており，過去問にはその特徴がよく表れています。過去問を研究してその大学に特有の傾向をつかめば，最適な対策をとることができます。

出題の特徴の例	・英作文問題の出題の有無 ・論述問題の出題（字数制限の有無や長さ） ・計算過程の記述の有無

新課程入試の対策も，赤本で過去問に取り組むところから始めましょう。

Q2. 赤本を使う上での注意点はありますか？

A. 志望大学の入試科目を確認しましょう。

過去問を解く前に，過去の出題科目（問題編冒頭の表）と 2025 年度の募集要項とを比べて，課される内容に変更がないかを確認しましょう。ポイントは以下のとおりです。科目名が変わっていても，実際は旧課程の内容とほとんど同様のものもあります。

英語・国語	科目名は変更されているが，実質的には変更なし。 ▶▶ **ただし，リスニングや古文・漢文の有無は要確認。**
地歴	科目名が変更され，「歴史総合」「地理総合」が新設。 ▶▶ **新設科目の有無に注意。ただし，「経過措置」(Q3参照)により内容は大きく変わらないことも多い。**
公民	「現代社会」が廃止され，「公共」が新設。 ▶▶ **「公共」は実質的には「現代社会」と大きく変わらない。**
数学	科目が再編され，「数学 C」が新設。 ▶▶ **「数学」全体としての内容は大きく変わらないが，出題科目と単元の変更に注意。**
理科	科目名も学習内容も大きな変更なし。

数学については，科目名だけでなく，どの単元が含まれているかも確認が必要です。例えば，出題科目が次のように変わったとします。

旧課程	「数学Ⅰ・数学Ⅱ・数学 A・数学 B（数列・ベクトル）」
新課程	「数学Ⅰ・数学Ⅱ・数学 A・**数学 B（数列）**・**数学 C（ベクトル）**」

この場合，新課程では「数学C」が増えていますが，単元は「ベクトル」のみのため，実質的には旧課程とほぼ同じであり，過去問をそのまま役立てることができます。

Q3. 「経過措置」とは何ですか？

A. 既卒の旧課程履修者への対応です。

多くの大学では，既卒の旧課程履修者が不利にならないように，出題において「経過措置」が実施されます。措置の有無や内容は大学によって異なるので，募集要項や大学のウェブサイトなどで確認しておきましょう。

◯旧課程履修者への経過措置の例

- 旧課程履修者にも配慮した出題を行う。
- 新・旧課程の共通の範囲から出題する。
- 新課程と旧課程の共通の内容を出題し，共通範囲のみでの出題が困難な場合は，旧課程の範囲からの問題を用意し，選択解答とする。

例えば，地歴の出題科目が次のように変わったとします。

旧課程	「日本史 B」「世界史 B」から１科目選択
新課程	「**歴史総合**，日本史探究」「**歴史総合**，世界史探究」から１科目選択※ ※旧課程履修者に不利益が生じることのないように配慮する。

「歴史総合」は新課程で新設された科目で，旧課程履修者には見慣れないものですが，上記のような経過措置がとられた場合，新課程入試でも旧課程と同様の学習内容で受験することができます。

新課程の情報は WEB もチェック！
より詳しい解説が赤本ウェブサイトで見られます。
https://akahon.net/shinkatei/

科目名が変更される教科・科目

	旧課程	新課程
国語	国語総合 国語表現 現代文A 現代文B 古典A 古典B	現代の国語 言語文化 論理国語 文学国語 国語表現 古典探究
地歴	日本史A 日本史B 世界史A 世界史B 地理A 地理B	歴史総合 日本史探究 世界史探究 地理総合 地理探究
公民	現代社会 倫理 政治・経済	公共 倫理 政治・経済
数学	数学Ⅰ 数学Ⅱ 数学Ⅲ 数学A 数学B 数学活用	数学Ⅰ 数学Ⅱ 数学Ⅲ 数学A 数学B 数学C
外国語	コミュニケーション英語基礎 コミュニケーション英語Ⅰ コミュニケーション英語Ⅱ コミュニケーション英語Ⅲ 英語表現Ⅰ 英語表現Ⅱ 英語会話	英語コミュニケーションⅠ 英語コミュニケーションⅡ 英語コミュニケーションⅢ 論理・表現Ⅰ 論理・表現Ⅱ 論理・表現Ⅲ
情報	社会と情報 情報の科学	情報Ⅰ 情報Ⅱ

目　次

2022年度 問題と解答

●一般選抜：前期

●一般選抜：後期

掲載内容についてのお断り

- 〔解答〕は，新潟国際情報大学から提供された情報をもとに教学社編集部の責任により編集・制作しております。
- 総合型選抜・学校推薦型選抜は掲載していません。

基本情報

学部・学科の構成

●**国際学部**

国際文化学科

●**経営情報学部**

経営学科

情報システム学科

大学所在地

本校（みずき野キャンパス）

新潟中央キャンパス

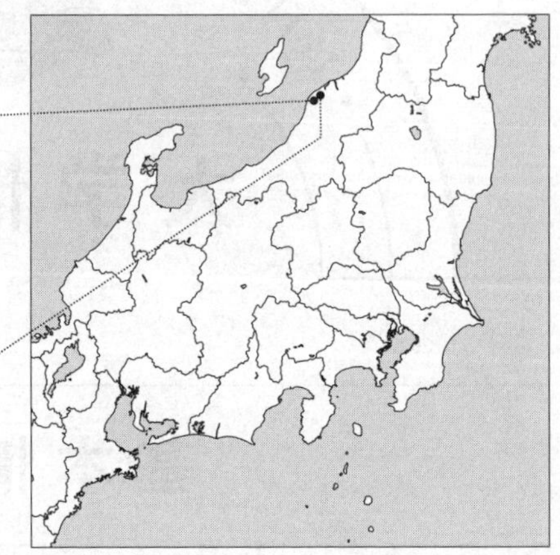

本校（みずき野キャンパス）

〒950-2292　新潟市西区みずき野３丁目１番１号

新潟中央キャンパス

〒951-8068　新潟市中央区上大川前通７番町1169番地

2024 年度入試データ

入試状況（志願者数・競争率など）

○一般選抜（前期・後期）の志願者数には第２・３志願者を含む。
○合格者数には繰上げ合格者数を含む。
○競争率は受験者数÷合格者数で算出。

総合型選抜

(　)内は女子内数

学　科	募集人員	志願者数	受験者数	合格者数	競争率
国際文化	5	1(0)	1(0)	1(0)	1.00
経営	5	5(2)	5(2)	3(2)	1.67
情報システム	5	3(0)	3(0)	2(0)	1.50

学校推薦型選抜

(　)内は女子内数

区　分	学　科	募集人員	志願者数	受験者数	合格者数	競争率
指定校制	国際文化	25	57(36)	57(36)	57(36)	1.00
	経営	30	54(15)	54(15)	51(15)	1.06
	情報システム	20	45(3)	45(3)	45(3)	1.00
公募制	国際文化	10	26(10)	26(10)	26(10)	1.00
	経営	5	38(9)	38(9)	28(9)	1.36
	情報システム	5	15(1)	15(1)	15(1)	1.00

一般選抜

(　)内は女子内数

区分	学科	募集人員	志願者数	受験者数	合格者数	競争率	合格最低点
前期	国際文化	45	241(110)	236(108)	105(59)	2.25	142
	経営	35	220(61)	215(59)	78(28)	2.76	149
	情報システム	25	178(47)	171(45)	31(7)	5.52	160
共通テスト利用	国際文化	10	41(25)	41(25)	20(14)	2.05	150
	経営	5	19(13)	19(13)	11(8)	1.73	155
	情報システム	5	28(5)	28(5)	11(2)	2.55	140
後期	国際文化	5	62(22)	58(21)	7(5)	8.29	142
	経営	5	48(9)	45(9)	8(3)	5.63	136
	情報システム	5	40(7)	38(7)	11(1)	3.45	126

(備考)
- 200 点満点
- 合格最低点には繰上げ合格者を含まない。

入学者選抜要項の入手方法

出願方法はWEB出願のみとなります。WEB出願ページにアクセスし，必要項目の入力，入学検定料の支払いの後，必要書類（入学志願票等）の郵送にて出願となります。

出願に関する詳細は，大学ホームページなどで各自ご確認ください。

資料請求先・問い合わせ先

新潟国際情報大学　入試・広報課
〒950-2292　新潟市西区みずき野3丁目1番1号
TEL　025-264-3777（直通）／025-239-3111（代表）
E-mail　nyushiweb@nuis.ac.jp
大学ホームページ　https://www.nuis.ac.jp/

科目ごとに問題の「傾向」を分析し，具体的にどのような「対策」をすればよいか紹介しています。まずは出題内容をまとめた分析表を見て，試験の概要を把握しましょう。

注意

「傾向と対策」で示している，出題科目・出題範囲・試験時間等については，2024年度までに実施された入試の内容に基づいています。2025年度入試の選抜方法については，各大学が発表する学生募集要項を必ずご確認ください。

英　語

年　度		番号	項　目	内　容
2024 ●	前期	〔1〕	読　　解	主題，内容説明，同意表現，内容真偽
		〔2〕	読　　解	内容説明，内容真偽
		〔3〕	会 話 文	内容説明，内容真偽，空所補充
		〔4〕	文法・語彙	空所補充
	後期	〔1〕	読　　解	主題，内容説明
		〔2〕	読　　解	内容説明，内容真偽
		〔3〕	会 話 文	内容説明，内容真偽，空所補充
		〔4〕	文法・語彙	空所補充
2023 ●	前期	〔1〕	読　　解	主題，内容説明，同意表現，同一用法
		〔2〕	会 話 文	内容真偽，内容説明，空所補充
		〔3〕	文法・語彙	語句整序
		〔4〕	文法・語彙	空所補充
	後期	〔1〕	読　　解	主題，内容説明，同意表現
		〔2〕	会 話 文	内容説明，空所補充
		〔3〕	文法・語彙	語句整序
		〔4〕	文法・語彙	空所補充
2022 ●	前期	〔1〕	読　　解	主題，内容説明，同一用法
		〔2〕	会 話 文	内容真偽，内容説明，空所補充
		〔3〕	文法・語彙	語句整序
		〔4〕	文法・語彙	空所補充
	後期	〔1〕	読　　解	主題，内容説明，同意表現
		〔2〕	会 話 文	内容説明，内容真偽，空所補充
		〔3〕	文法・語彙	語句整序
		〔4〕	文法・語彙	空所補充

（注）●印は全問，◑印は一部マークシート方式採用であることを表す。

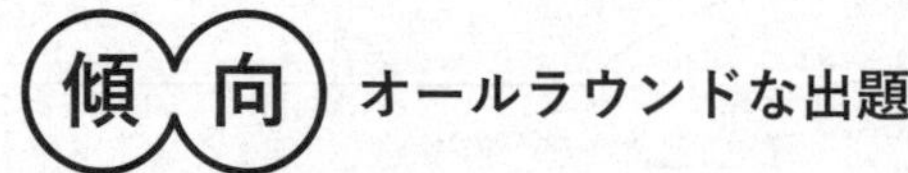

01 出題形式は？

大問４題で，全問マークシート方式の出題。試験時間は60分である。2022・2023年度は読解１題，会話文１題，文法・語彙２題という構成だったが，2024年度は読解２題，会話文１題，文法・語彙１題という構成になった。

02 出題内容はどうか？

読解問題は，Ａ４判１ページ程度の分量の英文が出題され，主題，内容説明のほか，指示語の指示内容や語句の言い換え，同一用法などを問うものになっている。各文の意味を正確に理解するとともに，話の展開をきちんとつかむことが必要である。また2024年度は新たに，図表を中心としたポスターの内容について読み解く問題が出題された。複雑な文章はないが，ポスターの中のどこについて問われているのかや，数値の変化（増減）などに気をつける必要がある。

会話文問題は，対話文の内容を問う問題と，対話文の空所補充問題からなっていることが多い。いずれも場面状況を正確につかむことが求められる。

文法・語彙問題は短文の空所を補う語を選択する問題で，ほとんどは高校の英文法の問題集をこなしておけば対応できる。文法よりも文脈から判断する問題も含まれる。また，2022・2023年度には，会話文中の空所に与えられた語句を並べ替えて文を完成させる問題もあった。重要な慣用表現をきちんと覚えておくことが肝要である。

03 難易度は？

会話文，読解問題は標準レベル，文法・語彙問題は基礎～標準レベルである。

01 読解力を養う

読解力を養成するには，英文解釈の問題集にじっくり取り組むことが確実な方法である。まずは音読から始める。何度か音読を繰り返す中で英文の大意をつかむ。その後，未知の単語，熟語を辞書で引き，文法的な知識を確認し，ノートに書き写す。訳文を工夫しながら，ノートに書き込む。訳文が完成したら，解答を参考にして添削する。間違えた箇所があれば，何が間違いなのかを正確に知り，今後の糧とする。以上の作業を毎日コツコツと繰り返す中で，おのずと読解力は身についていく。

また，問題演習の際には問題文の各段落に段落番号を振り，各段落が何について書いてあるか，あるいは，筆者がそれぞれの段落で何を言いたいのかを短い日本語で書けるようにしよう。そうすることによって全体の流れがつかめ，内容理解を問う問題に対応する力がつくであろう。『実戦演習　標準英語長文』（桐原書店），『やっておきたい英語長文 500』（河合出版）などの問題集がおすすめである。

02 文法・語彙力の充実を図る

英文解釈であれ，和文英訳であれ，文法・語彙であれ，英文法の知識が充実していなければ，進歩はない。その意味から，英文法の学習は不可欠である。文法問題対策としては，基礎～標準レベルの文法問題集を１冊徹底的に学習するとよいであろう。例えば『Bright Stage　英文法・語法問題』（桐原書店）などがおすすめである。また，語彙問題対策としては，『フェイバリット英単語・熟語〈テーマ別〉コーパス 3000』（東京書籍）がテーマや類義語でまとめてあり，イラストも豊富であるため，具体的なイメージをもちやすく覚えやすいであろう。

数　学

年度		番号	項目	内容
2024 ●	前期	〔1〕	小問3問	(1)集合の要素の個数　(2)根号を含む式の計算　(3)速度
		〔2〕	2次関数	2次関数の最大値・最小値
		〔3〕	データの分析	度数分布表
		〔4〕	図形の性質	内接円と外接円
	後期	〔1〕	小問3問	(1)三角比の値，正弦定理，余弦定理　(2)式の値　(3)正則連分数
		〔2〕	数と式	循環小数
		〔3〕	確率	条件付き確率
		〔4〕	図形と計量	四面体の体積
2023	前期	〔1〕	小問4問	(1)命題の真偽　(2)絶対値を含む不等式　(3)因数分解　(4) $180° - \theta$ と $90° - \theta$ の三角比
		〔2〕	2次関数	文字定数を含む2次関数の最小値
		〔3〕	確率	条件付き確率
		〔4〕	図形と計量	余弦定理，内心，三角形の面積
	後期	〔1〕	小問4問	(1)集合の要素　(2) $90° - \theta$ の三角比　(3)絶対値を含む不等式　(4)自然数を7で割った余り
		〔2〕	2次関数	2次関数の決定
		〔3〕	データの分析	平均値，標準偏差
		〔4〕	図形と計量	15°の三角比の導出
2022	前期	〔1〕	小問4問	(1)3次式の因数分解　(2)三角関数を含む不等式　(3)末尾の0の個数　(4)集合
		〔2〕	2次関数	2次関数の決定，放物線と直線
		〔3〕	図形と計量	中線定理，メネラウスの定理　⊘証明
		〔4〕	確率	条件付き確率
	後期	〔1〕	小問4問	(1)集合の要素　(2)中央値　(3)絶対値を含む不等式　(4)三角形の面積
		〔2〕	2次関数	2次関数の決定
		〔3〕	図形と計量	三角比と計量
		〔4〕	整数の性質	倍数の証明　⊘証明

（注）●印は全問，◐印は一部マークシート方式採用であることを表す。

出題範囲の変更

2025年度入試より，数学は新教育課程での実施となります。詳細については，大学から発表される募集要項等で必ずご確認ください（以下は本書編集時点の情報）。

2024年度（旧教育課程）	2025年度（新教育課程）
数学Ⅰ・A	数学Ⅰ・Ⅱ・A

基礎・基本的な出題

01 出題形式は？

大問数は例年4題である。そのうち〔1〕は独立した小問集合からなっている。2023年度までは全問記述式（計算過程も採点の対象となる）であったが，2024年度は全問マークシート方式となり，自分で数値をマークするものと，解答群から選択肢を選んでマークする設問がみられた。試験時間は60分。

02 出題内容はどうか？

2次関数，図形と計量，データの分析，確率は大問でよく出題されている。

03 難易度は？

全体的には教科書の例題程度の基礎・基本的な問題が中心だが，やや難度の高い複合的な問題が出題されたり，目新しい出題形式もみられる。試験時間と大問数を考えると，大問1題あたり15分で解くことになるので，小問集合の〔1〕など基本的な問題は手際よく処理するようにしたい。

01　基礎学力の充実

基礎的ではあるがどの分野も偏りなく出題されているので，教科書や傍用問題集などを利用し，全範囲の基礎事項・公式・定理などを確実に理解し，使いこなせるようにしておく必要がある。また，分野をまたいだ融合問題も出題されているので，融合問題の演習にも取り組んでおきたい。図形や関数についての問題では，問題を正確に把握するために，図やグラフを描くようにしたい。また，データの分析では言葉の意味をしっかり理解しておくこと。確率やデータの分析では計算量がやや多いので，演習を怠らないようにしたい。

国　語

年度		番号	種類	類別	内容	出典
2024	前期	〔1〕	現代文	評論	書き取り，語意，空所補充，内容説明，慣用表現，主旨	「能力はどのように遺伝するのか」　安藤寿康
		〔2〕	現代文	評論	内容説明，語意，四字熟語，内容真偽	「生きること 学ぶこと」　内田義彦
		〔3〕	現代文	評論	語意，内容説明，四字熟語，内容真偽	「言語と異文化共存」　唐須教光
		〔4〕	現代文	取材日記	空所補充，表現効果，内容説明	「戦艦武蔵ノート」　吉村昭
	後期	〔1〕	現代文	評論	書き取り，空所補充，語意，内容説明	「AIは『心』を持てるのか」ジョージ=ザルカダキス
		〔2〕	現代文	評論	語意，内容説明，空所補充，内容真偽	「ひきこもりの国民主義」酒井直樹
		〔3〕	現代文	評論	内容説明，空所補充	「『選択的シングル』の時代」エルヤキム=キスレフ
		〔4〕	現代文	評論	空所補充，内容説明，内容真偽	「外来種は悪じゃない」伊地知英信
2023	前期	〔1〕	現代文	評論	空所補充，指示内容，内容説明，内容真偽	「デジタル化する新興国」伊藤亜聖
		〔2〕	現代文	評論	空所補充，内容説明	「ゴリラからの警告」　山極寿一
		〔3〕	現代文	評論	書き取り，空所補充，内容説明，主旨	「歴史修正主義」　武井彩佳
		〔4〕	現代文	評論	空所補充，内容説明，段落整序，内容真偽	「『超』働き方改革」　太田肇
	後期	〔1〕	現代文	評論	内容説明，空所補充，四字熟語，語意	「女性のいない民主主義」　前田健太郎
		〔2〕	現代文	評論	書き取り，内容説明，慣用句，空所補充	「脳の意識 機械の意識」　渡辺正峰
		〔3〕	現代文	随筆	語意，内容説明，空所補充	「ハングルへの旅」　茨木のり子
		〔4〕	現代文	評論	空所補充，段落整序，表題，内容説明，内容真偽	「日本でいちばん社員のやる気が上がる会社」　坂本光司＆坂本光司研究室

2022	前期	〔1〕	現代文	評論	語意，空所補充，内容説明（20字），主旨	「ほめると子どもはダメになる」榎本博明
		〔2〕	現代文	評論	書き取り，箇所指摘，内容説明，図の作成，空所補充	「翻訳の思想」柳父章
		〔3〕	現代文	評論	内容説明（20・50字他），空所補充	「都市空間のなかの文学」前田愛
		〔4〕	現代文	評論	内容説明，空所補充	「働き方の男女不平等」山口一男
	後期	〔1〕	現代文	評論	内容説明，空所補充，箇所指摘	「企業の人間的側面」D・マグレガー
		〔2〕	現代文	評論	空所補充，内容説明（25字他），図の作成	「日本語と西欧語」金谷武洋
		〔3〕	現代文	評論	空所補充，内容説明，箇所指摘	「暴走する脳科学」河野哲也
		〔4〕	現代文	評論	書き取り，箇所指摘，空所補充，内容説明，主旨	「汚穢と禁忌」メアリ・ダグラス

（注）●印は全問，◑印は一部マークシート方式採用であることを表す。

現代文4題の出題　2023年度から全問選択式に

01 出題形式は？

大問4題で，試験時間は60分である。解答形式は，2022年度までは選択式と記述式の併用，2023年度からすべてマークシートによる選択式になった。

02 出題内容はどうか？

評論からの出題が中心であるが，随筆などの出題もみられる。日本語・日本文化，国際関係，人類学，科学，ジェンダーなどを扱った文章のほか，2022・2023年度は企業経営に関して論じた文章も出題された。

設問内容は，主に内容説明，空所補充，内容真偽などである。書き取りも例年出題されている。2023年度には前期・後期で1問ずつ段落整序の出題があった。

03 難易度は？

全体的に基本的な読解力を問う設問が多い。内容説明も問題文から根拠を探しやすく，標準的な設問だが，一部紛らわしい選択肢もあるので注意が必要である。設問数は多くないが，大問 4 題を 60 分で解くには，本文をスピーディーに読み進めることが必要である。

対策

01 現代文

文章の主旨把握が第一で，次に筆者独特の論理展開の仕方を読み取ることが重要である。常にキーワードになる語句を追いながら，問題文を丁寧に読み，一つ一つの問題を確実に解いていく習慣をつけること。本文中に正解の根拠を求める練習を繰り返してほしい。最近発行された新書や，文庫化された評論系の文章，新聞，ニュースに注意を払い，国内外の様々な問題やその動向を知っておくと，問題文を読む際の補助となるだろう。また，語句の意味を直接問う問題は少ないが，空所補充などで語彙力を試す問題も出題されている。過去問のほか，『マーク式基礎問題集 現代文』（河合出版）などの問題集でしっかり演習しておこう。

02 漢字・知識問題

書き取りは必出と考えて，問題集などで繰り返し練習し，早めにマスターしておこう。同音異義語を意識して学習することも大切である。国語常識（慣用句・四字熟語・ことわざなど）は文章読解の上でも必要なので，入念に学習しておくこと。普段の学習で，意味のわからない語句・慣用句・四字熟語・故事成語・ことわざなどを目にしたら，面倒がらずにそのつど調べ，覚えていくという地道な努力が求められる。問題集としては，『入試漢字マスター 1800＋』（河合出版）がおすすめである。

2024年度

問題と解答

一般選抜：前期

問題編

▶試験科目・配点

教　科	科　　目	配　点
外国語・ 数　学・ 国　語	「コミュニケーション英語Ⅰ・Ⅱ・Ⅲ，英語表現Ⅰ・Ⅱ」，「数学Ⅰ・A」，「国語総合（古文，漢文を除く）」から2教科または3教科を選択（3教科受験した場合は，高得点の2教科を合否判定に使用）	200点 （各100点）

英　語

(60 分)

各大問の英文を読み、解答番号 1 から 25 にあてはまるものとして最も適当な選択肢を選びなさい。

1. Read the following passage and answer the questions.

How difficult is it to bring back a dead language? Is it even possible? There is a family in Taiwan who are trying just that. For over 20 years, the Macapili family has been fighting to get their people to start speaking their own language again. It is not an easy job because the Siraya language disappeared more than 150 years ago. They started speaking a kind of Chinese when many people started coming to Taiwan from China and became powerful there. Eventually, they even forgot that they were a separate group from the rest of the Taiwanese.

The work started in the late 1990s when Edgar Macapili, a musician who moved from the Philippines, was shocked to find out that he could almost understand the documents from the 17th century written in Siraya. He discovered that Cebuano, his native language, is related to Siraya because they both came from the same origin. Realizing he could help bring back the language of his wife's ancestors, he started writing a dictionary. It was very difficult at first because he was a musician and not a specialist in languages. Later, he got help from a language expert from a university in Australia. After more than seven years of hard work, he finally published a dictionary that had more than 1,000 pages.

Being a musician, Macapili also wrote songs in Siraya. His family formed a band called *Onini Bamboo Singers*. Using traditional musical instruments made of bamboo, the band performed all over Taiwan and even in other countries. This raised interest among Siraya people who were once <u>indifferent</u> to their own language. Until then, many of them thought that it was useless because nobody had spoken it for a long time.

Thanks to the continued effort of the Macapili family and their friends, many local elementary schools have started teaching basic Siraya words, songs and dances to Siraya children. Macapili and his wife Uma Talavan, together with their two young daughters, visited many schools teaching children and training language teachers. They even organized summer camps to educate children about their culture. The local government finally recognized Siraya as one of the official languages of the city.

Will Siraya be fully alive again one day? It is too early to say. Even though children take Siraya classes at school, it is just one of the subjects along with English, math, and so on. Most of them still prefer to speak Chinese with their family and friends. But one thing is certain: now Siraya children know they have their own culture and tradition, and they can be proud of them.

問1 The main idea of this passage is that [1].

① not a single child has started speaking Siraya
② the Macapili family has built many schools
③ the Macapili family has been reviving Siraya
④ the Siraya dictionary contains 1,000 pages

問2 The Siraya language disappeared because [2].

① no dictionaries and textbooks existed
② people started speaking Chinese
③ they forgot they were Siraya people
④ it was related to the Cebuano language

問3 The underlined word <u>indifferent</u> means [3].

① not identical
② not delayed
③ not different
④ not interested

問4 Which of the following is NOT true about Edgar Macapili? [4]

① His wife's family were Siraya people.
② He could not understand old documents.
③ He got help from an Australian professor.
④ His native language was similar to Siraya.

問5 The author doesn't know if Siraya will be fully alive again because [5].

① Siraya is more difficult than English and math
② Siraya children already know their culture
③ children are not proud of their language
④ most children do not speak it with others

2. Look at the poster below and answer the questions.

Women in Southeast Asia

Gender equality ranking of Southeast Asian countries in 2022

Country	Regional Rank	Global Rank (out of 146 countries)
The Philippines	1	19
Singapore	2	49
Laos	3	53
Timor-Leste	4	56
Thailand	5	79
Vietnam	6	83
Indonesia	7	92
Cambodia	8	98
Malaysia	9	103
Brunei	10	104
Myanmar	11	106

Ranking standards

Economic opportunity

Women have jobs that involve high-level skills. They are paid at work as much as men are.

Educational achievement

Women have a high level of education.

Health and survival

Women have a long life period. They receive high-quality health care.

Political participation

Women participate in politics and government. They are in leadership positions.

70%
of the labor force in Southeast Asia's textile factories are women.

26 weeks
is the period when mothers in Southeast Asia can be absent from work before and after giving birth.

1 in 3
Southeast Asian women experiences domestic violence.

Gender equality ranking of Thailand in 2021 and 2022

Standard	Global Rank 2022	Global Rank 2021
Economic opportunity	15	22
Educational achievement	92	74
Health and survival	37	41
Political participation	130	134

Singapore
is the *safest* place for women to live but very few are in leadership positions.

Laos
ranks *1st* globally in women's economic participation.

Cambodia
ranks *105th* globally in women's education.

Source: *Global Gender Gap Report 2022* by the World Economic Forum

問6　Which countries ranked very low in gender equality? [6]

① The Philippines, Laos, and Singapore
② Thailand, Cambodia, and Vietnam
③ Timor-Leste, Brunei, and Laos
④ Malaysia, Brunei, and Myanmar

問7　"Political participation" means [7].

① women get elected to public office
② women have flexible work options
③ women receive good hospital care
④ women earn a university degree

問8　Which statement is NOT true about Singapore? [8]

① It ranks second in gender equality in Southeast Asia.
② It is the safest place for women in Southeast Asia.
③ Women die because of its poor health care system.
④ Very few women occupy leadership positions.

問9　Which statement is true about women in Southeast Asia? [9]

① They occupy 5% of the labor force in textile factories.
② Those who give birth cannot be absent from work.
③ One in three women experiences domestic violence.
④ There are a lot of women who lead organizations.

問10　In which standard did Thailand decline the most between 2021 and 2022? [10]

① political participation
② educational achievement
③ health and survival
④ economic opportunity

3. Read the following dialogues and answer the questions.

問11

Police officer: Good afternoon, sir. I'm Officer Johnson. May I speak with you for a moment?

Bike rider: Uh, sure, officer. What seems to be the problem?

Police officer: I noticed that you were riding your bike on the sidewalk over there. I just wanted to remind you that it's against the law to ride a bicycle on the sidewalk in this area.

Bike rider: Really? I had no idea. I apologize if I was breaking any rules. I just thought it would be safer than riding on the road.

Police officer: I understand your concern for safety, but riding on the sidewalk can cause danger for pedestrians, especially in busy areas. The law requires bike riders to use the bike lanes or share the road with other vehicles.

Bike rider: I see. I'll definitely keep that in mind from now on. Thanks for letting me know, officer. I didn't mean to put anyone in danger.

Question: Why did the police officer speak to the bike rider? [11]

① She caught the bike rider pushing his bike on the road.
② She caught the bike rider breaking a traffic regulation.
③ She caught the bike rider stealing a bike on the sidewalk.
④ She caught the bike rider causing harm to other people.

問12

Mark: Where do you usually go on Sundays?

Jane: I like to go fishing because it's really relaxing.

Mark: Fishing? It sounds boring. I don't want to just relax. I want to do something that gets my mind working. I want excitement, because my job is not so interesting.

Jane: Well, I like fishing precisely because of the excitement. When a fish bites, I'm really active because everything happens very quickly. Actually, I want to go next Saturday or Sunday.

Question: Which is true about the conversation? [12]

① Jane and Mark have different views on fishing.
② Mark feels as much excitement at work as Jane.
③ Jane and Mark are talking about different things.
④ Jane usually do nothing special on Sundays.

問13

Toshi: Hello?

Joan: Hello. This is Joan, a driver for Airport Limo Taxi Services. Are you Toshi Watanabe?

Toshi: Yes. Why are you calling?

Joan: I'm sorry, but somehow, I went past the location where you are at right now.

Toshi: What? I'm in a hurry. What should I do?

Joan: Just stay there. I'll be there in a moment. I think that'd be better than calling another taxi.

Toshi: OK, but make sure I'll arrive at the airport by 9:30.

Joan: No worries. The traffic is not so heavy around this time.

Question: What is Toshi most likely to do after the phone call? [13]

① Try another taxi company.
② Drive to the airport himself.
③ Cancel the taxi reservation.
④ Wait for the taxi to arrive.

問14

Tim: Is it possible to get to Bondi on this bus?

Bus driver: Sorry. I'm going to Coogee.

Tim: Could you tell me [14] ?

Bus driver: It's the number 73. It'll be here soon.

Choose the best option to fill in the blank [14].

① what I should buy here
② the way to the railway station
③ which bus goes to Bondi
④ if I should stay on this bus

問15

Engineer A: We've run short of funds and resources.

Engineer B: Do you think it's difficult to carry out the project?

Engineer A: Yes, [15].

Choose the best option to fill in the blank [15].

① you can move it forward
② we should give it up
③ you can carry it with you
④ we should run faster

4. Read the sentences. Choose the best word or phrase to complete each sentence.

問16 The climate of Shizuoka in winter is much milder than [16] of Niigata.

① it
② that
③ one
④ this

問17 [17] the truth is found, it doesn't matter who finds it.

① Otherwise
② As long as
③ Unless
④ In spite of

問18 Are you for or [18] the plan to cut down the budget that the committee put forward in the meeting?

① on
② against
③ without
④ by

問19 We [19] gun control, a critical issue in the United States at the moment, in our social studies class.

① talked
② told
③ discussed
④ consulted

問20 If you want to lose weight, you'll have to be careful about [20] you eat.

① which
② why
③ that
④ what

問21 If I [21] you, Jimmy, I wouldn't behave so rudely in front of your parents.

① am
② will be
③ would be
④ were

問22 While he was walking in the forest, he saw something [22] the path in front of him.

① crossed
② crossing
③ had crossed
④ to cross

問23 The waiting room was so noisy I couldn't hear my name [23].

① calling
② call
③ called
④ calls

問24 The food the restaurant offered us was so cold and salty that it was [24] from satisfying.

① far
② less
③ away
④ much

問25 You should have Ms. Brown [25] your speech and practice it many times before the presentation.

① to correcting
② to be corrected
③ correct
④ correcting

数　学

（60 分）

●解答上の注意

1　解答は，解答用紙の問題番号に対応した解答欄にマークしなさい。

2　問題の文中の [1]，[2|3] などには，符号（−，±）又は数字（0～9）が入ります。1，2，3，…の一つ一つは，これらのいずれか一つに対応します。それらを解答用紙の1，2，3，…で示された解答欄にマークして答えなさい。

例 [1|2|3] に −83 と答えたいとき

1	●	±	0	1	2	3	4	5	6	7	8	9
2	−	±	0	1	2	3	4	5	6	7	●	9
3	−	±	0	1	2	●	4	5	6	7	8	9

3　分数形で解答する場合，分数の符号は分子につけ，分母につけてはいけません。

例えば，$\dfrac{[4|5]}{[6]}$ に $-\dfrac{4}{5}$ と答えたいときは，$\dfrac{-4}{5}$ として答えなさい。

また，それ以上約分できない形で答えなさい。

例えば，$\dfrac{3}{4}$ と答えるところを，$\dfrac{6}{8}$ のように答えてはいけません。

4　小数の形で解答する場合，指定された桁数の一つ下の桁を四捨五入して答えなさい。また，必要に応じて，指定された桁まで⓪にマークしなさい。

例えば，[7].[8|9] に 2.5 と答えたいときは，2.50 として答えなさい。

5　根号を含む形で解答する場合，根号の中に現れる自然数が最小となる形で答えなさい。

例えば，[10]$\sqrt{[11]}$ に $4\sqrt{2}$ と答えるところを，$2\sqrt{8}$ のように答えてはいけません。

6　根号を含む分数形で解答する場合，例えば $\dfrac{[12]+[13]\sqrt{[14]}}{[15]}$ に

$\dfrac{3+2\sqrt{2}}{2}$ と答えるところを，$\dfrac{6+4\sqrt{2}}{4}$ や $\dfrac{6+2\sqrt{8}}{4}$ のように答えてはいけません。

7　問題の文中の二重四角で表記された [[16]] などには，選択肢から一つを選んで，答えなさい。

8　同一の問題文中に [17|18]，[[19]] などが2度以上現れる場合，原則として，2度目以降は，[17|18]，[[19]] のように細字で表記します。

1. 次の問に答えなさい。

[1]　10以下の自然数の集合を全体集合とし，部分集合 A，B を $A=\{x\,|\,x$ は素数$\}$，$B=\{x\,|\,x$ は偶数$\}$ とするとき，集合 A の要素数は [1]，集合 B の要素数は [2] であり，集合 $A\cap B$ の要素数は [3]，集合 $A\cup B$ の要素数は [4] である。

[2]　a，b は，正の整数である。$a-b=60$，$\sqrt{a}-\sqrt{b}=6$ であるとき，

$$\frac{10}{\sqrt{a}+\sqrt{b}}=\boxed{5}$$

である。

[3]　太郎君はA地点からB地点までの同じ道のりを，往路は自転車にて平均時速8 km/hで行き，帰路は自動車にて平均速度25 km/hで戻った。往復の平均速度（時速）を求めなさい。

解答欄

[6][7].[8]

2. a を定数とする2次関数 $y=4x^2-8(a-1)x+5a^2-6a-4$ を考える。次の問に答えなさい。

(1)　この2次関数の頂点の座標は，$\left(a-\boxed{9},\ a^2+\boxed{10}a-\boxed{11}\right)$ である。

(2)　この2次関数の最小値を m とする。$m=0$ のとき，a の値は [12][13]，[14] である。

(3)　m の値は，$a=$ [15][16] のとき最小値 [17][18] となる。

3. 次の問に答えなさい。

(1)　度数分布表に関する用語をａ．～ｅ．に整理した。各語に対する適切な説明を解答群（説明文）から選びなさい。なお，各説明文は必要に応じて何回使用しても良い。

ａ．階級

ｂ．階級の幅

ｃ．階級値

ｄ．度数

ｅ．度数分布表

【解答群（説明文）】

⓪　各階級に入る資料の個数

①　資料の散らばりの様子を整理したグラフ

②　資料の散らばりの様子を整理した表

③　資料の散らばり具合を示す分散

④　資料の散らばり具合を示す標準偏差

⑤　各階級のメジアン

⑥ 各階級のモード
⑦ 区間の距離
⑧ 区間の大きさ
⑨ 区切られた各区間

解答欄

a. 19　b. 20　c. 21　d. 22　e. 23

(2) 下の表は，ある高校男子 40 人の身長の度数分布表である。次の問に答えなさい。

(i) 度数が 8 である階級の値（cm）を記しなさい。

(ii) 高い方から 10 番目の生徒がいる階級の値（cm）を記しなさい。

(iii) 174 cm 未満の人は何人いるか記しなさい。

(iv) 178 cm 以上の人は何人いるか記しなさい。

階級（cm）	度数
162 以上 166 未満	6
166 ～ 170	12
170 ～ 174	8
174 ～ 178	7
178 ～ 182	5
182 ～ 186	2
計	40

解答欄

(i) 24 25 26　(ii) 27 28 29

(iii) 30 31　(iv) 32 33

4. △ABC の外心と内心をそれぞれ O，I とし，AI の延長と外接円との交点を M とする。また，∠BAC $= 2\alpha$，∠ABC $= 2\beta$，I から AB に下した垂線の足を H とする。次の問に答えなさい。

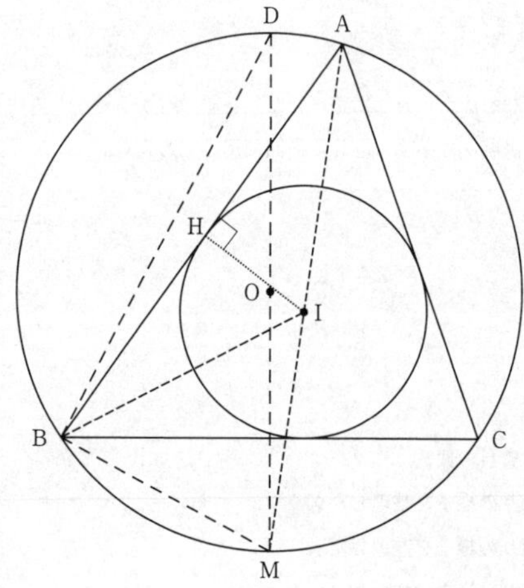

(1) 弧 BM = 34 より，

$\angle$MBC = [35],
$\angle$IBM = [36] である。
また，$\angle$AIH = [37],
$\angle$BIH = [38] より，
$\angle$BIM = [36] となり，BM = [39] となる。

(2)　$\angle$BDM = [40],
$\angle$DBM = [41][42]° より，
$\triangle$BDM ∽ $\triangle$[43] である。
これより，BM : DM = [44] : [45] となり，
外接円の半径を R，内接円の半径を r とすると，
AI・IM = [46] である。

(3)　今，O から AM に下した垂線の足を Q，OQ = h，IQ = m とすると，
$\mathrm{OA}^2 = h^2 + (\mathrm{AI} - $[47]$)^2$,
$\mathrm{OI}^2 = h^2 +$ [48]^2 である。
従って，$\mathrm{OA}^2 - \mathrm{OI}^2 = \mathrm{AI} \cdot (\mathrm{AI} -$ [49]$) = \mathrm{AI} \cdot \mathrm{IM}$ となる。
$R = 8$，OI = 4 のとき，内接円の半径は $r =$ [50] と求まる。

[34]，[39]，[43]，[44]，[45] の解答群

⓪ 弧 AC　① 弧 CM　② 弧 BD　③ 弧 AD　④ BI
⑤ AI　⑥ IM　⑦ HI　⑧ HAI　⑨ BAM

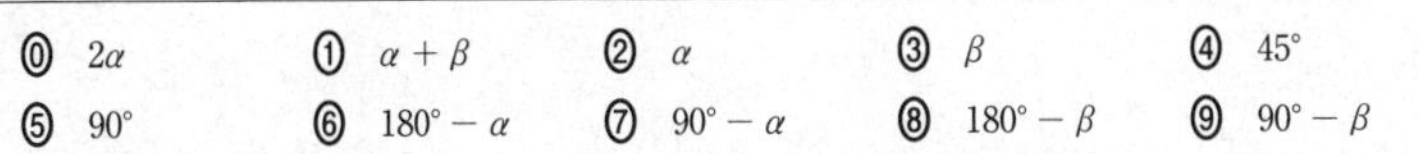

[35]，[36]，[37]，[38]，[40] の解答群（同じものを繰り返し選んでもよい。）

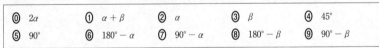

⓪ 2α　① $\alpha + \beta$　② α　③ β　④ $45°$
⑤ $90°$　⑥ $180° - \alpha$　⑦ $90° - \alpha$　⑧ $180° - \beta$　⑨ $90° - \beta$

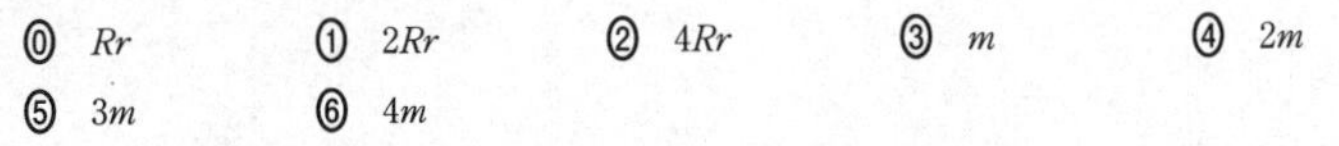

[46]，[47]，[48]，[49] の解答群（同じものを繰り返し選んでもよい。）

⓪ Rr　① $2Rr$　② $4Rr$　③ m　④ $2m$
⑤ $3m$　⑥ $4m$

① しみじみした　② てきぱきした　③ もごもごした
④ ねちねちした　⑤ めそめそした　⑥ うきうきした

④ 笑わせるように　⑤ 演ずるように　⑥ あわれむように

問四　傍線部(1)「憎しみに満ちた眼」とは具体的にどのような眼を表現しているのか。その説明として、もっとも適切なものを、次の①～⑤のうちから一つ選びなさい。解答番号は 27 。

① 戦時中から長崎の漁師として生活してきたのにもかかわらず、他所者たちに虐められてもまったく抵抗しないでいる夫のふがいなさが許せない眼。

② 夫婦で忘れようとしていたのにもかかわらず、一方的な取材行為を強いることで戦時中の苦しい記憶をよみがえらせようとする他所者たちの行為が許せない眼。

③ たんに航行する戦艦を見ただけなのにもかかわらず、戦時中に自分たち夫婦を不当に苦しめた憲兵や警戒隊員の行為がいまだに許せない眼。

④ 夫の見たことが海軍の軍事機密であるにもかかわらず、それをむりやりに証言させ自分たち夫婦に身の危険をもたらそうとする他所者たちの行為が許せない眼。

⑤ 二〇年以上もまえに戦争が終わっているのにもかかわらず、いまだ自分たち夫婦を監視し、軍事機密を漏らしたら逮捕しようとする警察の行為が許せない眼。

問五　傍線部(2)「私は、なにか為体の知れぬものに押しひしがれたような重苦しい気分になっていた」とあるが、それはなぜか。その理由として、もっとも適切なものを、次の①～⑤のうちから一つ選びなさい。解答番号は 28 。

① 興味本位でテレビ番組の取材をもちかけ、平和な生活を送る老漁師夫婦の心をかき乱してしまった自分の浅慮と行動の卑劣さについて気付かされたから。

② 軍事機密を守り通そうとする老漁師夫婦の尋常でない態度を目の当たりにし、自分が見失っていた日本人としての大切な価値観に気付かされたから。

③ 軍事機密を守り通そうとする老漁師夫婦の尋常でない態度を目の当たりにし、長崎において戦後の民主化と平和の恩恵など幻想に過ぎなかったと気付かされたから。

④ 戦時下に刻みつけられた恐怖心とは、時が経っても消えたりせず、人の意識から容易には拭い去ることのできない存在であることに改めて気付かされたから。

⑤ 他人の心に気遣うことなく取材し、のちに老夫婦の態度をあざ笑う取材班員の行動に不快感を感じ、彼らと連れ添った自分も卑しい存在であると気付かされたから。

問六　空欄 E に入れる表現として、もっとも適切なものを、次の①～⑥のうちから一つ選びなさい。解答番号は 29 。

滝口氏が、答えた。

「あれじゃ、ライトをつけるどころじゃないよ」

照明係の宮沢氏が、笑った。

帰りの船の中で私たちは、「すごかったなあ」という言葉をくり返した。

滑稽というよりは、(2)私は、なにか為体の知れぬものに押しひしがれたような重苦しい気分になっていた。あの老漁師夫婦には戦時中の恐怖感がそのまま残され、死を迎えるまで消え去ることはなさそうに思える。

私は、椋尾氏に、

「あの漁師の氏名は出さないようにしてやって下さい」

と、言った。

「そうしましょう。しかし、驚きましたね、きっとあの夫婦は、私たちに取材されたことで当分夜も眠れないかも知れませんね」

と、E口調で言った。

（吉村昭『戦艦武蔵ノート』より。原文の一部を省略した。）

（注1）艤装…艦船の船体を完成させたあとに、内部や上部に航海用具や武装を設置する工事やそのための設備のこと。

（注2）一六ミリ撮影機アイモ…フィルムを用いる小型の動画撮影カメラ。本当はアメリカ製の映画撮影用カメラの商品名だったが、日本では「アイモ」が動画撮影カメラの通り名となっていた。

問一　空欄A、Bに入ることばの組み合わせとして、もっとも適切なものを、次の①〜⑥のうちから一つ選びなさい。解答番号は24。

	A	B
①	エモーション	エモーショナル
②	リレーション	リレーショナル
③	センセーション	センセーショナル
④	フィクション	フィクショナル
⑤	セレクション	セレクショナル
⑥	ディレクション	ディレクショナル

問二　空欄Cに入ることばとして、もっとも適切なものを、次の①〜⑥のうちから一つ選びなさい。解答番号は25。

①　そうするならば　②　そうでなければ
③　そうであっても　④　それでもなお
⑤　それはそれで　⑥　とはいうものの

問三　空欄Dには「子供」を用いた比喩が入る。その表現として、もっとも適切なものを、次の①〜⑥のうちから一つ選びなさい。解答番号は26。

①　あやすように　②　しかるように　③　だますように

げしいもので、私は、その漁師の恐怖にみちた表情を空恐ろしいものをみるように見つめていた。

録音機が回転し、マイクが椋尾氏の手で差し出された時、漁師の顔は蒼白になった。

「いや。まずい、まずいよ」

漁師の声ははげしくふるえ、録音機をとめてくれと懇願する。

椋尾氏も、これほどではないと思ったらしく、

「××さん、もう戦争が終って二十年以上もたっているんですよ。心配することはなにもないじゃないですか」

と、しきりになだめにかかる。

そのうちに滝口カメラマンの(注2)一六ミリ撮影機アイモがまわりはじめると、漁師の恐怖は一層つのった。

「やめてくれ、やめてくれ」

と手をふり、顔をそらす。

アイモの音がやむと漁師は、私も何度か耳にした「小心者です。私は、小心者です。しゃべるのはまずいのです」と、頭をしきりにさげる。そして、カメラのアイモの音がしはじめると、ぎくりとしたようにふり返り、必死になって手で制する。

滝口カメラマンは、部屋の隅にある古びた鏡にレンズを向け、そこにうつる老漁師の表情を盗みどりしたりしている。

私は、息苦しくなった。椋尾氏と滝口氏の職業的執念のはげしさに圧倒されると同時に、この漁師の恐怖感をこのままにしておいてはいけない、と思った。

私は、漁師に懇々と説いた。「武蔵」のことを話すことを恐れているらしいが、戦後それについての機密保持は解かれて、事実私は、戦艦「武蔵」について調査して小説に書きそれは単行本になって発行までされている。それなのに、漁師だけがそれについて話すのを恐れているのはまったく不必要なことだし、それはこれから生きてゆく上に不幸なことである、と説いた。

漁師は、私の話に素直にうなずいていたが、納得したのかと思うとそうではなく、再びマイクが突きつけられアイモがまわると、狂ったように制止にかかる。それを私や椋尾氏が子供を［D］説得をくり返すが、漁師はすっかりおびえきって頭をふりつづける。そのやりとりは、私たちがその漁師を私刑にかけてでもいるような図にみえるにちがいなかった。

そのうちに、不意に台所から漁師の妻である老婆が顔を出すと、

「父ちゃん、余計なことをしゃべるんじゃない。警察にしょっぴかれるよ」

と、絶叫にも近い声で叫んだ。

私たちは、老婆の蒼白な顔と(1)憎しみに満ちた眼に呆然とした。

椋尾氏たちは、老婆の怒声で取材を諦めたらしく、その家を出た。

「少しは撮れたかい」

椋尾氏が言うと、

「ああ充分だ」

と、顔をこわばらせて言った。

私は一瞬、その意味が分らなかったが、

「おれが話したなんて言うことがわかると、まずいから……」

と、重ねて言う老人のおびえた眼の光に、私は、ようやく老人の言葉の意味が理解できた。

「でも、戦争は二十年前に終りましたし、別にどうということもありませんよ」

私は、苦笑しながら言った。

「いや、まずい、まずいよ」

漁師は、私に話をしたことを後悔するようにしきりと手をふった。

例の漁師……というのはそのことであり、椋尾氏は、その老漁師をたずねてみたいと言うのである。

翌朝、私たちは、交通船に乗ってその村落へ向った。が、船に乗った頃から、私の胸の中にはかすかな不安がきざしはじめていた。私があとがきに書いた老漁師の話は、読んだ人々にかなりの興味を与えたようだったが、それらの人々は「事実あの通りだったのですか」と必ず質問し、遠慮のない友人たちは、

「あれは君の［A］だろ。あまり話がうまく出来すぎているよ」

と笑いながら言う。

「いや、本当なんだ」

私が反論しても、「そうかなあ」と友人たちは、疑わしそうな眼で私を見る。

そんなことがくり返されているうちに、徐々に私自身の気持もぐらつくようになっていた。たしかに私は老漁師に会った時、その漁師の意外なおびえを感じたし、「まずいよ、まずいよ」と言った言葉もはっきり記憶している。

しかし、それは現代ばなれしているし、友人たちの言うように［B］なものだと疑われても無理はない。おれの受けとり方のまちがいだったのだろうか、私は自信を失っていた。もしも、あとがきに書いたことが事実でなかったら、私は興味本位の作り話を書いたことになる。

私の不安は、船が村落に近づくにつれて一層強いものになっていった。

船が、小さな船着場についた。

人気のない村落であったが、カメラ、照明器具、録音機をかついだ私たちの姿は異様にうつるらしく、両側の家々から好奇にみちた眼がのぞいている。

私は、狭い道をたどって見覚えのある小さな家の前に立った。格子戸をあけると、前に訪れた時と同じように、敷居のところであぐらをかいて網をつくろっている老人が私の顔を見上げた。

私が事情を話すと、漁師は、部屋に上るように言った。私は、その漁師の態度に、あれはやはり錯覚だったのかと思った。［C］、私たちを家へ招じ入れてくれるはずはなかった。

しかし、それから漁師の示した言動は、やはり私の錯覚ではなかったことを立証していた。それどころか、前回に示した反応よりはるかには

③ 非言語的コミュニケーションを重視しない文化
④ 重要なことを優先的に言語で伝える文化
⑤ 言語の階層的使用が多く見られる文化

問五　空欄 A に入る四文字のことばとして、もっとも適切なものを、次の①～⑤のうちから一つ選びなさい。解答番号は 22 。
① 一心同体　② 意気投合　③ 虚心坦懐　④ 一意専心
⑤ 以心伝心

問六　本文の内容にもっとも合致するものを、次の①～⑤のうちから一つ選びなさい。解答番号は 23 。
① おしゃべり好きな人は、寡黙な人からみると異常であり、攻撃的と見なされる。
② 英語力が高いからといって、社交の場で英語がうまく話せるとは限らない。
③ 文化圏が異なると、同じ英語で会話しても必ず意見の食い違いが生じてしまう。
④ 言語を重視する文化には、「最大多数の最大幸福」を求める倫理観がある。
⑤ 言語を重視する文化の言語は、日本語や韓国語のような敬語表現の体系化が成熟していない。

問題四

次の文章を読んで、設問に答えなさい。

「私」は戦後の歴史文学や記録文学の世界に大きな足跡を残した作家・吉村昭(よしむらあきら)である。日本海軍が極秘裏に建造した巨大戦艦「武蔵」に関わった長崎の人々を取材した作品『戦艦武蔵』が版を重ねるベストセラーになると、東京放送（TBS）から『戦艦武蔵』をベースにしたルポルタージュ番組制作の依頼が来た。「私」は了承し、番組プロデューサーの「椋尾氏(むくお)」や取材班員とともに長崎に来ている。

「例の漁師のことですが……」

椋尾氏は、企画表をひらいた。

私は、単行本の『戦艦武蔵』のあとがきに、長崎港口にある村落に住む漁師のことをこんな風に書いた。

小さな船で長崎の港口近くにある島の老いた漁師をたずねた。その漁師は、憲兵や警戒隊員の眼をぬすんで、夜明け近い頃、ひそかに雨戸のすき間から、巨大な鉄の建造物が海上を音もなく動いて行くのを目にしていた。日時から推定すると、それは、艤装(ぎそう)(注1)も終った「武蔵」が呉へ回航するため長崎港を出発する折のことにちがいなかった。

話し終ってから、ふとその老人は、

「今の話は、だれにも言わないでくれ」

前者の文化におけるようには体系化されたものが見られないということは重要な違いである。

（唐須教光「言語と異文化共存」、青木保ほか編『異文化の共存』より。原文の一部を省略した。）

（注1）ディスコース…談話や会話のこと。
（注2）演繹…ある法則に基づいて個別の事例について推論すること。
（注3）ストラテジ…戦略のこと。
（注4）帰納…いくつかの個別の事柄から、ある法則を導き出すこと。「演繹」の反対語。
（注5）ことばの民族誌…デル・ハイムズ（Dell Hymes）が始めたコミュニケーションの文化人類学的研究。

問一　傍線部(1)「タブー」の意味として、もっとも適切なものを、次の①～⑤のうちから一つ選びなさい。解答番号は［18］。

①　禁忌　②　悪行　③　不満　④　嫌気　⑤　道徳

問二　傍線部(2)「アメリカのビジネスマンとホンコンのビジネスマンが英語でコミュニケーションを行なう際に起り得る誤解」について、ホンコンのビジネスマンがアメリカのビジネスマンに対して抱く可能性がある誤解とは何か。本文の内容にもっとも合致するものを、次の①～⑤のうちから一つ選びなさい。解答番号は［19］。

①　アメリカのビジネスマンは言葉多めに長々と話し、会話に無駄が多い。
②　アメリカのビジネスマンは筋道が立たず、つかみどころがない。
③　アメリカのビジネスマンは相手への配慮がなく、洗練されていない。
④　アメリカのビジネスマンは文法的能力に問題があるかもしれない。
⑤　アメリカのビジネスマンはホンコンの文化について理解がない。

問三　傍線部(3)「ことばに対する態度」にもっとも影響を与えていることとは何か。本文の内容にもっとも合致するものを、次の①～⑤のうちから一つ選びなさい。解答番号は［20］。

①　話されることばの量
②　コミュニケーション能力
③　自らの属する文化
④　ディスコースのストラテジ
⑤　人間関係に対する態度

問四　傍線部(4)「言語によらないコミュニケーションが尊重される文化」と対照的な文化は何か。本文の内容にもっとも合致するものを、次の①～⑤のうちから一つ選びなさい。解答番号は［21］。

①　禅仏教に強い影響を受けていない文化
②　すべての情報を言語で伝えようとする文化

に入る前に、その話題に入るのに相応（ふさわ）しい言語的コンテクストを作り出すというストラティジをとるという。このようなディスコースのやり方を彼らは（注4）「帰納的」ストラティジと呼ぶ。

すぐ分かるように、このようなストラティジの差はビジネスだけに限定されるものではなく、その他の分野にも見出される。たとえば、アメリカ人が学校教育で教え込まれるパラグラフ・ライティングにおけるトピック・センテンスのことを考えてみればよい。

いずれにしても、このようなディスコースのストラティジが異なる者同士が話を続けていくことは非常に難しいことになるのは容易に想像される。一方は他方のことを粗野で思いやりがないと思うだろうし、逆にもう一方は相手方を非論理的で要領を得ないと思うかもしれないからである。この両者とも英語の文法的能力においては全く問題がなく、それぞれの文化を共有する人々の間ではコミュニケーション能力も十分に発揮できる人たちであるにもかかわらず、異文化間のコミュニケーションということになると、相手方のコミュニケーション・パタンに気付かないために、齟齬（そご）を来たしてしまうのである。この場合、英語という言語の共有のために誤解が生じる可能性が一層大きくなると言ってよい。

これまで述べてきたようなことばの民族誌（注5）的な要素の中でもある意味ではもっとも基本的な側面に、(3)ことばに対する態度がある。コミュニケーションにおいて、質的にも量的にもことばにどの程度の役割を与えるかということは文化によって異なり得るからである。先に饒舌（じょうぜつ）の文化と寡黙の文化という観点から量の問題に触れたが、これは質の問題にもあてはまる。

(4)言語によらないコミュニケーションが尊重される文化にあっては、もっとも重要なコミュニケーションはことばによっては成されないという考えが出てくるのは当然である。禅仏教に強い影響を受けてきた中国、日本、朝鮮などには似たような態度が見られる。つまり、［A］がコミュニケーションのあるべき姿とされる文化である。

それに対して、スコロンが功利主義的態度と呼んでいる言語に対する態度においては、発話から必須の情報以外の全てを追い出してしまうことが理想的な言語使用のあり方であると考えるので、言語で語るに値しないことはそもそも語るに値しないことだという考え方になってくるのである。

すぐ分かるように、このような言語に対する態度の違いは、言語が果たす機能の相違と直接結びついている。［A］型のコミュニケーションにあっては、ことばによって伝達されるのは二次的な重要性しか持たないものなのだから、ことばの重要な役割としてはいきおい人間関係の確立や維持ということになってくるのであって、情報の伝達ということではない。それに対して、「功利主義」的な言語の使用が好まれる文化においては、情報の伝達こそが最優先されるべき役割であって、人間関係の確立、維持は二の次になる。前者の型の文化において、日本語や韓国語、インドネシア語などの敬語体系のような言語の階層的使用が多く見られるということもこの間の事情を裏付けていると言えよう。後者においても、もちろん種々な程度の丁寧さの度合いに応じた表現はあるが、

つ、何を、どのように話すか（あるいは話さないか）という点でもそれぞれの文化がそれぞれの特徴を持つ。人類学者が以前から気付いていたように、人類学の研究対象になった多くの民族で、ある種の人間関係にある者同士は口をきくことが(1)タブー視されているということが報告されている。たとえば、嫁と舅、息子と義母などの姻戚関係にあるものがその典型例である。

あるいは、われわれのような工業先進国に限ってみても長距離の電車の中で、あるいは田舎の人通りのない道で見知らぬ人に出会ったとき、挨拶するかしないかはそれぞれの文化によって大きく異なっている。もちろん、地位も年齢も自分よりもかけ離れて上の人には話しかけにくいというような共通の事情もあるであろうが、日本の文化においてはそのような相手でなくとも（たとえば子供に対しても）見知らぬ人に対しては話しかけることに非常なためらいが感じられる。そのことは一般の通行人などに対してはもちろん、ウェイターやウェイトレスに対してさえ適切な呼びかけのことばが見つからないことからも分かるであろう。

また、どのような場でどのような話題をどのような形で話すかということも文化によって同じではない。多くの人々が経験しているように、英語力がかなりある人で（つまり読み書きはもとより、話すのにも余り不自由を感じないという人）、大学のクラスでの討論などには困らなくても、インフォーマルなパーティなどではしばしば居心地の悪い思いをさせられるのは、どのような話題を誰に対してどう切り出したらよいのか分からないからである。つまり、一言で言えば、このような人は英語の文法能力（グラマティカル・コンピテンス）はあってもコミュニケーション能力（コミュニカティブ・コンピテンス）が十分ではないということになる。したがって、必要以上に厚かましいとか、攻撃的であると思われたり、逆に必要以上に控え目な印象を与えたりすることもあるだろう。

このようなコミュニケーション能力がどのようなものであるかは、ハイムズなどの先駆的研究もあるけれども未だ十分な解明がなされているとは言い難いが、われわれが自らの属する文化の中でこれらを学習して身につけていくことは自明のことであり、したがって個人間の差も当然出てくる。

しかし、このようなコミュニケーション能力の問題がもっとも際立ってあらわれるのは異文化間のコミュニケーションの場であると思われるので、そこでどのようなことが起り得るかを考えてみよう。

ロン・スコロンとスーザン・ウォン・スコロンは、ディスコース（注1）のあり方の研究からコミュニケーションの問題をとりあげているが、その中で(2)アメリカのビジネスマンとホンコンのビジネスマンが英語でコミュニケーションを行なう際に起り得る誤解を探っている。

一つの例を挙げると、アメリカのビジネスマンはビジネスのことに関する限り一般に「演繹（えんえき）的」（注2）なディスコース・ストラテジ（注3）を用いて、最初に一番肝心な話題から切り出し、それをサポートするような形で話を進めると言う。つまり、これから何について語るのかということを明確にしてから、それについての議論をし始めるというわけである。ところがこれとは逆に、ホンコンのビジネスマンは一般的に、自らの望む話題

④ 様々な学問から新たな知識を導入する努力に裏打ちされた正確さ。

⑤ ぼうばくたる全体認識に対抗して、学問の領域で追求された知識の正確さ。

問六　本文の内容にもっとも合致するものを、次の①～⑤のうちから一つ選びなさい。解答番号は 17 。

① 小学生が知っている常識でも、大人になるにつれて、学問的正確さを追求すればするほど、その常識から遠ざかってしまうものである。

② 法律上の議論を混乱させないように、「適度な綿密さ」で定義された概念を用いれば、認識論上の議論もいっそう発展するだろう。

③ 「朝焼けは雨」「夕焼けは晴れ」という天気のことわざは、西から東に動く雲の移動に裏付けられたものであり、天気を知る上で有効である。

④ ひたすら「学界的な正確さ」を追い求めるのではなく、「適度な正確さ」にも関心を持つことにより、学問は真の正確さに近づいていけるだろう。

⑤ 学問的に正確であることを期した答えは、人々を学問に絶望させ、むしろ対象を学問的にみようとしない非科学的な全体認識を蔓延させてしまった。

問題三

次の文章を読んで、設問に答えなさい。

仮にわれわれが共通の言語をコミュニケーションの手段として持ったとしても、異文化間の言語によるコミュニケーションには大きな問題が残る。それは一言で言えば、各文化のコミュニケーションの中で言語の果している役割の違いによっているということである。

社会言語学が言語の多様性ということを追究して久しいが、その「多様性」の中には言語使用（言語機能）の多様性も含まれる。このことはプラトン以来多くの人が気付いてきたことである。たとえばプラトンは、スパルタやクレタ島の人々に比べて、アテネの人たちがいかに冗長であるかを述べているし、また言語の量に関して人類学者は、おしゃべりなベラ・クール型と控え目なアリターマ型、寡黙なパリヤン型などの分類も行なっている。確かに、使用される言語の量だけから言っても饒舌の文化と寡黙の文化が少なくとも理念型としては存在し得るであろう。南インドのパリヤン族は「いつもほとんど口をきかないし、四〇歳になるころにはほとんど口をきかなくなってしまう。口数が多く話し好きな人は異常と見なされ、しばしば攻撃的と見なされる」。このような民族とおしゃべり好きなアメリカ人を比べてもコミュニケーションで使用される言語の量が民族によって異なり得るということは十分理解できるだろう。

しかしことはもちろん、話されることばの量だけではない。誰に、い

身につけたいと思うのである。

（内田義彦『生きること学ぶこと（新装版）』より。原文の一部を省略した。）

（注1）中谷さん…中谷宇吉郎（なかやうきちろう）（一九〇〇～一九六二、物理学者）。
（注2）学界…学者の社会。
（注3）ぼうばく…はっきりしないさま。

問一　傍線部(1)「夏みかん」とは、どのような地球のかたちをさしているか。本文の内容にもっとも合致するものを、次の①～⑤のうちから一つ選びなさい。解答番号は 12 。

① コンパスで描いたように円い地球のかたち。
② 山脈や海溝などの凹凸を加えた地球のかたち。
③ 南北方向に縮んだ楕円形になっている地球のかたち。
④ 専門的に究明された知識に基づく複雑な地球のかたち。
⑤ 日本でよく食べられている円い果物としての地球のかたち。

問二　傍線部(2)「大上段」の意味として、もっとも適切なものを、次の①～⑤のうちから一つ選びなさい。解答番号は 13 。

① 権威的なこと。　② 非日常的なこと。
③ 抽象的なこと。　④ 大げさなこと。
⑤ 高度なこと。

問三　傍線部(3)「動員」の説明として、もっとも適切なものを、次の①～⑤のうちから一つ選びなさい。解答番号は 14 。

① 平時に行われる実用的な知識の活用を、戦時にも行うこと。
② ある目的遂行のために、政府が学問的知識を管理下に置くこと。
③ 学界で蓄積された知識の正確さよりも、その実用性を優先させること。
④ 学界の内部で貯蔵した知識の正確さを検証すること。
⑤ 学問的知識を現実に役立たせること。

問四　空欄 A に入る四文字のことばとして、もっとも適切なものを、次の①～⑤のうちから一つ選びなさい。解答番号は 15 。

① 連覇夢散　② 雲合霧集　③ 雲集霧散
④ 雲散霧消　⑤ 離合集散

問五　傍線部(4)「学問的な正確さ」の説明として、もっとも適切なものを、次の①～⑤のうちから一つ選びなさい。解答番号は 16 。

① 学問の諸分野での不断かつ綿密な検証に裏打ちされた正確さ。
② 学問が日常的に現れる具体物に対応しながら生まれる正確さ。
③ 学問の魅力がぼうばくたる全体認識の魅力に人をひきつけるような正確さ。

ん、前線を刺激するというような概念装置だけでは、気象学は――気象学の生産は――進まないであろう。それには、その目的にしたがってより正確な諸概念とその組合わせが必要であるにちがいない。しかし、この一見粗雑な概念装置は、われわれ素人がその目的にしたがって気象図を正確に読みとり、気象に即した行動のプランを作る上に、つまり、気象学で生産された知識を変成し動員する上に、有効にして的確である。少なくとも私は大いに恩恵にあずかっている。

もし、天気予報が、気象学の生産に必要な諸概念と数字をもって示されたとすれば、それは、われわれの行動を律する上になんら正確なデータとはなりえないであろう。むしろそうした場面を想像すると、喜劇作家への私の秘められた欲望がはばたく。

ところが、こうした几帳面な正確さがひき起すドタバタ喜劇こそ、われわれが常に見、聞き、自ら演じているところのものであって、「前線を刺激する」という体の――学問の流通上におけるとかりに名づけておこう――胸のすくように正確な表現に接することは、残念ながらまれである。必要があって専門家に何かを尋ねた場合、学問的に正確であることを期した答えなのではあろうけれども、問題とは妙にずれており、それどころか応答を重ねているうちに問題そのものが［A］するという経験を持たぬ人はあるまい。「学問的な正確さ」がそれぞれの学界のそれに引き寄せられて、当面の問題の理解に適度な正確さが行方不明になる例はあまりに多い。加藤発言が名言だと思わざるをえないゆえんである。

「適度な正確さ」という言葉には、じつは罠（わな）がしくんである。ごたごたした現実の中で何が問題の焦点かを正確に見すえる努力の持続の上に初めて――「それに適度な」ということが出てくるからである。そういう正確さの観念を持ちえていないとすれば、それはわれわれが、日常、生起しつつある現実を現実として受け取りそれを学問的に処理することに慣れていない、ということと同義である。学問の諸分野における正確さだけが学問的正確さの名で想起され、諸学問を翻訳・動員してゆく場合の正確さが見失われがちだとすれば、それは、われわれが、現実そのものを正確におさえる努力のなかから学問を、さらには学問の専門諸分野を生み出した（生み出している）のではなく、学問を学問として輸入し、そういうものとしての諸学問の彫琢（ちょうたく）をこととしてきた（している）からと言われても仕方があるまい。

学問の魅力がうすれ、全体認識の魅力が人をひきつけているようである。しかし、対象を学問的に切ることを捨てたぼうばくたる全体認識などというものは――認識の契機としては絶対に必要であるけれども、それだけでは――全体認識の名に価しない。必要なのはわれわれ一人一人が、事の大小にかかわらず、当面する具体物を学問的に正確に捕捉する術を手に入れることである。ぼうばくたる全体認識に走る安易を捨てて――われわれ学界人からいえば学界的な正確さに安住することをやめて――、(4)<u>学問的な正確さ</u>を、学問の生産と流通の両局面において追求することを考えるべき時と私は思う。学問の当否を、学界の内部と、学界の外部と、その双方で験（ため）す風習を、そういうものとしての学問的風習を、

い。ちょうど、われわれが何か考え事をしていてそれに必要な知識の欠如を意識する場合、貯蔵庫の中にあるが記憶の底に埋もれて思い出さないに過ぎぬことも多いように。この場合、動員こそが問題なのであって、動員されない知識は当面の役に立たない。

その動員に際しては——学問の側からいうと学問の生産ではなく流通の局面では——学問的正確さという言葉は、普通その言葉で理解されているのとは異なった意味内容を帯びる。学界の内部で正確であった知識がその「正確さ」のゆえに動員不可能であったり、動員に際して不正確になることが多いのである。学問は発達するが国民の一人一人が当面する問題を学問的に判断する伝統が薄いところでは、特にそういうことが起り易い。学問に絶望し、およそ分析の手続きを敬遠してぼうばく（注3）たる全体認識に走るという風潮もそこに由来する。

この冬、加藤周一の『称心独語』を読んで教えられることが多かったのであるが、その中に「適度な明晰さ」あるいは「適度な綿密さ」という表現があって、私にいろいろなことを考えさせてくれた（言葉として出てくるのは、私の記憶では二回であるが、この本の全体を貫いており、華麗な論議を貫く論旨を「正確に」読みとりうるかどうかも、その理解にかかっていると私には思われる）。

加藤はいう——「一般に定義は綿密であればあるほど議論の「思考の」整理に役立つのではなく、議論の性質に応じて適度な綿密さを備えているときに、その議論のために役立つのである。法律上の議論に必要にして充分な綿密さで定義された「物」や「事実」の概念を用いて、認識論（または知識論）上の議論を混乱なく進めることはできない。しかし認識論上の議論に必要なほど綿密な定義を、法律にもちこもうとすれば、法律上の議論は、あきらかに混乱するだろう。……必要なのは、定義の試みを廃することではなく、定義を適度に綿密にすることである」と。

ここから加藤は、インテリの定義にこだわることは議論を整理するのに役立つよりも混乱させることがしばしばあるという竹内好の言葉に「全く賛成」し、同時にあらためて定義しなくてもばくぜんとした形ではあるが経験的に知られているところで間に合うだろうという同じ竹内の言葉に「全く反対」の態度を表明している。「ばくぜんとした形ではあるが、一応経験的に知られているところ」の「インテリ」の概念が「適度に綿密であるとは思わない」、その理由からである。

竹内のインテリ論それ自体の当否について論じる資格はない。それはここでの問題の外にある。インテリ論の当否はともかくとして、議論（あるいは思考）の性質に応じての適度な・正確さが必要という加藤の発言に私は「全く賛成」する。もっとも、このことは言葉だけの問題としては当り前のことであって、とり立てていうほどのことはない。しかし、議論あるいは思考がじっさいに進められる場合についていうと、この当り前を守ることは意外に困難であり、その（それを守ることの）射程距離は極めて大きい、と思うのである。

梅雨どきから台風シーズンにかけて、「前線を刺激して云々」という言葉を天気予報でよくきく。類推めいて何か猥雑な連想をひき起すこの言葉は、しかし考えてみるとなかなかうまい。的確な言葉である。むろ

や円からの離れを示すさきの数値は線の幅のたかだか半分にすぎない。地球の形の図示を計るかぎり、つまり幅をもった線という概念矛盾ながら必要にして有効な手段で表示するかぎり、それは、コンパスの円に一致する。すなわち小学生の答えがほんとうに近いということになってしまう。

恥ずかしいことながら、地球の形を球ではなくて、ひしゃげた、たとえば(1)夏みかんのような形として理解していた私は、――そのことを、常識的には球形と考えられているが、それは幼稚な考えであって学問的に正確にいうとボールではなくて夏みかん型だという形で受け取っていた私は――痛棒を受けた。しかし、私と同じように、地球の形について学問的に正しい事実を完全に間違った形で受け取り、しかもその間違いを学問的に正確にいうという形で確信している例は、今でも案外多い。面白半分に人をとっつかまえて聞いてみると、そろいもそろって夏みかん党である。

地球の形は完全な球ではないという真理は、教育の普及によって、――中学生ではなく――小学生にさえも常識になっている。しかし、その正しいはずの知識の普及は、夏みかん党への一億総加入という形になってはいないだろうか。恐ろしい話である。

われわれ学問を専門とする者も、お互いこの種の誤りを冒しながら、めくじらを立てて学問的正確さを競いあいつつ、真の正確さから遠ざかってゆくということも大いにありうる、と思われるのである。学問的な正確さとは何であるかについて考えざるをえない。

学問的に正確というと、学問の分野における――それも学問のそれぞれの分野における――それだけを思い浮かべがちである。しかし、学問的とか学問的正確さということは、何も学問の領域にとどまることではない。むしろ、学問の諸分野のそれぞれの発生の起源に遡(さかのぼ)っていうと、そして学問的であることがわれわれの生活に持つ意味に即していうと、当面する具体物をどう的確に把握しそれにどう的確に対応しうるか、そこにこそ学問的に正確という言葉が生きているはずである。現にわれわれが今、生存をかけて問われているのは、直接には諸学問の対象をではなくて、日本にあるいは地球に生起しつつある事象をいかに学問的に正確に把握しうるか、である。それに成功しなければ破滅を免れることはできない。

そういう(2)大上段だけのことではない。日常の間、われわれは当面する具体物を学問的に認識し、学問的に正確に対応する必要にせまられている。ある国民が学問的であるかどうかの判断の基準はその点に着目してなさるべきであると私は思う。そして日本とか地球の破滅への対応可能性も、日常の間においてわれわれ国民の一人一人が具体物を学問的に処理してゆくその能力の延長として捉えるのが、大筋において正しいと思われるのである。

そこで日常のことに即して考えてみよう。

具体物の把握・処理に必要な知識をわれわれは諸学問分野の中に求める。必要な知識が学問として未だ生産されていないこともある。しかし学界(注2)で生産され貯蔵されてはいるが、(3)動員不可能に過ぎぬことも案外多

③ やかましい様子　④ 高ぶっている様子
⑤ 恐ろしい様子

問七　筆者が遺伝に光を当てる目的として、もっとも適切なものを、次の①〜⑤のうちから一つ選びなさい。解答番号は 11 。
① ゲノム編集などの技術で遺伝子を操作することを止めるため。
② 遺伝が原因となっている社会的格差を改善するため。
③ 遺伝が原因なら差別されても仕方ないという優生思想を掘り起こすため。
④ 遺伝の力が個人や社会の根底で働いていることを認識するため。
⑤ 行動遺伝学の研究によって、人類を救い、鼓舞し、感動をよびおこす業績を成し遂げるため。

問題二

次の文章を読んで、設問に答えなさい。

地球が円いということは今日では常識であって小学生でも知っている。もっとも地球が完全な球形であるというのはほんとうはまちがいで、第一に地球の表面にはヒマラヤの山もあれば、日本海溝もあるので、詳しくいえば凹凸（でこぼこ）がある。それに、中学生くらいならば地球はそれらの凹凸を平均してもやはり完全に円くはなく、南北方向に縮んだ楕円形になっていることを常識として知っているだろう。理科方面の大学生、さらには専門の学者になると、地球の複雑な形について、学問的にいっそう正確な規定をあたえるにちがいない。地球についての専門的な知識が進むにつれて、地球の形は、いよいよ完全な球から離れる。だが、と中谷さん(注1)はいう――「これ等の色々の説明の中で、一番真に近いのは、結局小学生の答えであって、地球は完全に円い球であると思うのが、一般の人々にとっては一番本当なのである」と。

なぜか。エベレストの高さは海抜八・九キロ、海の一番深いところといわれるエムデン海溝が一〇・八キロの深さであるから、現在知られている地表上の凹凸の差の極限は一九・七キロに過ぎない。他方、地球が楕円形になっている程度も案外少ないので、赤道面内の半径より南北の半径が約二二キロ短いだけである。いま、直径六センチの円をコンパスで描くとすれば、地球の直径一万三千キロを六センチに縮尺したことになるわけだから、線の幅〇・二ミリは四四キロに相当する。地球の凹凸

(d) バク然 [4]

① 干ばつで砂バク化する　② 呪バクから解放される
③ バク打を打つ　④ バク末の歴史を学ぶ

(e) フルい立たせ [5]

① 義フンに駆られる　② 興フンして眠れない
③ フン争を解決する　④ 火山がフン火する

問二　本文で用いられている「遺伝」と対照的な語句として、もっとも適切なものを、次の①～⑤のうちから一つ選びなさい。解答番号は[6]。

① DNA　② 生命　③ 能力　④ 環境　⑤ 自然

問三　空欄[A]～[D]に入ることばの組み合わせとして、もっとも適切なものを、次の①～⑥のうちから一つ選びなさい。解答番号は[7]。

	A	B	C	D
①	もちろん	むしろ	ましてや	決して
②	もちろん	むしろ	決して	ましてや
③	むしろ	もちろん	決して	ましてや
④	むしろ	もちろん	ましてや	決して
⑤	ましてや	むしろ	もちろん	決して
⑥	ましてや	むしろ	決して	もちろん

問四　傍線部(1)「学校の成績が悪いことなど、社会に出ればたいした問題ではない」とあるが、筆者が問題視している事柄として、もっとも適切なものを、次の①～⑤のうちから一つ選びなさい。解答番号は[8]。

① 学歴でレッテルを貼られ、チャンスが奪われていること。
② 社会に適切に位置づけられるための学習の機会が奪われていること。
③ 遺伝的個人差が大きな格差要因になっていること。
④ 教育環境のなかで学習努力の励行を推進していること。
⑤ 経済格差や地域格差をなくすべきだということ。

問五　空欄[a]に入る慣用表現として、もっとも適切な寓話・逸話を、次の①～⑤のうちから一つ選びなさい。解答番号は[9]。

① ノアの箱舟に乗った　② パンドラの箱を開けた
③ コロンブスの卵を立てた　④ トロイの木馬を送った
⑤ バベルの塔を建てた

問六　傍線部(2)「心がざわざわする」という表現は、読者の心境のどのような様子を表しているか。もっとも適切なものを、次の①～⑤のうちから一つ選びなさい。解答番号は[10]。

① 恥ずかしい様子　② 落ち着かない様子

に心の底に眠る内なる優生思想を掘り起こされたからだろう。これはあなた自身の手で克服しなければならない人類の課題だ。

だが、遺伝を白日の下にさらそうとすることには、もうひとつの積極的な意味がある。それは人間の世界を本当に救ってくれるのは、確固とした遺伝的素質から生まれ出た「自然の能力」であって、環境や教育によって人為的につくり出されたものではありえないという、(d)バク然とした、しかし確固とした確信があるからだ。なぜ人類を救い、(e)フルい立たせ、感動をよびおこす業績を、逆境にもめげず、使命感につき動かされながら、一生の仕事として成し遂げてくれる人たちが後を絶たないのか。どうしてあなたは、昔からなにごとかにこだわり続け、それを失ったら自分ではなくなると思うほどの何かを心に抱き続けているのか。これについて明確なエビデンスはないが、行動遺伝学の知見から憶測されるのは、それがあなたの遺伝子に由来するからだろう。

遺伝子は一生涯、あなたの心をあなたらしい形で自動運転しつづけている。それはまず、その人の内側からいやでも湧き出し、湧きつづけてしまう夢として立ち現われる。そして、それを実社会の中で形にする道を模索する道しるべとなりながら、何かを生み出しつづけ、その生み出されたものが、同じ社会を生きる人たちに、なにか幸福と夢を抱かせてくれる。人類の歴史はそのようにして紡がれてきており、これからも紡がれつづけていくだろう。人間の心と能力が40億年の来歴を持つ遺伝子の影響を受けているという事実は、人間そのものを信ずる確固とした根拠となるはずである。

（安藤寿康『能力はどのように遺伝するのか――「生まれつき」と「努力」のあいだ』より。原文の一部を省略した。）

（注1）セントラルドグマ…遺伝情報がDNA、mRNA、タンパク質の順に一方向的に伝達されるという分子生物学の基本原理。
（注2）ポリジーン…特定の遺伝形質に影響を与える多数の遺伝子群。
（注3）ポリジェニック・スコア…多数の遺伝子から遺伝形質を予測した数値。
（注4）ゲノム編集…特定の遺伝子を人為的に変化させる技術。

問一　傍線部(a)～(e)のカタカナの表記部分と、同じ漢字を含む語を、次の①～④のうちから一つずつ選びなさい。解答番号は 1 ～ 5 。

(a)　ショウ励　1

①　懸ショウに応募する　②　不ショウ事が起きる
③　名誉市民のショウ号が授与される
④　国のショウ学制度を活用する

(b)　ハバむ　2

①　新参者をソ外する　②　社長に直ソする
③　応急のソ置を講じる　④　感染拡大をソ止する

(c)　凡ヨウ　3

①　ヨウ体が急変する　②　歌ヨウ曲を聞く
③　中ヨウな立場から意見する
④　何事にも忍耐が肝ヨウである

考停止になって、そんな格差があることは知らないほうがよかった、という考えに至りがちだからだ。そして能力や収入に関わる単独の遺伝子はない、などの理由で、遺伝否定論、あるいは遺伝不可知論に与し、誰もがひたすら既存の教育環境のなかで学習の努力をどこまでも続けることが(a)ショウ励される。

［B］遺伝のことがわからなくとも、今日やるべきことはたくさんある。われわれは環境によってアクショナブル（対処可能）にコントロールできるものを、優先的に取り込もうとする。それはそれでよい。経済格差や地域格差はなくすべきだ。そこにすら遺伝要因は関わっているであろうが（賃金の高い職業の職能を獲得できるか、職業に見合った産業によって住む地域が左右されるかなどによって）、それでも自由を(b)ハバむ制度制約は取り除くべきであることはいうまでもない。

では、遺伝に光を当てることはタブーであり［　a　］ことになるのか。

顔立ちを決める単独の遺伝子はなくとも、顔立ちは遺伝的であるのと同じように、能力に影響を及ぼす単独の遺伝子などなくとも、ポリジーン(注2)全体が影響するという意味で能力は遺伝的である。そしていまや、ポリジェニック・スコア(注3)が遺伝的資質を個人レベルで予測できるようになり、理論的にはどのような能力や非能力であっても、それが測定され、大量のサンプルとDNAデータとして入手できれば、説明と予測が可能になった。もはや不可知論に安住することはできない。まずは現象を理解することが先決である。遺伝を白日(はくじつ)の下(もと)にさらし、その機能を知ったうえで、時間をかけて環境の設計をすべきなのではないか。

遺伝に光を当てるとは、［C］一人ひとりの遺伝的資質を将来にわたって完全に「予言」し、それにもとづいて人の人生を設計することではない。［D］遺伝情報に価値づけして選別や差別をしたり、ゲノム編集(注4)などの技術で操作したりすることではない。それは、環境要因から説明されない生命独自の駆動因の力が、個人と社会のダイナミズムの根底に自律的に働いているという認識をもつことである。

その内的な起動因の方向性が、社会的な文脈とそこからくる要請に適合すればするほど、その人の能力は「才能」として認知されやすくなる。他方、適合度が中程度ならば「(c)凡ヨウな」能力の人として、そこそこの評価をされて生きていくことになる。多くの人の状態はこれだろう。しかし、適合度が低いと環境適応がしづらくなり、「能力が低い人」と評価されたり、本人がストレスを感じ、不全感を覚えたりする。

なぜタブー視されがちな「遺伝」にわざわざ光を当てようとするのか。それは、生命にとって出発点となるこれほど重要な情報源が、人間の心理や行動やそれが生み出す社会を考えるときに、不当に無視され、そして誤解され続けてきたからである。たしかに遺伝は、能力の個人差と、それが引き起こす社会的格差の原因となっている。そして、それを解決するすべを人類は思いつくことができてこなかったから、当面ないことにしているのである。それは言い換えれば、遺伝が原因であれば差別してもよい、差別されてもしかたがないという優生思想が、人々の心の奥底に眠っていることを意味する。もし(2)心がざわざわするとしたら、まさ

国語

（六〇分）

問題一

次の文章を読んで、設問に答えなさい。

生まれつきの性質や素質があるというのは、ありきたりの事実である。にもかかわらず、それについていつのころからか語られなくなった。プラトンはその著作『国家』で、人には金、銀、銅や鉄に生まれてきている人がいるというところから国家を考え、その生まれつきの「向け変えの術」が教育だと唱えた。アリストテレスはものごとには4種類の原因、すなわち形相因（それは何であるか）、起動因（なぜ動くのか）、質料因（何でできているのか）、目的因（何のためにあるのか）があるといったが、遺伝要因は目的因以外のすべてに当てはまる。とくにセントラルドグマ（注1）に従えば、一個の生命体がこの世に誕生した起動因がDNA情報である。また、その人の気質や能力がどのような形をとるかに遺伝の影響があるということは、それが形相因であることを、そしてDNAがタンパク質に転写されて生命体をつくっているということは、それが質料因であることを意味する。環境説の先駆けといわれるロックも気質の遺伝的個体差を認めていたし、現代教育哲学の代表者デューイだってルソーの自然人（これこそ遺伝を尊重する思想である）をふまえながらも、ルソーが自然＝遺伝に目的因まで想定したことを批判し、自然がヒトと事物と協同してこそ教育が成り立つと語っている。

多くの人が社会の中できちんと生きている。(1)学校の成績が悪いことなど、社会に出ればたいした問題ではない。学力の個人差などとるに足らない問題である。問題があるとすれば、学歴でレッテルを貼られ、チャンスが奪われること、そして、社会に適切に位置づけられるための学習（それは資格や技能を取得することだけではなく、世の中のしくみを自分に合わせて利用するための知識も含む）の機会が奪われていることだろう。

いまのところ、教育や政治の議論には、遺伝的個人差を考慮する気配はない。非常に大きな格差要因の一つであるが、それは収入格差や地域格差のようには目に見えず、また、仮に明らかにしても、政策による制度設計で改善する道筋を思い描きづらく、［A］対処不能感に襲われ思

解答編

英 語

1 解答 《台湾のシラヤの文化の復興》

1 ―③ 2 ―② 3 ―④ 4 ―② 5 ―④

2 解答 《東南アジアの女性の地位》

6 ―④ 7 ―① 8 ―③ 9 ―③ 10―②

3 解答 11―② 12―① 13―④ 14―③ 15―②

4 解答

16―② 17―② 18―② 19―③ 20―④ 21―④
22―② 23―③ 24―① 25―③

(注) **17.**「真実が見つかりさえすれば，誰がそれを見つけるかは問題ではない」

as long as ～は条件を表す接続詞で「～であるならば，～である限りは，～さえすれば」という意味。matter は（主に it を主語にし、疑問文・否定文に多く用いて）「重要である，問題である」という意味。

21.「ジミー，もし私があなたなら，両親の前でそんな不作法な態度を取らないだろうに」

仮定法過去の文。現在の事実と違うことを仮定する。

23. The waiting room was so noisy (that) I couldn't hear my name called.「待合室はとても騒がしかったので，私は名前が呼ばれたのが聞こ

えなかった」

so ～ that …「非常に～なので…だ」 that はしばしば省略される。知覚動詞（see, feel, hear など）＋ O ＋過去分詞で「O が～されるのを見る，感じる，O が～されるのが聞こえる」という意味。

数　学

1 解答 《小問3問》

[1]　1．4　2．5　3．1　4．8

[2]　5．1

[3]　6・7．12　8．1

2 解答 《2次関数の最大値・最小値》

(1)　9．1　10．2　11．8

(2)　12・13．−4　14．2

(3)　15・16．−1　17・18．−9

3 解答 《度数分布表》

(1)　19―⑨　20―⑧　21―⑤　22―⓪　23―②

(2)　24〜26．172　27〜29．176　30・31．26　32・33．07

4 解答 《内接円と外接円》

(1)　34―①　35―②　36―①　37―⑦　38―⑨　39―⑥

(2)　40―②　41・42．90　43―⑧　44―⑦　45―⑤　46―①

(3)　47―③　48―③　49―④　50．3

問五 ②
問六 ④

三

出典 唐須教光「言語と異文化共存」（青木保ほか編 岩波講座 文化人類学 第8巻『異文化の共存』岩波書店）

解答

問一 ①
問二 ③
問三 ③
問四 ④
問五 ⑤
問六 ②

四

出典 吉村昭『戦艦武蔵ノート』（岩波書店）

解答

問一 ④
問二 ②
問三 ①
問四 ④
問五 ④
問六 ①

国語

一

出典　安藤寿康『能力はどのように遺伝するのか――「生まれつき」と「努力」のあいだ』（講談社）

解答

問一　(a)―④　(b)―④　(c)―③　(d)―①　(e)―②
問二　④
問三　③
問四　③
問五　②
問六　②
問七　④

二

出典　内田義彦『生きること　学ぶこと〈新装版〉』〈第一部　常識を問う　正確さということ〉（藤原書店）

解答

問一　③
問二　①
問三　⑤
問四　④

一般選抜：後期

問題編

▶試験科目・配点

教科	科目	配点
外国語・ 数学・ 国語	「コミュニケーション英語Ⅰ・Ⅱ・Ⅲ，英語表現Ⅰ・Ⅱ」，「数学Ⅰ・A」，「国語総合（古文，漢文を除く）」から2教科または3教科を選択（3教科受験した場合は，高得点の2教科を合否判定に使用）	200点 （各100点）

英　語

（60 分）

各大問の英文を読み、解答番号 1 から 25 にあてはまるものとして最も適当な選択肢を選びなさい。

1. Read the following passage and answer the questions.

Sitting in my hotel room in Taipei City, Taiwan, I was watching a Japanese anime for children on TV. The special thing was that the anime was not in Japanese but in the Sakizaya language. It is the language of the Sakizaya people, a group of about 1,000 people in eastern Taiwan. The anime was being shown on the *Indigenous TV*, a TV station that promotes the languages and cultures of the indigenous peoples of Taiwan. The indigenous peoples were in Taiwan long before the immigrants arrived from China in the 17th century. Today, they make up about over 2% of the population. Among the 16 officially recognized indigenous groups in Taiwan, the Sakizaya has a unique history.

Even though the Sakizaya people have been around for thousands of years, they are considered one of the newest indigenous groups in Taiwan. The government officially recognized them as one of the indigenous peoples as recently as in 2007. Before that, they were regarded as part of the Amis people, a large indigenous group who lived just next to them. So, how did they become recognized as a separate group so recently?

In 1878, the Sakizaya fought with the invading Chinese army together with some other indigenous groups to protect their land. Unfortunately, the indigenous forces were defeated and many of them were killed. The members of the Sakizaya community decided to hide their identity and live silently in Amis villages. Even though they pretended to be Amis to outsiders, they secretly preserved their culture and language. When Japan started ruling Taiwan in 1895, the authorities mistook them as Amis.

A big change came in 2004. Some Sakizaya individuals started demanding that the Taiwan government recognize them as a separate indigenous group. They argued that their culture and language were distinct from those of the Amis people. After several years of campaigning, the government finally gave official recognition and the Sakizaya became the 13th indigenous Taiwanese community.

Today, the Sakizaya language receives government protection. It is taught to children in schools. Anyone can take a test to officially prove their ability in the language. There even are children's TV programs in Sakizaya. However, I noticed that the Sakizaya anime on TV was accompanied by Chinese translation at the bottom of the screen. In fact, many Sakizaya children would not be able to understand the anime without the Chinese translation. Their families moved from Sakizaya villages to big cities, and they have grown up speaking only Chinese, the dominant language in Taiwan. Although whether the Sakizaya language can be revived remains uncertain, I think it will no doubt function as an important symbol of the identity of this small group of people.

問1　The main idea of this passage is that [1].

① most children can now understand Sakizaya
② Japanese anime is now available in Sakizaya
③ the Sakizaya people have an unusual history
④ many Sakizaya people were killed in a conflict

問2　The indigenous peoples are [2].

① those who lived together with the Amis people after the war
② those who had been in Taiwan before the immigrants came
③ those who moved from their original villages to urban areas
④ those who moved to Taiwan from China in the 17th century

問3　The Sakizaya people were not recognized until recently because [3].

① they preserved their own culture
② they didn't demand compensation
③ the Japanese didn't recognize them
④ they hid among the Amis people

問4　How many more indigenous groups were officially recognized after the Sakizaya was? [4]

① sixteen
② thirteen
③ seven
④ three

問5　Who are this small group of people in the last line of the passage? [5]

① the Chinese people
② the Amis people
③ the Sakizaya people
④ the Japanese people

2. Look at the poster below and answer the questions.

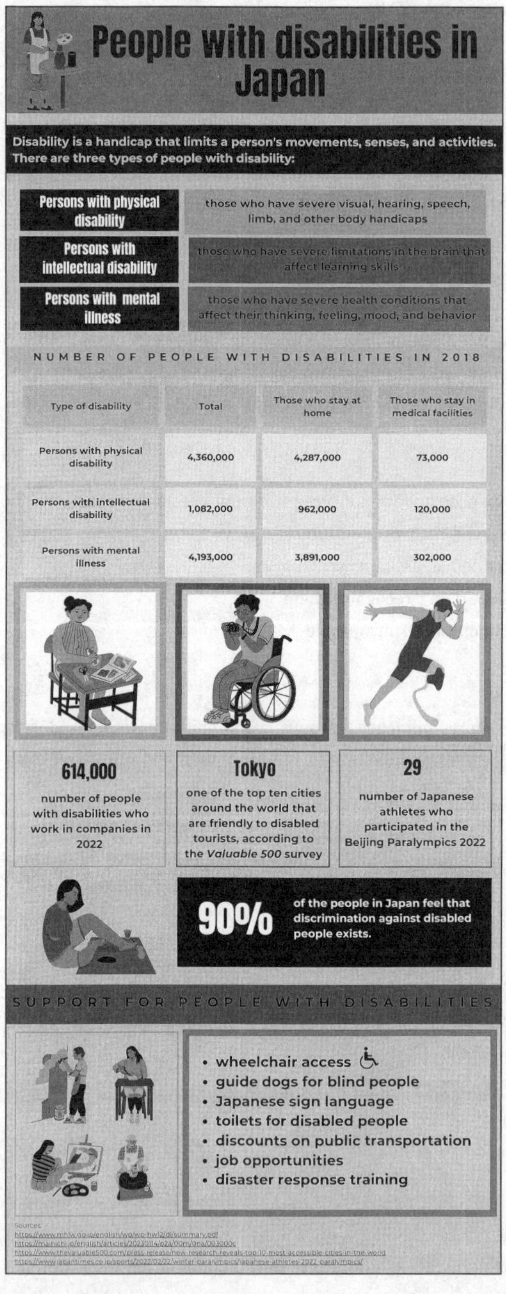

問 6　A man is completely deaf. What type of disability does he have? [6]

① handicap in vision
② physical disability
③ intellectual disability
④ emotional handicap

問 7　Which statement is true about the number of people with disabilities in 2018 in Japan? [7]

① There were 73,000 persons with intellectual disabilities who stayed at home.
② Persons with mental illnesses in medical facilities were the largest in number.
③ More persons with disabilities stayed in medical facilities than at home.
④ There were 4,193,000 persons who had severe mental health conditions.

問 8　Which city is said to be friendly to travelers with disabilities? [8]

① Tokyo
② Beijing
③ Osaka
④ Sapporo

問 9　What does 614,000 in the poster refer to? [9]

① people with disabilities who work in restaurants in 2022
② people with disabilities who work in the government
③ people with intellectual disabilities who work part-time
④ people with disabilities who work in companies in 2022

問10　Which of the following is NOT a way of supporting people with disabilities? [10]

① tree planting activities
② Japanese sign language
③ discounts on buses and trains
④ toilets for disabled people

3. Read the following dialogues and answer the questions.

問11

Kim: Did you hear that the price of gasoline is going up again?

James: Yeah, my wife told me about it this morning. It's terrible news, especially because she insists we should give up one of our cars and sell it as we can no longer afford to own two cars.

Kim: Selling one car sounds like a good idea to me. You don't sound too positive about it, though.

James: My wife is being reasonable, but she should know by now that I really love both.

Question: How does James feel about the idea of selling one of the cars? [11]

① positive
② satisfied
③ scared
④ upset

問12

Student: Hello, I am trying to find a book called *Beyond Left and Right*. I looked on the shelves, but it wasn't there.

Library staff: Did you say the title of the book was *Beyond Left and Right*? Let me check that on the computer. Actually, a copy of the book's just been returned.

Student: Great. I need to write a report for my sociology class, but I can't do that without that book.

Library staff: You can have this one for three weeks, until January 30th. Please remember that there is a fine of 50 cents per day if you don't return it by that date.

Question: Which is true about the conversation? [12]

① All the copies of the book that the student was looking for have been lent out.
② The student is going to borrow the copy of the book that has just been returned.
③ The library staff will email the student as soon as a copy of the book is available.
④ The student is asking the staff to make copies of the book for 50 cents a page.

問13

Customer: I've looked all over the store, but I can't find a swimming suit. I realize that it's winter here, but I'm traveling to New Zealand. Do you have any suggestions?

Sales clerk: I can call around and ask our other stores. I believe that we sometimes carry swimming suits even in this season at our downtown store. Shall I phone them?

Customer: Yes, please do. I was going to go downtown tomorrow anyway. If they have them, I can stop by and take a look.

Sales clerk: Feel free to continue to look around. I'll come and find you after I make those calls.

Question: What will most likely occur next? [13]

① The customer will leave this store and visit the downtown store to buy a suit.

② The customer will go back home and expect a phone call from the sales clerk.

③ The sales clerk will explain the situation at the other stores to the customer.

④ The sales clerk will go to the downtown store to get some swimming suits.

問14

Professor A: Why are so many students late for class today?

Professor B: Apparently, the bus drivers have gone on strike since this morning. Everyone has to either walk or drive.

Professor A: No wonder [14].

Professor B: And look at the online map. The traffic around the campus is heavier than usual.

Choose the best option to fill in the blank [14].

① the campus parking lot is almost full

② walking is a reasonable choice

③ students are enjoying a coffee break

④ so many bus accidents are happening

問15

Student A: Don't you have difficulties catching up with the statistics course?

Student B: No, not at all. Do you?

Student A: Yeah, the course is getting more difficult for me week by week. Do you have any suggestions?

Student B: [15]? Visual information is definitely helpful in understanding statistics.

Choose the best option to fill in the blank [15].

① Why don't you visit the professor and ask for help in person

② How about reading comic books dealing with the basics of statistics

③ Why don't you give up the course and try other subjects

④ How about using the voice recording function on your smartphone

4. Read the sentences. Choose the best word or phrase to complete each sentence.

問16 I watch many kinds of movies, but I [16] like romantic comedies.

① quietly
② especially
③ kindly
④ fortunately

問17 I went to BTS's concert for the first time last night. I found it so [17] that I'd love to go again!

① excited
② excite
③ exciting
④ excites

問18 Are you sure you can finish that project [18] your own? I can help if you want.

① on
② by
③ at
④ with

問19 When I was a child, my mother made me [19] vegetables every day.

① eat
② eating
③ eaten
④ ate

問20 Yamagata International Documentary Film Festival started in 1989 and has been held every [20] year ever since.

① first
② last
③ other
④ next

問21 Mary [21] in a car accident yesterday, so she can't attend classes for the time being.

① injure
② was injuring
③ was injured
④ injured

問22　You look so pale today. Something [22] be wrong with you.

① must
② shall
③ would
④ need

問23　[23] Toni, an American friend of mine, stays in Japan, the better her Japanese will get.

① The older
② The later
③ The longer
④ The sooner

問24　Mike's been working very hard these days. That's [24] he's managed to save so much money in such a short while.

① when
② what
③ how
④ where

問25　Yuzuru is a great skater because he [25] since he was four years old.

① will be skating
② had skated
③ was skating
④ has been skating

数　学

（60 分）

● 解答上の注意

1　解答は，解答用紙の問題番号に対応した解答欄にマークしなさい。

2　問題の文中の $\boxed{1}$ ，$\boxed{2 \mid 3}$ などには，符号（−，±）又は数字（0 〜 9）が入ります。1，2，3，…の一つ一つは，これらのいずれか一つに対応します。それらを解答用紙の 1，2，3，…で示された解答欄にマークして答えなさい。

例　$\boxed{1 \mid 2 \mid 3}$ に −83 と答えたいとき

1	●	±	0	1	2	3	4	5	6	7	8	9
2	−	±	0	1	2	3	4	5	6	7	●	9
3	−	±	0	1	2	●	4	5	6	7	8	9

3　分数形で解答する場合，分数の符号は分子につけ，分母につけてはいけません。

例えば，$\dfrac{\boxed{4 \mid 5}}{\boxed{6}}$ に $-\dfrac{4}{5}$ と答えたいときは，$\dfrac{-4}{5}$ として答えなさい。

また，それ以上約分できない形で答えなさい。

例えば，$\dfrac{3}{4}$ と答えるところを，$\dfrac{6}{8}$ のように答えてはいけません。

4　小数の形で解答する場合，指定された桁数の一つ下の桁を四捨五入して答えなさい。また，必要に応じて，指定された桁まで⓪にマークしなさい。

例えば，$\boxed{7}$. $\boxed{8 \mid 9}$ に 2.5 と答えたいときは，2.50 として答えなさい。

5　根号を含む形で解答する場合，根号の中に現れる自然数が最小となる形で答えなさい。

例えば，$\boxed{10}\sqrt{\boxed{11}}$ に $4\sqrt{2}$ と答えるところを，$2\sqrt{8}$ のように答えてはいけません。

6　根号を含む分数形で解答する場合，例えば $\dfrac{\boxed{12} + \boxed{13}\sqrt{\boxed{14}}}{\boxed{15}}$ に $\dfrac{3 + 2\sqrt{2}}{2}$ と答えるところを，$\dfrac{6 + 4\sqrt{2}}{4}$ や $\dfrac{6 + 2\sqrt{8}}{4}$ のように答えてはいけません。

7　問題の文中の二重四角で表記された $\boxed{\boxed{16}}$ などには，選択肢から一つを選んで，答えなさい。

8　同一の問題文中に $\boxed{17 \mid 18}$ ，$\boxed{\boxed{19}}$ などが 2 度以上現れる場合，原則として，2 度目以降は，$\boxed{17 \mid 18}$ ，$\boxed{\boxed{19}}$ のように細字で表記します。

1．次の問に答えなさい。

[1]　△ABC で，∠B = 15°，∠C = 30°，BC の中点を M とする。

$\sin 15^\circ = \sin(45^\circ - 30^\circ)$

$= \sin 45^\circ \cos 30^\circ - \cos 45^\circ \sin 30^\circ$

$= \dfrac{1}{\boxed{1}}\left(\sqrt{\boxed{2}} - \sqrt{\boxed{3}}\right)$

△ABC の外接円の半径を $R = 2$ とすると，

$\mathrm{BC} = \boxed{4}\sqrt{\boxed{5}}$

$\mathrm{CA} = \sqrt{\boxed{6}} - \sqrt{\boxed{7}}$

$\mathrm{AB} = \boxed{8}$ と求まるので，

$\mathrm{AM} = \sqrt{\boxed{9}} - \boxed{10}$ である。

[2]　x は，正の実数で，式①を満たすとする。

$x^4 + \dfrac{1}{x^4} = 2023$　…①

このとき，

$\left(x^2 + \dfrac{1}{x^2}\right)^2 = \boxed{11\ 12\ 13\ 14}$ であるから，

$x^2 + \dfrac{1}{x^2} = \boxed{15\ 16}$ である。

また，

$x + \dfrac{1}{x} = \sqrt{\boxed{17\ 18}}$ である。

[3]　$\dfrac{73}{30}$ を正則連分数に展開しなさい。展開すると下式になる。

※　正則連分数とは，下式における分子の値が全て 1 である連分数を指す。

$$\frac{73}{30} = a_1 + \cfrac{a_2}{a_3 + \cfrac{a_4}{a_5 + \cfrac{a_6}{a_7}}}$$

解答欄

a_1 $\boxed{19}$　a_2 $\boxed{20}$　a_3 $\boxed{21}$　a_4 $\boxed{22}$

a_5 $\boxed{23}$　a_6 $\boxed{24}$　a_7 $\boxed{25}$

2. x_1 を循環小数 $0.\dot{2}02\dot{3}$ とする。すなわち，

$$x_1 = 0.202320232023\cdots\cdots$$

とする。

(1)　このとき，x_1 に **26** を乗じたものから，x_1 を減じた式をたてると，

$x_1 \times$ **26** $- x_1 = 2023$ である。x_1 を分数で表すと，

$$x_1 = \frac{2023}{\boxed{26} - 1}$$

26 の解答群

⓪ 2.023	① 10	② 20.23	③ 100	④ 202.3
⑤ 1000	⑥ 2023	⑦ 10000	⑧ 20230	⑨ 100000

(2)　x_2 を循環小数 $0.2\dot{0}2\dot{3}$ とする。すなわち，

$$x_2 = 0.2023023023\cdots\cdots$$

とする。このとき，次の式①を満たす。

$$x_2 = 0.2 + \frac{\boxed{27\,28}}{9990} \quad \cdots ①$$

(3)　x_3，x_4，x_5 をそれぞれ循環小数 $0.20\dot{2}\dot{3}$，$0.26\dot{3}$，$0.\dot{7}\dot{6}$ とする。すなわち，

$$x_3 = 0.20232323\cdots\cdots$$

$$x_4 = 0.26333\cdots\cdots$$

$$x_5 = 0.767676\cdots\cdots$$

とする。

m は 1 以上の整数，n は 0 以上の整数とすると，次の式②を満たす。

$$x_3 + m\,x_4 + x_5 \times 10^{-n} = 1 \quad \cdots ②$$

このとき，$m =$ **29** ，$n =$ **30** である。

3. 同じ製品を製造・産出する2つの機械A，Bがある。稼働時における各機械産出物の不良品率は，機械Aが0.3%，機械Bが0.1%である。機械Aの産出物を400個，機械Bの産出物を600個抜き出し，よくかき混ぜたあとで1個の産出物を取り出すとき，次の確率を求めよ。なお，確率は百分率表記とする。

(1) 不良品である確率

(2) 不良品であったとき，それが機械Aの産出物である確率

【解答群（計算結果）】

⓪ 0.05%	① 0.10%	② 0.12%	③ 0.14%	④ 0.16%
⑤ 0.18%	⑥ 66.65%	⑦ 66.66%	⑧ 66.67%	⑨ 66.68%

解答欄

(1) [31]　(2) [32]

4. 1辺の長さが$\sqrt{3}$の正三角形ABCを底辺とする四面体OABCにおいて，$OA = OB = OC = 2$とする。また，頂点Oから平面ABCに下した垂線の足をHとする。次の問に答えなさい。

(1) $AH = \sqrt{OA^2 - OH^2} = \sqrt{4 - OH^2}$より，

AH = [33] = [34] であることから，Hは△ABCの [35] の条件を満たす。

従って，

$$AH = \frac{\sqrt{\boxed{36}}}{\boxed{37}\sin 60^\circ} = \boxed{38}$$ および

$OH = \sqrt{\boxed{39}}$ である。

(2) 今，四面体OABCが球Qに内接するとし，その中心をPとする。この時，Pは線分OH上にあり，$PH^2 + AH^2 = PA^2$を満たすので，この球の半径は

$$r = \frac{\boxed{40}}{\boxed{41}}\sqrt{\boxed{42}}$$

と求まる。

(3) △ABCの面積Sは，

$$S = \frac{\boxed{43}}{\boxed{44}}\sqrt{\boxed{45}}$$ であり，

また，四面体OABCの体積Vは，

$V = \dfrac{\boxed{46}}{\boxed{47}}$ と求まる。

$\boxed{33}$, $\boxed{34}$, $\boxed{35}$ の解答群

⓪ AB	① BC	② CA	③ AH	④ BH
⑤ CH	⑥ 外心	⑦ 内心	⑧ 重心	⑨ 垂心

い。自然保護や環境管理のルールは画一的に取り決めず、対策必要外の外来生物については柔軟な対応を模索してもよいはずだ。

⑥ 動物も恐怖心や苦痛を感じる存在であり、それは魚類や両生類も同様である。しかしその事実に気付いている者が少ない日本社会は道徳的に改善の余地があり、学校教育で動物を殺すことの善悪や道徳意識を養う授業を義務化するべきだ。

問三　傍線部(1)「生命現象の繊細さは失われ、生物を物として、白か黒かで見る価値観を育ててしまう」に関する説明として、もっとも合致するものを、次の①～⑤のうちから一つ選びなさい。解答番号は 25 。

① 生物がそれぞれ多様な個体として生きている存在とは見ずに、遺伝子を保持し継承する器として有用か無用かのみに注目すること。

② 生物がそれぞれ多様な個体として生きている存在とは見ずに、遺伝子の組み換え適性を有しているか否かのみに注目すること。

③ 生物がそれぞれ多様な個体として生きている存在とは見ずに、遺伝子の色素発現が白色系か黒色系かのみに注目すること。

④ 生物がそれぞれ多様な個体として生きている存在とは見ずに、遺伝子の発生起源が日本か海外かのみに注目すること。

⑤ 生物がそれぞれ多様な個体として生きている存在とは見ずに、遺伝子の経済価値が上がるか下がるかのみに区分してしまうこと。

問四　空欄 C には同一のことばが入る。もっとも適したものを、次の①～⑥のうちから一つ選びなさい。解答番号は 26 。

①　おおぎょう　②　ぞんざい　③　けげん　④　そぞろ
⑤　いちず　⑥　きもいり

問五　本文の内容にもっとも合致するものを、次の①～⑥のうちから一つ選びなさい。解答番号は 27 。

① 日本は外来生物を一様に「悪」として駆除対象とするが、外来生物は決して「悪」ではなく、日本の自然環境のなかで共生しうる存在として「生存の権利」を認めるならば、処分など本来は必要ないはずだ。

② 日本の「動物の愛護及び管理に関する法律」は、動物への虐待や苦痛を伴う処分を禁止しているが、いまだ十分とは言えない。わたしたちは早急に同法律の内容改正について呼びかける運動を始めるべきだ。

③ 動物も人間と同じように痛みを感じる存在であり、個として幸せに生きる権利を有すると考える議論は、おもに西洋世界の哲学者や倫理学者によって提起されてきた。しかし、その議論は西洋特有の文化事情から発しており、日本社会に定着しないだろう。

④ 現在わたしたちは遺伝子という抽象的な考え方に振り回されてしまっており、多くの人びとが特定の生物について駆除や処分を賛同してしまう。ゆえに、遺伝子という概念から脱却し、動物の権利や福祉について真剣に議論する優れた社会を目指すべきだ。

⑤ 外来生物を一様に駆除すれば地域固有の環境が回復し自然保護に有益という見解は誤りを含み、かえって問題が発生しかねな

として、少なくとも今[C]に扱われている生き物の境遇を改善するお手本にはなる。駆除対象が、もし飼育できる生き物なら、殺すまえに「里親」を探すような試みがあってもよい。ミドリガメなど輸入が禁止され、誰もが無許可で飼育できる種などは、大切に終生飼育してくれる人が見つかるのではないだろうか。

先にも触れたように駆除の理由として、外来生物だという、その存在自体が「悪」として奪われる命がある。もちろん外来生物の歴史には、マングースの導入をはじめとして多くの反省がある。そのため駆除も場面によって必要だ。必要だがその方法（殺し方）を含めて、動物福祉や動物の権利の観点から、もう少し議論されるべきだと思う。ちなみに日本獣医師会では、「特定外来生物の安楽殺処分に関する指針」（2007年）を公表しており、獣医師による安楽殺用薬剤の投与が必要であるとしている。

もし学校などで自然や外来生物について考える機会があるのなら、それと一体となっている生き物の駆除について、道徳的に考える機会をつくってほしいと願う。特に学校なら、校内で飼っている生き物についても話し合い、[C]な飼い方や飼育放棄（子供たちにその自覚がなくても）が動物虐待になるということも知ってもらいたい。

そもそも哲学の世界から「動物の権利」という考えが出てきた理由は、人間に権利があるなら、動物にも権利があるはずで、それを認めないのは種差別である、という考えに気づいた人たちがいたからだ。法律は罰則があるが、道徳には罰則はない。[A]道徳（倫理）は法律以上に人間にとって大切なものだ。命を奪うことの大変さを知ることや、失敗を繰り返さないことだけが駆除の犠牲になった生き物への供養だろう。

（伊地知英信『外来種は悪じゃない――ミドリガメのための弁明』草思社より。原文の一部を省略した。）

（注1）かいぼり…自然の湖沼や人工のため池・堀などから水を抜き、底に堆積した腐敗物やゴミ、不要な泥を掻き出す作業を指す。このさいに水中生物（魚や鰻、鯰等）が捕獲されていく。近年では外来生物駆除の方法としてかいぼりが実施されたり、その過程をテレビ番組として放送することもある。

問一　空欄[A]に入る接続詞として、もっとも適切なものを、次の①～⑥のうちから一つ選びなさい。解答番号は[23]。

①　ゆえに　②　そして　③　しかし　④　だから
⑤　すると　⑥　または

問二　空欄[B]に入る慣用表現として、もっとも適切なものを、次の①～⑥のうちから一つ選びなさい。解答番号は[24]。

①　太鼓判を押す　②　雌雄を決する
③　折り合いをつける　④　一線を画す
⑤　たもとを分かつ　⑥　さじを投げる

状態は動物を溺れさせることと同じになる。魚は鳴いたり、わめいたりできないが、恐怖と不安のなかで、窒息していく。

功利主義（快楽や選好（＝幸せ）を最大化することが良いという考え）の最初の提唱者とされるイギリスの哲学者・法学者ジェレミ・ベンサム（1748―1832）は、動物について「問題は理性的であるかでも話せるかでもなく、苦しむことができるかどうかである」と述べて「苦しい」という態度をとる動物の権利を守る（助ける）べきだと唱えた。陸上に放り出されて窒息していく魚の姿は、流行している「かいぼり」(注1)の現場ではよく見られる光景だ。大物を釣り上げた釣り人のように、自慢げに「大物」といっしょにニッコリ写真に写る「善意の自然保護者」も多い。時代が変わって、そんな写真がとんでもない悪い人の証拠にならなければ良いのだが。

駆除がしかたがない場合でも、対象となる生き物が恐怖や苦しみをなるべく軽減できる方法を考えるべきである。駆除される生き物には適応されない（対象になっていない）が、日本の法律で参考になりそうなものは動物の虐待を防ぐ動物愛護法（動愛法）あたりだろうか。正式名称「動物の愛護及び管理に関する法律」（2019年改正）では「動物を殺さなければならない場合には、できる限りその動物に苦痛を与えない方法によってしなければならない」とあり、また殺し方は「できる限り動物に苦痛を与えない方法で意識の喪失状態にしたのちに、心機能又は肺機能を停止させる方法、もしくは社会的に容認されている通常の方法によること」とある。これは人が飼育（占有）している哺乳類、鳥類、爬虫類に適応される。また牛、馬、犬、猫など11種は人間社会に高度に順応した動物なので、野良であってもこの法律が適応される。［A］飼育下であっても両生類や魚類、節足動物などは対象になっていない。先にも述べたように野生動物や外来生物の駆除についても同様だ。ただし飼養する生き物を終生飼育するように明言しているので、外来種が野外に放されることを防止する歯止めは果たしているはずだ（罰則はない）。

哲学や倫理学（道徳）の面からみると、思想家のヘンリー・S・ソルト（1851―1939）は『動物の権利』（1892年／1922年改訂）によって、先行する論者たちの使う「動物の権利」について整理して、人間が個性を発揮して自由を求めることは大切な前提条件であるのと同じように、動物もまた個性的な存在で、個としての自己を実現できる存在だと定義した。そのために動物にも人間同様に自由が必要であると考えた。それをアメリカの哲学者トム・レーガン（1938―2017）は、『動物の権利の擁護』（1983）でさらに厳密な定義を行っている。ユネスコは「動物の権利の世界宣言」を1978年（1989年改正）に出している。

またオーストラリアの哲学者ピーター・シンガー（1946―）は『動物の解放』（1975）で、人間同様に功利主義という権利を動物にも認めるべきだ、と唱えた。その主張は、生命権（動物を殺すな）、身体の安全保障権（動物を傷つけるな）、行動の自由権（動物を拘束するな）という3つの絶対権利である。最終的には、肉食も生き物を飼うこともいけないという考え方になるのだが、その折り合い（バランシングポイント）は別

「我が国の生態系等に被害を及ぼすおそれのある外来種リスト」を発表しており、これらの項目として、「定着を予防する外来種」（定着予防外来種）、「総合的に対策が必要な外来種」（総合対策外来種）、「適切な管理が必要な産業上重要な外来種」（産業管理外来種）などの項目に生き物の名前が羅列されている。そして、「定着を予防する外来種」のほとんどと「侵略的外来生物」は、「特定外来生物」に指定されている。生物多様性基本法（2008）では、生態系、種、遺伝子の3つの段階で多様性を確保すると定めている。そしてこれらの多様性に影響を与えるのは、乱開発や資源の過剰利用といった人間活動、過疎化や高齢化によって人間による自然への働きかけが減少すること、人間によって持ち込まれた外来生物の存在にあるとしている。

　つまり問題となる外来種は、侵略的外来種で、持ち込まれた生態系に影響があると考えられる種と考えればよさそうだ。それらは法律で特定外来生物に指定されている。つまり公に駆除の対象となり得るのは「特定外来生物」ということになる。これらにしても野外で偶然捕まえてしまった場合、その場で放せばなんの問題もない（個人に駆除の義務はない）。逆に言えば、それ以外の「ただの」外来生物は、目くじらを立てて駆除する法的な根拠はないということだ。

　その土地、地域固有の自然の大切さは、今ではさらに細かくなって「遺伝子」がうんぬんというようになってしまった。生物を見る目が、その生物が先祖代々持ち続けてきた特徴を情報化した「遺伝子」に集中しがちになるのは、今の生物学の流行でもある。ある部分は正しいのだろう。国内外来種などは、このことが大きな問題になっている。［A］、あまり抽象的に考えすぎると、遺伝子そのものが目に見えないだけに、歯止めがきかなくなる。人間は目に見えないものについて思い詰めると大抵失敗する歴史を繰り返してきた。個体の命というより、遺伝子を運ぶ乗り物として生物を見がちになってしまうからだ。この「生物は遺伝子の乗り物」とは、ある進化生物学者が「例え」として書いた言葉だが、それを本気にする人が出てきてしまった。それでは(1)生命現象の繊細さは失われ、生物を物として、白か黒かで見る価値観を育ててしまう。最後には悪いものは殺してもいい、少しでも雑種化したものは駆除せよ、という単純な考え方が出てくる。また、外来種や在来種を問わず自然管理の方策として、あまりに増えすぎたり、ほかの生き物に迷惑をかけたりで、やむを得ず駆除する場合でも、あまりにむごい殺し方は、動物倫理に反するし、自分の良心も感覚が狂ってしまうだろう。

　駆除で殺される生き物についての扱いも雑なままだ。現在では、多くの生き物に「痛み」を感じる神経や、「恐怖」を感じる感性があることがわかっている。2012年には、神経生物学や認知科学の研究者がケンブリッジ大学に集まり「人間以外の動物でも意図をもって行動する能力をもつことが科学的に明らかで、哺乳類や鳥類のほかタコをはじめとする多くの生物、人間以外の動物もこうした神経基盤をもっている（大意）」という内容の「意識に関するケンブリッジ宣言」が出されている。

　たとえば、犬や猫、ニワトリを水に溺れさせて殺すようなことは、誰もが反対するだろう。これと同じで魚を陸に放り出したままにしている

問題四

次の文章を読んで、設問に答えなさい。

自然の中に定着した生き物を、ある一種だけ取り除くのは、大変な手間と、時間がかかる。つまりお金がかかる。それだけのことを本当にする意味があるのかを考えたほうがよい。たしかにフイリマングースは、そこにしかいないヤンバルクイナやアマミノクロウサギ、イシカワガエルを守るために徹底的に駆除したほうが良いだろう。［A］場合によっては、ある生き物がすべていなくなってしまうことで、別の問題が発生することもある。自然は複雑だ。長い時間かけて、その状態を維持してきた状態に、急に人間が手を突っ込むと問題が起こりやすい。アメリカザリガニにしたって、アメリカザリガニを食べている水鳥がたくさんいる。ブルーギルにしても、ブラックバスにしても、小魚のころは、いろいろな生き物の食べ物になっている。都会の公園の自然は、外来生物を取り除いてしまうと何もいなくなってしまうこともあるだろう。これが自然を守るということならば、なんともブラックユーモアではないか。ブラックバスとブルーギルは特定外来生物として駆除の対象になっているが、長い期間にわたって、日本の自然に定着している外来種すべてを駆除するのは大変だし、意味があるとは思えない。

すでに定着している外来種については、どこかで［B］必要がある。そこの自然に急激に影響を与えないのであればようすを見ながら放っておけばよい。もちろん必要があれば駆除する。そして自然管理の目標（ベースライン）は、日本全国が同じでなくてもよい。アメリカザリガニがいて困る自然もあれば、都会の公園などで子供たちが水辺で遊ぶ対象としてアメリカザリガニがいる自然があっても良いのではないだろうか。持ち出さない、持ち出したら終生飼育する、他の場所に放さないというルールをきちんと守れば、場所ごとに多様な自然を認める管理法があってもよいと思う。

「駆除すべき」外来生物を決める基準はなんだろうか。いちばん最初にあがるのは「侵略的外来生物」だろう。環境省の定義では「外来種の中で、地域の自然環境に大きな影響を与え、生物多様性を脅かすおそれのあるもの」と説明されている。例としては、マングースや小笠原諸島のグリーンアノールが紹介されている。グリーンアノールはトカゲの仲間で島固有の昆虫を食べてしまうことが問題になっている。「侵略的」というと何か恐ろしいようだが、あくまで自然への影響を表したもので、アメリカではコイ（鯉）やクズ（葛）が侵略的外来生物にされている。

日本は１９９３年に生物多様性条約を批准し、その2年後に生物多様性国家戦略を定めている。そして２００５年には外来生物の持ち込み・持ち出し・飼養（飼うこと）や譲渡を制限する外来生物法（特定外来生物による生態系等に係る被害の防止に関する法律）を施行した。生態系だけでなく、人間活動に被害をおよぼすおそれがある生き物が、この通称「外来生物法」によって「特定外来生物」に指定される。指定されたものは、生きたままの移動や飼育などが法律的に規制され、防除（駆除）の対象となる。ある意味で誰にでもわかりやすい基準だ。そのほかにも環境省では

③ 雇用主が企業の行動や意思決定について、従業員に十分な情報を提供すること。

④ 雇用主が従業員に企業内の情報の取得、発信への参加を呼びかけること。

⑤ 雇用主が従業員に他企業との競争に勝つための努力を要求すること。

問三　空欄 [A] ～ [D] に入ることばの組み合わせとして、もっとも適切なものを、次の①～④のうちから一つ選びなさい。解答番号は [20] 。

	A	B	C	D
①	したがって	とはいえ	そこで	ひょっとすると
②	ひょっとすると	そこで	したがって	とはいえ
③	とはいえ	そこで	ひょっとすると	したがって
④	そこで	ひょっとすると	とはいえ	したがって

問四　傍線部(3)「自己実現の追求」の説明として適切ではないものを、次の①～⑤のうちから一つ選びなさい。解答番号は [21] 。

① ウェルビーイングと心理療法の重要な原則。

② 幸福を手に入れるための直接的で正当な手段。

③ 人から必要とされ、意味のある存在になること。

④ 専門的職業の発展のチャンスのある仕事を好むこと。

⑤ 仕事を通じて、生存・扶養のために十分な財政的報酬を得ること。

問五　傍線部(4)「シングルの人たちを幸福にする」ための方策として、もっとも適切なものを、次の①～⑤のうちから一つ選びなさい。解答番号は [22] 。

① シングルの人たちが、結婚して核家族を形成すること。

② シングルの人たちが、より高い収入を得ながらも健康な生活をおくること。

③ シングルの人たちが、キャリアを通じて、他人のウェルビーイングを向上させること。

④ シングルの人たちが、結婚している人との全般的な幸福感のギャップを埋めること。

⑤ シングルの人たちが、仕事から意味と自己実現を引き出すこと。

事における満足」とは、それらよりはるかに深いものであり、仕事から意味と自己実現を引き出すことに関わっているからだ。

この点をもっとわかりやすくするために、年齢、教育レベル、収入、健康などの条件がまったく同じで、仕事に対しても同じように満足を感じている、結婚している人と未婚の人を考えてみよう。

このような場合、結婚している人と未婚の人の全般的な幸福感のギャップは、70％以上も縮小する。そう、これほどまでに大きく差が縮まるのだ。残りは、すでに説明したように、結婚に至る選考の過程に起因するものである（結婚が幸福の原因になるというよりは、むしろ、幸福感の強い人たちが結婚するということだ）。

シングルの人の幸福とウェルビーイングにおける仕事の満足度の重要性は、結婚したことのないシングルの人たちだけでなく、それ以外のシングルの人たちについても同じようにいえる。

離婚した人たち、配偶者に先立たれた人たちの場合でも、満足度の高い仕事は、結婚している人たちの幸福感とのギャップを、約50～60％埋める効果がある。未婚の人たちに比べ効果がやや薄いのは、別離・死別によって彼らの幸福感がより下がっているからだ。

（エルヤキム・キスレフ著、舩山むつみ訳『「選択的シングル」の時代――30カ国以上のデータが示す「結婚神話」の真実と「新しい生き方」』文響社より。原文の一部を省略した。）

（注1）ポスト・ベビーブーマー…1965年以降に生まれた世代の総称。

（注2）セラピスト…身体・精神的な問題を抱えた人に対して、薬や手術などによらない方法で治療や癒しをおこなう職種。

（注3）シングル…未婚者。

問一　傍線部(1)「プロティアン・キャリア」の説明として、もっとも適切なものを、次の①～⑤のうちから一つ選びなさい。解答番号は 18 。

① 他人に干渉されることを嫌い、自分の変身能力を使って逃げ続けようとすること。

② 自分のプライバシーを守り続けること。

③ 専門分野を変え、職場を移動しながら、自分のキャリアを見つけようとすること。

④ 目的のはっきりとした仕事を好むこと。

⑤ 社会に貢献しているという感覚や達成感をもつこと。

問二　傍線部(2)「雇用主の側もこのような動きに応えて、すべての従業員が自己実現の追求にもとづいて雇用の決定をおこなえるような企業文化を形成する」施策として適切ではないものを、次の①～⑤のうちから一つ選びなさい。解答番号は 19 。

① 雇用主が従業員の自己実現のために指導力を発揮すること。

② 雇用主が従業員の幸福が企業の成功に影響することを表現すること。

［C］、最近では、このようなトレンドに対する反発の動きがみられ、働き手は仕事の性質を変えようと主張し始めている。人々はだんだん、自己実現を感じることなしに、身を粉にして働くことを喜ばなくなってきている。

この傾向は若い世代のあいだでは特に顕著だ。ポスト・ベビーブーマー（注1）の世代は、親の世代に比べて、仕事により大きな期待をしており、積極的に社会に関与している雇用主や、専門的職業の発展のチャンス、目的のはっきりした仕事を好む傾向がある。

(2)雇用主の側もこのような動きに応えて、すべての従業員が自己実現の追求にもとづいて雇用の決定をおこなえるような企業文化を形成するようになってきている。

さらに、自己実現は、幸福への重要な道筋になってきている。自己実現、つまり、自分の希望・夢・野心の実現は、今では、幸福を手に入れるための直接的で正当な手段になっている。

それが、個人の目標を達成することであれ、あるいは、より深い人生の意味を探すことであれ、自己実現のできている人たちはたいてい、ほかの人たちより幸福である。特に、個人主義の台頭とあいまって、世界のほとんどの地域で社会秩序が変化し、自己実現が重視されるようになってきている。

こんにちでは、多くの人たちが、人から必要とされ、意味のある存在になることを求めており、自分の人生の満足度をはかる場合にも、このような側面を重視するようになっている。

だから、セラピスト（注2）や、精神の健康に関わる専門家たちが、(3)自己実現の追求をウェルビーイング（健康と安心）と心理療法の重要な原則として用いているのも、不思議なことではない。［D］、「プロティアンな」種類に属する仕事を見つけることは、人生の満足の源になりうるわけだ。

イギリスのある研究によれば、教育や医療の分野で働く人たちは、たとえ、給料にはそれほど満足していないとしても、仕事については、全般的に高い満足感を得ていることがわかっている。彼らが満足している理由は、自身が仕事をしながら感じている、社会に貢献しているという感覚、そして、達成感によるものだ。

今まで述べてきたことは、(4)シングル（注3）の人たちを幸福にすることと、どんな関係があるだろうか？　私の研究によれば、どうしたら、幸福（ハッピー）なシングルの人たちを作り出せるかということを究明するためには、仕事が非常に重要だ。幸せなシングルの人たち、特に、長期間シングルでいる、結婚したことのない幸福なシングルの人たちは、核家族を形成することよりも、むしろ、キャリアによる自己実現を求めることで、自分のウェルビーイングを向上させている。

私の分析によれば、仕事における満足は、結婚している人たちの場合よりもずっと強く、シングルの人たちの全般的な幸福に貢献している。ここで、「仕事における満足」とは、「好都合な仕事」や、「よい給料」を意味しているのではないことに注意する必要がある。

私の分析では、「好都合な仕事」と「よい給料」は除外している。「仕

[A]、アリスタイオスは力ずくでプロテウスをおさえつけようとした。だが、プロテウスはもがき続けた。自分のプライバシーを守りたかったのだ。いろいろな動物に姿を変え、さらには火や水にまでなった。しかし彼は負けてつかまってしまった。自由になるために、アリスタイオスに助言を与えないわけにはいかなくなったのだ。

アリスタイオスは最後にはプロテウスを解放したが、皮肉なことに、何世紀も後になっても、白い大理石に刻まれたプロテウスは、鎖につながれた恥ずかしい姿のままだ。

[B]、プロテウス自身、こうなることを望んでいたのかもしれない。未来の世代に自分のメッセージを伝えるために。「気をつけろ、おまえがどれほど柔軟であったとしても、どれほど自由を望んでいたとしても、他人は自分の利益のためにおまえを利用しようとするんだから」、と。

スロッツのこの彫刻がヴェルサイユに設置されてから約260年後の1976年、プロテウスの遺産は「(1)プロティアン・キャリア」という新語のかたちで生き返った。

アメリカの心理学者ダグラス・ホールが、組織によるキャリアから、その人の教育、訓練、仕事における多様な経験から成る個人的なキャリアへの移行を表現する語として、この言葉を提唱したのだ。ホールによれば、プロティアンな人は、専門分野を変え、職場を移動しながら、自己実現の探求の一環として、自分のキャリアのコースを見つけようとする。このような新しく出現したキャラクターの人たちにとって、成功の尺度は内的なものであり、外的なものではない。

実際のところ、ほとんどの人々の仕事やキャリアに対する考え方は次の3通りのうちのどれかだ。

第一に、仕事とは財政的な報酬であり、生存・扶養し、必要な経費を支払うために欠かせないものだという考え方だ。

第二に、キャリアは収入を得るという必要を満たすためのものではあるが、同時に個人の発展をもたらし、自分は成功して有能であると感じるような付加価値を生むという見方である。

そして、第三に、自分の仕事を天職とみなすものだ。自分の仕事を個人的な喜びや充実感のために選ぶ。あるいは、変化を起こすことや、大きな理念を重視して選ぶという考え方である。

近年では、自己実現のために働くことの重要性は、これまで以上に強調されるようになっており、単に「仕事についている」という考え方は、「プロティアン・キャリア」や、「天職」という考え方に比べると、あまり魅力的なものではなくなってきている。

20世紀をつうじて、グローバル化と市場の融合によって、競争はますます激しくなり、多くの業界が労働者の利用を促進し、時間の有効性を高める方法を求めるようになった。このようなプレッシャーは、労働のペースの加速もあいまって、労働者に理不尽な要求を課すようになり、彼らの個人生活にも、精神的・肉体的健康にも、ネガティブな影響を与えている。

一つ選びなさい。解答番号は 16 。

①　私と相手がお互いの気持ちや立場を思いやることで、相互理解が実現すること。

②　私と相手がふれあうことによって、私にも、相手にも変化が生じる可能性があること。

③　人間は集団を作って生活する以上、私は他人と共に生きるしかないということ。

④　私と相手がふれあうことによって、社会生活を営むためのスキルを高めるということ。

⑤　私が相手にふれあおうとすると、恥じらいと躊躇の重なりを感じてしまうということ。

問六　本文の内容にもっとも合致するものを、次の①〜⑤のうちから一つ選びなさい。解答番号は 17 。

①　〈ふれあい〉という言葉は、私たちが感情的な重荷を感じとってしまう魔力がある。

②　〈ふれあい〉という言葉は、接触することによって生じる以前の状態も示唆している。

③　〈ふれあい〉という言葉は、予想できない事態を招くことへのたじろぎを表している。

④　〈ふれあい〉は、つねに加害者と被害者を生み出してしまう不可避的な作用がある。

⑤　〈ふれあい〉は、互いの秘密が暴露され、外部に公表されてしまう可能性を秘めている。

問題三

次の文章を読んで、設問に答えなさい。

パリ・ヴェルサイユ宮殿のあたりを歩きまわっていると、高さが約3メートルもあろうかという、すばらしい彫刻があるのに気づくはずだ。2匹のアザラシを従えたギリシャ神話の海神プロテウスが、太陽神アポロンの息子アリスタイオスによって鎖につながれ、それを振り解(ほど)こうともがいている。

1714年に設置されたこの彫刻は、神話に登場する挿話のダイナミックな瞬間をとらえようとした、彫刻家セバスチャン・スロッツの最高傑作のひとつだ。

アリスタイオスはミツバチを飼っていたのだが、ある日、ミツバチたちが呪いによって死んでしまう。そこで彼は、予言と変身の能力をもつプロテウスに助言を求める。ところが、プロテウスは他者に干渉されることを嫌い、自分の変身能力を使って逃げ続けようとする。

神話によれば、アリスタイオスは母親の助言に従ったという。「プロテウスを服従させるには、彼がどんな姿に変身しようとも、つかまえ続けることです」。

(注1) 躊躇…決心が定まらず、ぐずぐずすること。ためらうこと。
(注2) 瘢痕…できものや傷などが治った後に皮膚面に残るあと。
(注3) 披瀝…心の中の考えを包み隠さず、打ち明けること。

問一 傍線部(1)「情念」に合致しないものを、次の①～⑤のうちから一つ選びなさい。解答番号は 12 。

① 憎悪 ② 不安 ③ 意志 ④ 驚き ⑤ 絶望

問二 傍線部(2)「「疎外」された現代社会への抗議」の説明として、もっとも適切なものを、次の①～⑤のうちから一つ選びなさい。解答番号は 13 。

① かつては存在したはずの、心と心との出会い、以心伝心的な交わり、観念や理念などを介する必要がない感動が消え失せた現代社会への憤り。
② 相手と自分の間にある境界を取り払って、相手と一体化することを求めようとしても実現されない、非接触型の現代社会への憤り。
③ 打算をもとにした駆け引きをしばしば忘れさせるような親密な交わりから除外された者たちが抱く現代社会への憤り。
④ さまざまな慣習や作法、競争に勝つための配慮などが、逆に人間を支配するような疎遠な力として作用している現代社会への憤り。
⑤ 心と心との出会いを求めて近づこうとすると、しばしば暴力に襲われるため、安心できる治安環境が整っていない現代社会への憤り。

問三 空欄 a ～ e に入ることばの組み合わせとして、もっとも適切なものを、次の①～⑤のうちから一つ選びなさい。解答番号は 14 。

	a	b	c	d	e
①	相手	私	相手	相手	私
②	私	私	相手	相手	私
③	相手	相手	相手	私	私
④	相手	私	私	相手	私
⑤	相手	私	相手	相手	相手

問四 空欄 A に入ることばとして、もっとも適切なものを、次の①～⑤のうちから一つ選びなさい。解答番号は 15 。

① 両義的 ② 道具的 ③ 社会的 ④ 生理的
⑤ 情緒的

問五 傍線部(3)「〈ふれあい〉は社会性の比喩である」の説明として、本文の内容にもっとも合致するものを、次の①～⑤のうちから

によってかえって変容させられてしまうこともありうるからで、私が傷つけられる可能性を予想しているからだろう。もちろん、［c］はたんなる「もの」ではない。私は相手によって傷つけられるだけでなく、相手も私によって傷つけられる。だから、〈ふれあい〉が翻って［d］を傷つける機会になることもおおいにありうる。変容は両方向に働きうるのである。加害と被害の関係は一義的に決定できないから、接触によって被害を受けたと感じていても、実は加害者として振る舞ってしまうという恐れからも人は逃れることはできない。触れることは捉えることや把握し所有することとは違う。触れたからといって、私は相手を「分かって」しまうことはない。〈ふれあい〉は、相手を十全に分かってしまうことや相手を私の了解の中に包摂したり同化することではないのであって、〈ふれあい〉が成就した後でも相手は私から絶えず逃れ続けるだろう。

さらに、〈ふれあい〉は必ず暴露の契機をもつ。暴露といっても、人の秘密を公開することや不正を第三者に通報することではない。暴露されるのは［e］であり、写真の印画紙が光線にさらされたり、私の裸体が他人の視線に露呈されるといった意味においてである。そこには裸形であること、さらされた剝き出しの表面になることが含意されている。だから、〈ふれあい〉には、保護や覆うものなしに直に、あるいは、介在物なしにさらされることが含まれている。保護するものがないのだから、私は外によって直接変容させられてしまうのである。

私が変容されたり、あるいは相手を変容したりするのは身体の生理的な意味でだけではなく、情緒の領域についてもいえる。（注2）火傷や瘢痕（はんこん）を伴わなくても、傷つけたり傷つけられたりすることはおおいにありうる。目に見える傷痕がなくても、私が傷ついていることはありうるのである。むしろ〈ふれあい〉との関連でより多く語られるのは、実は、［A］な傷であり、心において現れる傷の痕跡である。しかも、心の傷であっても、この傷はもともと外から齎（もたら）されたものである。接触がなければ起こりえない傷であり、ここには、外傷（トラウマ）のもとの意味が（注3）披瀝（ひれき）されているといえるだろう。恥じらうのは、だから、傷つけることへの恐れであると同時に、躊躇は傷つけられることへの恐れでもあるのだ。私たちが〈ふれあい〉ということばで、ついつい優しさを連想してしまうのは、傷つけることへのためらいだけでなく傷つけられることへのたじろぎがあるからであって、恥じらいと躊躇の重なりあいがここにはあるからではないのか。〈ふれあい〉は怖いものであって、だから〈ふれあい〉を前にして私たちは立ち尽くしてしまうことがあるのである。優しさや不決断の中には、相手への思いやりだけでなく、相手への恐れも同居している。相手がいるから、私は傷つけたり傷つけられたりするのであり、私が社会的な存在であるから、私は変容する可能性をもつ。〈ふれあい〉と〈ふれあい〉の欠如をきっぱりと弁別するものは、傷つくことの可能性である。外傷性の可能性がないところには〈ふれあい〉はありえない。まさにこの意味で、(3)〈ふれあい〉は社会性の比喩である。

（酒井直樹『ひきこもりの国民主義』より。原文の一部を省略した。）

それは必ず〈傷つく〉ことに開かれていることを忘れてはならない。暴漢に狙われたとしても、その凶器が逸れてしまえばかすり傷一つ負わずに済むわけだが、それは暴漢の武器（刃物、弾丸、拳など）が私に接触しなかったからである。凶器が私の体を傷つける〈ふれあい〉が起こらなかったからなのだ。接触は、だから、当ること、穢(けが)されること、侵されること、変容させられること、そして傷つくことへと通ずるといえるだろう。ただし、物理的・生理的な接触の範囲を超えて、〈ふれあい〉と敢えて限定しなければならないのは、〈ふれあい〉は当てることと当ること、穢すことと穢されること、侵すことと侵される（あるいは犯される）こと、変容することと変容させられること、傷つけることと傷つくことが分岐する以前の事態を示唆しているためであろう。もちろん以前といっても、時計の時間での前後を意味しているのではない。それは、能動と受動の分別が起こるための前提である。〈ふれあい〉という表現は、能動にも受動にも転じうるある微妙な両義的な瞬間へと、私たちの想像力の焦点を絞り込んでゆくようだ。

　私は相手に唇で触れることができる。あるいは指先で相手の肌をたどることもできる。〈ふれあい〉が喚起するのは、まず身体的な想念や記憶であり、〈ふれあい〉という表現からこのようなエロティックな含みを奪い去ることはできない。それは、人と人との〈ふれあい〉が、必ず、性的な比喩と結びつかざるをえないからである。しかも、〈ふれあい〉が優れて社会的な出来事となりうるのは、そこに「恐れ」や「おののき」の契機が予想されているからである。〈ふれあい〉が起こる前には、相手は、「対象」であり隔たりをとった位置に置かれた「もの」である。私はおそるおそる相手へ唇を差し出す。あるいは、躊躇(ちゅうちょ)（注1）しつつ指を相手の肌に接近させてゆく。私は、これから触れるものが、何か「もの」以上のものに化身することを期待するかのようにたじろぎつつ〈ふれあい〉の瞬間に近づいてゆくのだ。このような躊躇と恥じらいに伴われていないとき、食物にかぶりつく唇や荷物を鷲摑(わしづか)みする手の動きと私の動作は変わりなくなってしまうから、〈ふれあい〉は目的を達成するための道具的な目的律によって組織された粗雑な行動によってかき消されてしまい、〈ふれあい〉のもつ両義的な時間性は見失われてしまうだろう。躊躇や恥じらいによっておもわず立ち止まるとき、人は〈ふれあい〉の契機に気がつくのである。

　しかし、〈ふれあい〉に躊躇と恥じらいがなければならないことには、もうひとつの明らかな理由があるのではないか。これから私の唇が触れてゆくその「もの」は、一見すると常温であるようにみえても灼(しゃく)熱に熱せられているのかもしれない。あるいは、私の指はその「もの」に触れるや否や爛(ただ)れてしまい、指の皮膚組織を破壊することなしに引き離すことができなくなってしまうのかもしれない。つまり、〈ふれあい〉は予期できない事態を招くかもしれないのである。私は相手を「分かった」つもりでいても、じつは十全には分かっていないのであり、［ a ］には「分からない」ところが必ずある。だから、相手が私には予期できない、あるいは［ b ］の期待を裏切るような反応をする可能性を消し去ることはできない。私が躊躇してしまうのは、私自身が〈ふれあい〉

うから。

❸ 運／不運の区別がなくなると、失敗する他者に広い心を持てなくなるから。

❹ 失敗の言い訳がきかないので、自分の行動に責任を持たざるを得なくなるから。

❺ 今の私たちよりすばらしい生活を送れるが、自分で下した判断の総和が小さくなるから。

❻ 道徳的なジレンマにおそわれると、人間としてもっとも大切な部分を失ってしまうから。

問題二　次の文章を読んで、設問に答えなさい。

(1)情念と社会性、この二つの主題が重なり合う領域を探索してみると、〈ふれあい〉という表現が見つかる。出会い、ふれあい、共生などのことばは、人と人のさまざまな関係のあり方を示唆しているから、そこには人の社会的なあり方の基本が素描されているといえるのではないか。と同時に、これらのことばに私たちが感情的な重荷を感じ取ってしまうことは大いにありそうだ。とくに〈ふれあい〉が優れて情緒的な表現であることは、〈ふれあい〉が人々の内密な私的領域に語りかける、ある種の魔力をもっていると考えられていることからも分かる。そこで、情念の政治の世界への扉を開くうえで、このことばに解析の鍵の役割を担ってもらえないだろうか。

それにしても、〈ふれあい〉はこれまで感傷的に語られすぎてきたのではないか。最初に私の脳裏を横切るのはそのような疑念である。〈ふれあい〉というと、心と心の出会い、以心伝心的な交わり、観念や理念を介する必要のない感動などをついつい考えてしまう。さらに、心を開いて他人を受け容れることや、防御を降して相手を歓待することが暗に示唆されている。相手と自分の間にある境界を取り払って、相手と一体化することをおもわず思い浮かべてしまう人も多いかもしれない。打算をもとにした駆け引きをしばし忘れさせる人と人の私的であり、また親密な交感が、このことばからは予想される。さまざまな慣例や作法、競争に勝つための配慮などのために交感のままならない、この(2)「疎外」された現代社会への抗議が、このことばには込められているようだ。しばしば、〈ふれあい〉は現代社会に欠けたものとして、社会のあり方への憤りを表すことばとして使われることもある。そこには、〈ふれあい〉を求める人々のつよい願望が抗議の気持ちとない交ぜになって言い表されている。この憤りの感情を私はとても大切だとおもう。しかし、憤りをたんなる不満に終わらせないために、〈ふれあい〉にもう少し踏み込んで考えてみることはできないだろうか。どのようにして〈ふれあい〉ということばから情念の政治への糸口が見つかるのだろうか。

まず〈ふれあい〉は接触であるとおもわれている。接触である以上、

問二 空欄[A]に入ることばとして、もっとも適切なものを、次の①～⑤のうちから一つ選びなさい。解答番号は[6]。

① 考察 ② 前提 ③ 結論 ④ 問題 ⑤ 解釈

問三 空欄[B]～[D]に入ることばの組み合わせとして、もっとも適切なものを、次の①～⑥のうちから一つ選びなさい。解答番号は[7]。

	B	C	D
①	パラダイム	シミュレート	アルゴリズム
②	パラダイム	アルゴリズム	シミュレート
③	アルゴリズム	シミュレート	パラダイム
④	アルゴリズム	パラダイム	シミュレート
⑤	シミュレート	アルゴリズム	パラダイム
⑥	シミュレート	パラダイム	アルゴリズム

問四 傍線部①～⑤のうち、「資本主義」と対立しないものを一つ選びなさい。解答番号は[8]。

① 財産の世シュウ ② 土地を持つ貴族
③ 富の公平な分配 ④ 格差 ⑤ 計画経済

問五 傍線部(1)「革命的なツール」の説明として、本文の内容にもっとも合致するものを、次の①～⑤のうちから一つ選びなさい。解答番号は[9]。

① 世界経済全体を損ねることができる。
② イデオロギーの対立を曖昧にできる。
③ 複雑に絡み合ったパラメータを正確に計算できる。
④ 「勝者と敗者」を決めることができる。
⑤ 政府の介入によって新たな問題を作ることができる。

問六 傍線部(2)「本物の変化」の説明として、もっとも適切なものを、次の①～⑤のうちから一つ選びなさい。解答番号は[10]。

① 共産主義が勝利を収めるストーリーが現実になる。
② 自由主義と共産主義の区別がつかなくなる。
③ 国民の期待や需要が「変わる」。
④ 経済学が本物の科学になる。
⑤ 経済的に事件が起きても、著名な経済学者が対立しなくなる。

問七 傍線部(3)「AI経済学が個人のレベルに与える影響」を筆者が憂慮する理由として、もっとも適切なものを、次の①～⑥のうちから一つ選びなさい。解答番号は[11]。

① AIシステムのアドバイスによって、よくも悪くもない結果になってしまうから。
② AIが失敗を防いでくれるのを私たちが望むようになってしま

的な生活を規定する数量化できないものが数量化されてしまう。道徳的なジレンマにおそれることがなく、間違わずにできるという安心があれば、人間としてもっとも大切な部分、すなわち(e)謙キョさを失う危険がある。自分たちと同じようにしようと思って知能を備えたマシンを作ったおかげで、自分たちがマシンのように変わってしまうとは歴史的に何とも皮肉なことだ。そうなった場合、人類はとてつもない判断をさせられることになる。今日のポストヒューマニズム（注2）は、人間が機械の要素、機能、特徴を取り入れるトランスヒューマニズム（注3）に変化するだろう。AIがあらゆる人々の生活を向上させた上で、超小型コンピューティングデバイスがほとんどあらゆるところに埋め込まれているくらいに増殖したとすると、マシンを持つ人間、マシンと統合された人間になりたがる人々が間違いなく多くなるだろう。彼らは開拓者、進歩の伝道者とさえ見なされるかもしれない。彼らは、本物の意識を持つマシンの次の世代を作るよう社会に働きかけていくだろう。それは人間以上の新しいサイバネティック（注4）な種だ。

しかし、社会は一線を踏み越えて、本物の生命をそのような人工物に捧げるべきなのだろうか。未来の人類は、そのようなジレンマによって規定されるはずだ。

（ジョージ・ザルカダキス著、長尾高弘訳『AIは「心」を持てるのか——脳に近いアーキテクチャ』日経BPより。原文の一部を省略した。）

（注1）ディープブルー…IBMのスーパーコンピュータ。当時のチェスの世界王者カスパロフと対戦して勝利した。

（注2）ポストヒューマニズム…現代のテクノロジーの進化や社会の変化の中で、人間の在り方を再評価しようとする思想的な運動。

（注3）トランスヒューマニズム…科学技術を用いて人類を進化させようとする思想。

（注4）サイバネティックな…「機械と身体を融合させた」の意。

問一　傍線部(a)〜(e)のカタカナの表記部分と、同じ漢字を含む語を、次の①〜④のうちから一つずつ選びなさい。解答番号は [1] 〜 [5]。

(a) 世シュウ [1]
① 地元にシュウ職する　② 民シュウから支持される
③ 奇シュウ攻撃を受ける　④ 負けずに応シュウする

(b) ヨ波 [2]
① 名ヨを回復する　② 五年有ヨの歳月
③ 納税が猶ヨされる　④ 銀行にヨ金がある

(c) ボウ大 [3]
① 価格がボウ落する　② 彼の熱意には脱ボウする
③ 宇宙がボウ張する　④ ボウ略を巡らす

(d) カン容 [4]
① カン大な処置を願う　② 運命をカン受する
③ 来客をカン迎する　④ 制限をカン和する

(e) 謙キョ [5]
① 皆の前でキョ栄を張る　② 先例に依キョする
③ キョ容範囲を超える　④ 退職して隠キョする

済的に大きな事件が起きると、著名な経済学者たちがその事件の対立する解釈をめぐって延々と議論しているのを見せられる。しかし、未来は、何かが起きる前にそのことを予言する知能を持つコンピュータを持っている。「AI経済学」は、すべての経済学書を書き換えるだろう。この経済学における大きな［B］シフトは、政府の役割や権力に深遠で革命的な影響を及ぼす。つまり、国内／国際経済に有効な指令を出せるAIを持つようになると、私たちが知っている経済的自由主義や資本主義は終わりを迎えるだろう。

社会全体に対する影響がそのようなものだとして、個人についてはどうなのだろうか。(3)AI経済学が個人のレベルに与える影響はどのようなものなのだろう。私たちの生活はもっとよくなり、豊かで健全になり、生産的になるという人もいるだろう。AIシステムは、私たちが何かを決めなければならないときに、考えられる最良のアドバイスを与えてくれるようになる。AIシステムは、私たちの家庭を運営し、自動車を運転し、銀行口座、投資を管理し、その他今ならとても時間をかけて考え、たいていはよくもなく悪くもない結果になってしまうようなあらゆることを処理してくれる。AIシステムは将来のほぼあらゆるシナリオを検討し、最良の方向をアドバイスできるので、純粋な偶然は非常に少なくなる。かくして、AIは私たちにより多くの成功をもたらしてくれる。少なくとも、失敗したときの言い訳を奪ってしまう。つまり、AIは私たちが失敗するのを防いでくれる。しかし、それは本当に私たちが望んでいることだろうか。

失敗は非常に辛い結果を引き起こす。私たちのほとんどにとって、新しい機械の友だちのアドバイスのおかげで、そのような苦痛を免れられるのはとても大きいだろう。しかし、私たちは失敗を通じて賢くなる。私たちは失敗することによって子どもから大人になる。失敗が起きるかもしれないということにより、私たちは自分の行動に責任を持たざるを得なくなる。失敗は、自分と同じ人間である他者も失敗するものだという理解も生む。今までは、失敗をして間違った判断を下すことが生活の避けがたい一部としてあった。失敗する可能性があるということは人間の特徴であり、自分よりも「運の悪い」他者のことを思い、(d)カン容さを示すという人間のもっとも大切な道徳的価値も、失敗ということがあるから生まれた価値だ。しかし、テクノロジーによってほとんどのときに最良の判断を下せるようになると、失敗したときに言い訳がきかなくなる。知能のある［D］によって幸運／不運の別がほとんどなくなってしまうので、「運の悪い」他者もいなくなる。そのようなテクノロジーを使いたいという気持ちははかりしれないほど大きくなるだろう。私たちの生活が自分で下した判断の総和なのだとすると、AIのある未来に暮らせば、今の私たちよりもずっとすばらしい生活を送ることができる。AIがあれば、パートナー、職業、仕事、その他あらゆるものでいつも最良のものを選べるので、誰もが個人的な生活で完全な状態に達することができる。難しい選択も、それほど難しくなくなる。判断からもっとも大きな利益を得るための技術的な手段があれば、使ってみたいという気持ちは無視できないくらい大きくなるだろう。だから、私たちの道徳

れるようになってきている。二〇〇七年からの大不況（日本ではリーマンショックと言われることが多いが、英語ではもう少し大きくとらえるThe Great Recessionという表現が一般的。この表現は一九二九年の「The Great Depression：大恐慌と対比されるような形で「大不況」と訳されることが多い）では、規制を受けていない金融市場が金融バブルを作り出し、それが世界経済全体を損ねることがあることを明らかにした。南ヨーロッパでは、失業によって少なくとも今後二世代の希望が失われ、数百万の人々の生活が破壊されている。富裕層とそれ以外の人々の④格差が広がるにつれて、多くの人々は資本主義のゲームが自分たちには非常に不利にできていることを感じ始めている。一方、中国などの自由が制限されている国々のさまざまな「国家資本主義」形態の方が、富のより公平な分配に成功しているように感じられてきている。

　このような世界の政治的な状況のもとで、知能を持ち、(c)ボウ大なデータにアクセスできるコンピュータが生まれたら、政府には新しい(1)革命的なツールが与えられることになる。自由市場に分配を任せる自由主義と政府が分配を規制する社会主義の間のイデオロギー対立は、だんだん曖昧になっていくだろう。経済運営において自由市場の方が中央集権的な政府よりも優れているという議論は、最適な経済を作り出すために複雑に絡み合ったボウ大なパラメータを政府がきちんと計算することはできないという前提のもとに成り立っている。そのため、政府が市場を規制して介入すると、「勝者と敗者」を決めることになってしまい、問題の経済にとって得になることはなく、損になってしまう。政府の介入によって問題を解決するよりも新たな問題を作ってしまった例は無数にあるが、そのなかでも古いソ連社会はおそらくもっともわかりやすいものだろう。しかし、ソ連がＡＩを発明し、データに基づいて高度な経済を築き得たパラレルワールドを想像してみよう。ソ連の知能を持つスーパーコンピュータが何分の一秒という短時間であらゆる経済的取引を［C］し、生み出される経済的価値が最大になるように生産資材を適切に振り分けたらどうなるだろうか。(注1)ディープブルーがカスパロフと対戦し、勝利したときに行ったように、これらのコンピュータがあらゆる経済的行動の結果を正確に予想でき、最適なものを選べたらどうだろうか。そのような世界では、冷戦の結果はまったく変わっていただろう。

　もちろん、共産主義が勝利を収めるこのパラレルワールドのストーリーは現実のものにはならなかったわけだが、だからといって、私たちは歴史の終わりを見たわけでもない。未来は自由民主主義体制のものになるかもしれないが、そのような政府が知能を持つスーパーコンピュータを使って経済を最終的に規制するようになるかもしれない。すると、そのような政治体制は、共産主義者国家と区別がつかなくなるときが来るということが考えられる。強力なＡＩテクノロジーとビッグデータという社会をひっくり返すようなテクノロジーの組み合わせにより、中央政府による⑤計画経済が前面に出てくるのである。国民の期待や需要は「変わる」ので、そのようなシナリオは可能だというだけではなく、十分起きる可能性がある。(2)本物の変化は、データと知能を持つコンピュータによって経済学が本物の科学になったときに初めて起こる。今は、経

国語

（六〇分）

問題一

次の文章を読んで、設問に答えなさい。

ＡＩが未来に与える影響について今話題になっていること、あるいは警戒されていることは、ほとんど労働市場だけに偏っている。タイラー・コーエンなどの経済学者が、ＡＩによってホワイトカラーの仕事が失われると言っている。しかし、彼らの分析は、ほかのことに関してはほぼ同じだということを［Ａ］としている。たとえば、議会による間接民主主義や主として市場によって規制される自由経済などへの影響は考えられていない。だが、そんなことはないだろう。大きな技術的変化によって社会経済的な［Ｂ］シフトが起きることは、すでに歴史のなかでも示されている。たとえば、約一万二千年前の農業の発明は、「農業革命」と呼ばれているが、それは人々の生活、社会構造を根本的に変えたからだ。誰のものでもなかった土地を自由に移動していたノマドや狩猟採集民たちは、①財産の世シュウ(a)を法律で定めている王国や帝国の臣民になってしまった。一八世紀後半から始まった産業革命は、社会に新しい階層構造を作り出した。②土地を持つ貴族、上流階級が没落してその位置に起業家、専門家の中産階級が収まった。土地所有の権力が資本の力に押し出されたのである。資本は自由に動かし、好きなところに投資でき、よりよい製品をより多く生産すれば、土地所有者が考えたこともないような富を所有者に与えてくれる。資本主義への反応として、マルクス主義や社会主義、さらにはファシズム、ナチズムのような全体主義イデオロギーが③富の公平な分配を主張した。全体主義的ユートピアと自由市場の理想主義の間の緊張により、古くからの帝国的秩序は破壊され、二度の世界大戦で数千万の人々が死に、新しいテクノロジーの開発が促された。そのなかでももっとも重要なのは、おそらくコンピュータだろう。

私たちは今、冷戦のヨ波(b)がだんだん消えていくように感じられる時期に生きている。一九八九年一一月のベルリンの壁の破壊に象徴される自由主義、資本主義の共産主義に対する明らかな勝利は、今では疑問視さ

解答編

英語

1 解答 《台湾の先住民族サキザヤ》

1―③　**2**―②　**3**―④　**4**―④　**5**―③

(注)　**2**．第1段第5文（The indigenous peoples were …）より②が適切。The indigenous peoples に注意。a people や peoples は「民族」の意なので，設問文は「(台湾の）先住民族とは…である」となる。その中で①に該当するのが第3段第3文（The members of …）より，サキザヤ族のことである。

4．第1段最終文（Among the 16 …）に，台湾では16の先住民族が公式に認められているとあり，第4段最終文（After several years …）後半に，サキザヤは13番目の台湾の先住民族集団となったとあるので，引き算をして3つとなる。

2 解答 《日本の障がい者》

6―②　**7**―④　**8**―①　**9**―④　**10**―①

3 解答

11―④　**12**―②　**13**―③　**14**―①　**15**―②

4 解答

16―②　**17**―③　**18**―①　**19**―①　**20**―③　**21**―③
22―①　**23**―③　**24**―③　**25**―④

数 学

1 解答 《小問3問》

[1] **1.** 4 **2.** 6 **3.** 2 **4.** 2 **5.** 2 **6.** 6 **7.** 2 **8.** 2 **9.** 3 **10.** 1

[2] **11〜14.** 2025 **15・16.** 45 **17・18.** 47

[3] **19.** 2 **20.** 1 **21.** 2 **22.** 1 **23.** 3 **24.** 1 **25.** 4

2 解答 《循環小数》

(1) **26**—⑦

(2) **27・28.** 23

(3)※ **29.** 3 **30.** 2

※(3)については，出題内容に範囲外（数学Ⅱ）の表記を使用したため，全員正解として扱ったと大学から公表されている。

3 解答 《条件付き確率》

(1) **31**—⑤ (2) **32**—⑧

4 解答 《四面体の体積》

(1) **33・34**—④・⑤（順不同） **35**—⑥ **36.** 3 **37.** 2 **38.** 1 **39.** 3

(2) **40.** 2 **41.** 3 **42.** 3

(3) **43.** 3 **44.** 4 **45.** 3 **46.** 3 **47.** 4

問五 ②
問六 ②

三

出典 エルヤキム・キスレフ『「選択的シングル」の時代――30カ国以上のデータが示す「結婚神話」の真実と「新しい生き方」』（舩山むつみ訳、文響社）

解答

問一 ③
問二 ⑤
問三 ④
問四 ⑤
問五 ⑤

四

出典 伊地知英信『外来種は悪じゃない――ミドリガメのための弁明』（草思社）

解答

問一 ③
問二 ③
問三 ①
問四 ②
問五 ⑤

国語

一

出典　ジョージ・ザルカダキス『AIは「心」を持てるのか――脳に近いアーキテクチャ』（長尾高弘訳、日経BP社）

解答

問一　(a)―③　(b)―②　(c)―③　(d)―①　(e)―①

問二　②

問三　①

問四　④

問五　③

問六　②

問七　③

二

出典　酒井直樹『ひきこもりの国民主義』（岩波書店）

解答

問一　③

問二　④

問三　①

問四　⑤

//////////////////// · memo · ////////////////////

/////////////////// ·memo· ///////////////////

//////////////////// · memo · ////////////////////

/////////////////// · memo · ///////////////////

2023年度

問題と解答

■一般選抜：前期

問題編

▶試験科目・配点

教　科	科　　目	配　点
外国語・数　学・国　語	「コミュニケーション英語Ⅰ・Ⅱ・Ⅲ，英語表現Ⅰ・Ⅱ」，「数学Ⅰ・A」，「国語総合（古文，漢文を除く）」から2教科または3教科を選択（3教科受験した場合は，高得点の2教科を合否判定に使用）	200点（各100点）

英語

(60分)

1. 以下の英文を読んで、設問に答えなさい。

To shift our energy system toward a sustainable path, we need a clean and enduring combination of greater efficiency, nuclear, renewables and zero-emission uses of fossil fuels, in concert with a shift in secondary energy toward greater use of electricity, hydrogen and some cleaner burning hydrocarbons, many of these produced from plant-based materials. We need to actively limit impacts and risks to land and water from the exploitation of these primary sources and from our use of secondary forms of energy. While it is impossible for any energy system to be impact and risk free, it is technologically and economically possible for us to achieve a great transformation of the energy system in this direction over the next century. At the end of this transition, energy services will cost the average person no more than 10% of their annual budget and more likely not much above the 6% that they currently absorb in industrialized countries.

I recommend these characteristics as a goal that humanity should adopt for its energy system. In achieving this goal, my evaluation of the primary energy alternatives leads me to predict that fossil fuels will not be abandoned and indeed will sustain their dominant role through this century and perhaps well beyond.

Energy efficiency will be seriously pursued. However, the use of energy per person is still so low in much of the developing world and its connection to improvements in living standards so strong that the global energy system will expand about three times over this century—which is still much slower growth than its sixteen-time expansion over the last one.

Because of its association with extreme event risk to environmental and human health, and with political risks of nuclear weapons spreading, nuclear power needs a significant cost advantage if it is to exceed fossil fuels and renewables as the global energy system expands. The evidence suggests that this is unlikely. Nuclear may expand significantly from its current status, but this will not result in a much greater share of the expanded global energy system. This leaves renewables and zero-emission fossil fuels to compete for dominance of this system.

Fossil fuels are likely to remain dominant through this century. Their high energy density and capacity for storage gives (1)<u>them</u> a significant cost advantage, and evidence from existing technologies suggests that zero-emission uses of fossil fuels will not cause dramatically higher secondary energy costs. In addition, investment capacity and technological expertise are already concentrated in the fossil fuel sector. While conventional oil is perceived to have geopolitical risks for countries like the US and China, development of abundant domestic coal resources provides a means for these and other countries to (2)<u>mitigate this risk</u>. Natural gas is also widely distributed around the globe, and there is considerable evidence that the amount of this resource that will be available to human use with modest technological developments is many times larger than the reserve estimates we currently rely on. Finally, while renewables in some situations can have similar costs as zero-emission fossil fuels, this is likely more the exception than the rule, at least in the earlier decades of the century. As the highest quality fossil fuel resources are exhausted, however, the relative balance should shift in favor of renewables. Most likely this will not happen until the second half of this century, and perhaps much farther in the future (3)given the potential for unconventional oil, unconventional natural gas and coal to replace conventional oil and natural gas in the production of clean secondary energy. Even with sustained rapid growth rates, renewables will not replace fossil fuels in this century.

Mark Jaccard, *Sustainable Fossil Fuels*: Cambridge University Press, 2005. 本文を一部修正した。

（注）renewables：再生可能エネルギー　　hydrocarbon：炭化水素
industrialized：工業［産業］化した　　expertise：専門的知識　　geopolitical：地政学的な
unconventional：非在来型の（従来の油田、ガス田から採掘されるのではなく、新技術などによって生産される）

(1) 本文全体のタイトルとしてもっとも適切なものをア～エから1つ選び、その記号を解答欄に記入しなさい。

ア. Energy obtained from sustainable plant-based materials will soon become economical and available in the developing world.

イ. Humanity must forbid the use of fossil fuels as soon as possible in order not to damage the environment.

ウ. Renewables are expected to grow rapidly and become a dominant source of energy in the earlier decades of this century.

エ. Fossil fuels are likely to sustain their advantage over other forms of energy during and beyond this century.

(2) 設問①～③について、本文の内容にもっとも近いものをア～エから1つ選び、その記号を解答欄に記入しなさい。

① エネルギーシステムを持続可能なものにしていく最終段階で起こり得ることはどれか。

ア. エネルギーサービスの価格が平均的な人一人当たりの年間予算の10%程度となること。

イ. エネルギーシステムが環境に全く影響を及ぼさず、危険性がなくなること。

ウ. エネルギーサービス由来の汚染が、産業国で現在吸収している6%よりも低くなること。

エ. エネルギーシステムがよりクリーンな炭化水素を燃焼するものに置き換わること。

② 開発途上諸国の現状から筆者が推測していることはどれか。

ア. 前世紀（20世紀）の間に起こった地球規模のエネルギーシステム拡大割合が16倍と高かったことから、今世紀の間はより急速なエネルギーシステム拡大が予想される。

イ. 開発途上諸国では一人当たりのエネルギー使用が非常に少ない一方でエネルギー利用と生活水準改善との相関が強いため、地球規模のエネルギーシステムは3倍程度に拡大する。

ウ. 地球規模のエネルギーシステムの拡大に伴い、エネルギー使用量が現在の3倍程度となることから、資源不足となりより効率の高いエネルギー利用が求められる。

エ．開発途上諸国では投資能力と技術的専門知識が化石燃料に集中的に投じられているため、現地での多量の石炭資源の開発が行われ石炭利用率がこれまで以上に高まることが予想される。

③ 再生可能エネルギーについて述べられていないことはどれか。

ア．原子力よりも再生可能エネルギーのほうが地球規模のエネルギーシステムの有力な候補となる。

イ．価格競争の点で再生可能エネルギーのほうが全般的に化石燃料よりも優れている。

ウ．化石燃料との相対的バランスが再生可能エネルギーにより傾くのは今世紀後半である。

エ．再生可能エネルギーは持続的高度成長率だとしても、今世紀中に化石燃料に取って代わることはないだろう。

(3) 下線部(1) them は何を指すか。もっとも適切なものをア～エから1つ選び、その記号を解答欄に記入しなさい。

ア．Renewables

イ．Energy costs

ウ．Fossil fuels

エ．Technologies

(4) 下線部(2) mitigate this risk が意味する内容ともっとも近いものをア～エから1つ選び、その記号を解答欄に記入しなさい。

ア．make this risk more urgently

イ．make this risk less serious

ウ．make this risk known

エ．make this risk happen

(5) 下線部(3) given と同じ意味で使われている given をア～エから1つ選び、その記号を解答欄に記入しなさい。

ア．We can find out how much money is spent on food in any given period.

イ．She took it as a given that her husband would be involved in child raising.

ウ．She was given first prize for her great achievements in product design.

エ．We told them the sort of thing you would like to do, given the opportunity.

2. 以下の対話文について設問を答えなさい。

(1) ①～③の対話文について、それぞれの問い（Question）への答えとしてもっとも適切なものをア～エから１つ選び、その記号を解答欄に記入しなさい。

① Woman: This is my last day here in your beautiful city. Do you have any recommendations for places I should visit?

Hotel staff: Oh, there are a lot of wonderful places to go! Have you been down to the river yet? There are some nice cafes there. I also recommend the art museum near there.

Woman: Actually, I went to the river yesterday. I had a nice time. I'm not so interested in museums, though.

Hotel staff: Okay, in that case, why don't you go to a movie? There's a really lovely theater near here.

Woman: A movie sounds nice. But today I'm hoping to do something outdoors.

Hotel staff: Well in that case, how about taking a walk in the park? There's a beautiful view from the top of the mountain.

Woman: The mountain? I don't know if I have time to climb a mountain! I'm leaving this afternoon.

Hotel staff: Don't worry, it doesn't take much time to get to the top. I'm driving some other guests to the park in 10 minutes. You are welcome to join us if you like.

Woman: That sounds great! I'll do that. Thanks.

Question: Which is TRUE about the conversation?

ア. The woman is going to drive the guests to the park.
イ. The woman is looking forward to today's movie.
ウ. The woman accepts the hotel staff's invitation.
エ. The woman went to the museum yesterday.

② Police Officer: Hello, can I help you?

Man: I hope so. My bag was just stolen.

Police Officer: I see. Please write your name and phone number here. And can you tell me what happened?

Man: Yeah. I was riding the subway when a woman sat next to me and started talking to me. She seemed friendly, but we didn't talk much because she got off at the next stop. That's when I noticed that my bag was gone! She must have taken it.

Police Officer: Okay. Do yo know what station she got off at?

Man: Yes, it was Pine Station. It just happened about 10 minutes ago.

Police Officer: Can you remember what she looked like?
Man: Let's see. She was of average height, and somewhat thin. She had short, dark brown hair. She wore jeans and a blue jacket. She had on big gold earrings, too.
Police Officer: Okay, we will start searching for her. If we find your bag, we'll call you.
Man: Thanks so much.

Question: What is TRUE about the woman?
ア. She boarded at Pine Station.
イ. She knew the man well.
ウ. She didn't notice his bag.
エ. She was wearing jewelry.

③ Shop clerk: Hello, may I help you?
Woman: Yes, I bought this camera here, but it's already stopped working. I'd like you to replace it with a new one.
Shop clerk: I see. May I take a look?
Woman: Here you are. Look, when I push the "on" button, nothing happens.
Shop clerk: All right. When did you buy the camera?
Woman: I just bought it a year ago! Here's the receipt.
Shop clerk: Oh, I'm afraid this was only guaranteed for six months. Unfortunately, I can't issue you a new one.
Woman: Six months? Really? That seems too short. The camera is of poor quality if it breaks so easily. I didn't drop it or do anything to damage it.
Shop clerk: I'm very sorry. We can have it fixed for you but you'll need to pay the service fee. There's nothing more I can do.
Woman: Oh, that's not acceptable. Can I speak to your manager?

Question: How does the woman feel?
ア. She's upset.
イ. She's afraid.
ウ. She's jealous.
エ. She's impressed.

(2) ④、⑤の空欄に入れるのにもっとも適切なものをア～エから1つ選び、その記号を解答欄に記入しなさい。

④ Tour guide: In just a moment, we'll get off the bus and walk over to the large temple. It's an important historical site that dates back over two thousand years.
Tourist: It sounds amazing. Are we allowed to take pictures?
Tour guide: Not inside, but (　　　) to take pictures outside the building.

ア．if you'd like

イ．it's prohibited

ウ．would you mind

エ．you are welcome

⑤ Man: I think we should buy a hybrid car. They're better for the environment than regular cars.

Woman: I know they are, and that's important. But it seems they're really expensive!

Man: Yeah, but we would save money in the long run because we wouldn't have to buy so much gas.

Woman: That's true, but (　　).

ア．that's such a fantastic idea

イ．we ought to buy that one

ウ．I wonder if we can afford it

エ．it might be quite valuable

3. 国際結婚をしたYokoとEddieの会話を読んで、ア～オを並べ替えて適切な文を完成させなさい。なお、文頭に来るべき語も小文字になっています。

(1) Yoko: Eddie, I need your advice. Erika wants to go hiking, while Hiroshi insists on going to the beach for a swim. How can we satisfy both children?

Eddie: Ah, I have a good idea. We (①)(②)(③)(④)(⑤) two birds with one stone. What about driving up to Murakami?

ア．be　イ．kill　ウ．to　エ．might　オ．able

(2) Eddie: Hello.

Yoko: Hi, Eddie. This is Yoko. I am still working now. You know, Erika's piano lesson will finish soon. (①)(②)(③)(④)(⑤)?

Eddie: No problem. My work will have been done by then.

ア．her　イ．pick　ウ．could　エ．up　オ．you

(3) Yoko: Eddie, where is the orange juice? I can't find it anywhere.

Eddie: Really? I am sorry. I had no time for shopping today. Take a look in the refrigerator. I am sure (①)(②)(③)(④)(⑤).

ア．something　イ．drink　ウ．there　エ．to　オ．there's

(4) Eddie: Happy birthday, Yoko. Here's a little present for you.

Yoko: Oh, Eddie. It's very kind of you. Let me open it now. Wow, (①)(②)(③)(④)(⑤) beautiful necklace before.

ア．a　イ．I've　ウ．seen　エ．such　オ．never

(5) Yoko: Eddie, do you think we can use our bonuses for the house repairs?
Eddie: Well, let's see (①)(②)(③)(④)(⑤) this year. I heard they'll be lower than before because of the COVID-19 pandemic.

ア. they イ. much ウ. will エ. how オ. be

4. 以下の文を完成させるために、もっとも適切なものをア～エから1つ選び、その記号を解答欄に記入しなさい。

(1) At the meeting, Mr. Tan made an (ア. argue イ. argument ウ. arguable エ. arguably) for increasing the price of the company's products.

(2) (ア. Once イ. Although ウ. Unless エ. Whether) the volleyball game is finished, the coaches and players will analyze the final results.

(3) Dr. Suzuki's lecture (ア. to イ. by ウ. on エ. as) the history of manga and anime will start promptly at 10:00 a.m.

(4) Nobody in school knows why Yuka and Ryusei (ア. called for イ. broke up ウ. checked out エ. brought up) because they seemed to be in love and perfect for each other.

(5) I think I didn't remember (ア. locking イ. lock ウ. to locking エ. to lock) the door when we left this morning. I need to go back home!

(6) The (ア. frequency イ. frequent ウ. frequently エ. frequents) of service between Niigata Station and Echigo Akatsuka Station will be decreased next year.

(7) Next month, buses (ア. should operate イ. operated ウ. will operate エ. operate) every 40 minutes.

(8) I (ア. wrote イ. am writing ウ. will be writing エ. am going to write) this email to inform you that I will take the second vaccination shot for COVID-19 tomorrow.

(9) My doctor (ア. have advised イ. has been advised ウ. have been advised エ. has advised) me to stay at home for two days after the flu shot.

(10) Please arrange to return the laptop (ア. such as イ. prior to ウ. along with エ. provided that) the carrying bag, cables, and other accessories.

数学

（60分）

（注）採点の対象になるので，計算過程も記入すること。

1. 次の問に答えなさい。

(1) 次の命題について真か偽か答えなさい。また，偽の場合は反例をひとつ挙げなさい。

「整数 m，n について，$m+n$ が偶数ならば，m と n はともに偶数である」

(2) 不等式 $|2x+4|>8$ を解きなさい。

(3) $x^2+263x+17292$ を因数分解しなさい。

(4) $\sin 155^\circ - \sin 55^\circ - \cos 65^\circ - \cos 145^\circ$ の値を求めなさい。

2. a を実数の定数とする。関数 $f(x)=x^2-4ax+2a$ の $0 \leqq x \leqq 2$ における最小値を次の場合について求めなさい。

(1) $a<0$

(2) $0 \leqq a \leqq 1$

(3) $a>1$

3. 明日晴れる確率が $\dfrac{7}{10}$，明日も明後日も晴れる確率が $\dfrac{1}{2}$，明後日晴れたという条件のもとで明日も晴れであった確率が $\dfrac{4}{5}$ であるとする。このとき，次の問に答えなさい。

(1) 明後日晴れる確率を求めなさい。

(2) 明日晴れなかったという条件のもとで明後日も晴れない確率を求めなさい。

(3) 1週間後に晴れるという事象は，明日晴れるという事象とも明後日晴れるという事象とも独立であるとする。また，明日晴れたという条件のもとで1週間後も晴れる確率は $\dfrac{3}{10}$ であるとする。このとき，明日も明後日も1週間後も晴れである確率を求めなさい。

4. 3辺が AB = 7, BC = 8, CA = 5 である △ABC の内心を I とし，線分 AI の I の方を延長し辺 BC との交点を D とする。このとき，次の問に答えなさい。

(1) ∠ACB の大きさを求めなさい。

(2) AI : ID を求めなさい。

(3) △ABI の面積を求めなさい。

問四　段落①〜④は、本来の順番を変えています。本来の順番としてもっとも適切なものを、次の(ア)〜(カ)のうちから一つ選びなさい。

(ア)　①→②→④→③
(イ)　①→③→②→④
(ウ)　③→④→②→①
(エ)　③→②→④→①
(オ)　④→①→③→②
(カ)　④→③→②→①

問五　傍線部(2)「ジョブポスティング」の説明として、本文の内容にもっとも合致するものを、次の(ア)〜(カ)のうちから一つ選びなさい。

(ア)　社内から適当な応募者があらわれない場合でも社外へ募集することはない。
(イ)　応募者のなかから受け入れ先のマネジャーなどが採用を決定するわけではない。
(ウ)　日本企業で導入しているところは少なくない。
(エ)　選んでくれた上司に対する依存関係が強くなりがちになる。
(オ)　人事部も選考にかかわる。
(カ)　中央集権的なキャリア形成の手法でもある。

問六　本文の内容に合致しないものを、次の(ア)〜(カ)のうちから一つ選びなさい。

(ア)　社内研修やＯＪＴ（職場訓練）、自己啓発などによる能力開発によって専門的な能力は身につかない。
(イ)　社内ＦＡ制や役職公募制、役職立候補制とは、組織の内部に一種の市場原理を持ち込むことを意味する。
(ウ)　日本型ローテーション人事は、どの部署に異動しても、会社という組織と個人は密着したままなので、組織と個人が一体化しているといえる。
(エ)　社員の意欲や潜在能力が十分に引きだされていないことが日本の事務系ホワイトカラーの生産性が低い一因である。
(オ)　企業における異動は、その人のランク（資格や職位）に見合ったポストがあるかどうかといった理由で決まるわけではない。
(カ)　日本の事務系ホワイトカラーの生産性が低い原因は、意思決定プロセスの複雑さ、頻繁で長時間にわたる会議、ムダの多い仕事といったシステムの問題である。

内に募集し、社内から適当な応募者があらわれない場合に社外へ募集するところもあれば、社内外へいっせいに募集をかけるところもある。そして応募者のなかから受け入れ先のマネジャーなどが選考して採用を決定する。人事部は募集手続きや書類審査など側面から選考のサポートをするだけで、選考そのものには関わらないのが普通である。

ただ、この方法がベストであるとはいいきれない。なぜなら、どうしても選んでくれた上司に対する依存関係が強くなりがちだからである。したがって、その点では人事部や外部の機関が選考に介入したほうがよいかもしれない。

日本企業でジョブポスティング制度を導入しているところはほとんど見当たらないが、社内FA制や役職公募制、役職立候補制といった制度を取り入れている企業は少なからず存在する。このうち社内FA制は名称が示すとおりプロ野球のFA制度を模した制度であり、社員が自ら希望部署に移りたいと手をあげたとき、選考に合格すれば異動を認める。上司が部下の異動を阻止しようとしたり、異動できなかったとき人間関係が悪化したりするのを防ぐため、面接も週末に行うなど異動が決まるまでは極秘で進めている例が多い。

これらの制度は、中央集権的な人事システムから個人を解放するので個人の分化だといえる。そして別の見方をすれば、組織の内部に一種の市場原理を持ち込むことを意味する。

（太田肇『「超」働き方改革―四次元の「分ける」戦略』より。原文の一部を省略した。）

問一　空欄 A に入ることばとして、もっとも適切なものを、次の(ア)〜(カ)のうちから一つ選びなさい。

(ア)　だから　(イ)　したがって　(ウ)　しかし
(エ)　なぜ　(オ)　どのように　(カ)　どのくらい

問二　傍線部(1)「彼らの専門性が低いことがあげられる。」とあるが、筆者の主張に合致しないものを、次の(ア)〜(オ)のうちから一つ選びなさい。

(ア)　所属学部や専門知識などあまり重視しない。
(イ)　三年から五年の周期で異動を繰り返す。
(ウ)　個人の仕事能力や適性を重視しない。
(エ)　「人間性」「人物」などを重視する。
(オ)　採用後に出身学部や本人の希望を考慮して配属する。

問三　空欄 B に入ることばとして、もっとも適切なものを、次の(ア)〜(オ)のうちから一つ選びなさい。

(ア)　「ゼネラリスト」
(イ)　「知識社会」
(ウ)　「人間性」
(エ)　「未分化」
(オ)　「キャリアを分ける」

T（職場訓練）、自己啓発などで能力開発は行われているが、体系性や深さの面で自ずと限界がある。だからといって文系が誇るべき社会科学的、人文科学的な思考力やセンスを身につけているかというと、正直なところそれも疑わしい。したがって反発を恐れずにいえば、日本の事務系ホワイトカラーは［B］という看板を掲げているが、実態は「素人集団」の域をでないのである。

それでも、かつては大きな支障がなかった。しかし仕事内容の高度化、専門化が進み、知識や情報の質が圧倒的な重みをもつ「知識社会」に入った今日、事務系といえども法律、財務、マーケティング、人的資源管理、等々それぞれの分野で高度な専門能力が求められる。少なくともベースとしてそれが必要なのである。その優劣が企業の死命を決するといってもよいくらいだ。「素人集団」では、グローバルな競争のなかでライバル企業に太刀打ちできないのである。

①そこで対策として、組織のなかでのキャリア形成も組織主導から個人主導へ切り替えること、言い替えるなら「キャリアを分ける」ことが必要になる。

②パーソル総合研究所の「APACの就業実態・成長意識調査（二〇一九年）」によれば、勤務先以外での学習や自己啓発について、「とくに何も行っていない」という人が四六・三％と、一四の国・地域のなかで突出して高い。自分のキャリアアップにつながらないのに、私的な時間やお金を注ぎ込んでまで能力開発に励もうという気にならないのは当然ともいえる。

③しかも配属や異動が人事部の手に委ねられている現状のもとでは、主体的な能力開発やキャリアアップへのモチベーションも生まれない。たとえば、かりに現在は人事やマーケティングの仕事に就いていても、数年たったらどこに異動するかわからない以上、本腰を入れて人事やマーケティングの勉強をしようという気にならない。つぎのデータはそれを裏づけている。

④問題はそれだけにとどまらない。社内では経営戦略の策定や新規事業開発、企画、人事など主要な部署では事務系ホワイトカラーが中心を占めている。また経営陣や管理職も、多くは「ゼネラリスト」育成システムで育ってきた人たちだ。そのためエンジニアや研究職の間からは、技術の重要性や専門的な話を理解してもらえないという不満の声が漏れ聞こえる。日本企業全体に残る「事務系優位」の風土のもとでは、いくら技術系が優秀でもその力を活かしきれないのである。

こういうと日本型のローテーション人事こそ、個人を部署などの職場から分けてきたのではないかと反論されるかもしれない。しかし組織と個人の関係からいえば、ローテーション人事においては組織と個人が一体化している。どの部署に異動しても、会社という組織と個人は密着したままなのだ。個人主導の異動に切り替わってこそ、個人のキャリアが組織から分けられるのである。

個人主導によるキャリア形成の典型は、欧米企業で取り入れられている(2)「ジョブポスティング」制度である。この制度のもとでは社内に空きポストができたとき、社内外に候補者を公募する。会社によってまず社

問題四　次の文章を読んで、設問に答えなさい。

わが国の時間あたり労働生産性は主要七カ国のなかで最も低い。さらに時間あたりの付加価値（一九九八〜二〇〇〇年）を産業別にアメリカと比較すると、化学、機械、情報通信業などではアメリカの水準を上回るいっぽう、金融、販売・小売、各種サービスなどはアメリカの半分程度の水準にとどまっている。

化学、機械、情報通信業などは設備や技術が、また製造業では一般に現場労働者の能力や仕事ぶりも生産性を大きく左右する。それに対して広い意味でのサービス業は機械化や自動化に限界があり、かなりの部分は依然として人の力に依存する。そして、いわゆる事務系ホワイトカラーの占めるウエイトも大きい。

ホワイトカラーの生産性を正確に把握することは困難だが、定性的な調査や個別事例などから、日本のホワイトカラー、とりわけ事務系ホワイトカラーの生産性が低いことは半ば「常識」となっている。

［A］、日本の事務系ホワイトカラーは生産性が低いのか？

原因としては意思決定プロセスの複雑さ、頻繁で長時間にわたる会議、ムダの多い仕事といったシステムの問題のほか、社員の意欲や潜在能力が十分に引きだせていないことなどが考えられる。その背景には、仕事や職場が「未分化」な現実がある。

さらにもう一点、重要なポイントとして(1)彼らの専門性が低いことがあげられる。

周知のとおり企業が大卒の社員を採用する場合、理系と違って文系は大学のランクや、面接などから判断した「人間性」「人物」などを重視する。そのいっぽうで、所属学部や専門知識などはあまり重視しない。つまり、その時点で個人の仕事能力や適性はほとんど担保されていないわけである。そして採用後は、出身学部や本人の希望とはほぼ無関係に配属が決まり、その後も三年から五年といった周期で異動を繰り返していく。

このような人事システムは、幅広い知識と見識を備えた「ゼネラリスト育成」という建前に沿ったものである。研究者の間にも、日本企業では幅広い専門性を育てるべく計画的なローテーションが行われているという見方がある。たしかに、ある程度の経験を積み、役職に就くころになると「人事畑」「営業畑」というように一定の範囲で異動する傾向はみられる（すべての会社ではないが）。

しかし全体としてとらえるなら、私が調べたかぎりでは、必ずしも脈絡のある異動が行われているとはいいがたい。むしろどの部署で新たに人員が必要になったとか、その人のランク（資格や職位）に見合ったポストがあるかどうかといった理由で異動先が決まるケースが多い。しかも出向や転籍を含めれば異動の範囲はさらに広がり、脈絡はいっそう薄れる。

このようなシステムで採用、配属され、異動が繰り返される以上、いつまでたっても専門的な能力は身につかない。もちろん社内研修やOJ

(ア) 事実　(イ) 真実　(ウ) 歴史　(エ) 解釈

問三　傍線部(1)「私たちの知的怠慢」に関する説明として、本文の内容にもっとも合致するものを、次の(ア)～(エ)のうちから一つ選びなさい。

(ア) 歴史家が「正しい歴史」をわかりやすく教えてこなかったこと。

(イ) 日本社会が「もう一つの事実」をしっかり受け止めてこなかったこと。

(ウ) 日本社会が歴史家の研究成果を学ばず、信用しなかったこと。

(エ) 歴史家が自ら解明してきた歴史の「定説」をわかりやすく語らなかったこと。

問四　傍線部(2)「歴史の言説を法で管理することは、両刃の剣だ」とあるが、それはなぜか。その理由としてもっとも適切なものを、次の(ア)～(エ)のうちから一つ選びなさい。

(ア) 法規制は罰則がなければ、歴史修正主義の抑制に効果がないから。

(イ) 法規制はその運用そのものが歴史修正主義だから。

(ウ) 法規制はその運用方法によって言論の自由を侵害するから。

(エ) 法規制はかえって歴史修正主義を助長させるから。

問五　傍線部(3)「なぜならそれもまた、確実に、書き直されていくからである」とあるが、それはなぜか。本文の趣旨と合致しないものを、次の(ア)～(エ)のうちから一つ選びなさい。

(ア) 歴史は、人間が持つ多面性を反映したものだから。

(イ) 人間は複雑性を受け入れることが求められているから。

(ウ) 人間は複雑なままの歴史の上にアイデンティティを作り出せないから。

(エ) 人間が創り出したアイデンティティによる利益はいずれ消滅するから。

問六　本文の趣旨ともっとも合致するものを、次の(ア)～(エ)のうちから一つ選びなさい。

(ア) 歴史修正主義を論破するのは、新たな支持者を獲得するので、無意味である。

(イ) 歴史修正主義は、複数の事実があり得るという認識の広がりを目指している。

(ウ) 歴史修正主義者は、本当の歴史が不当に隠されてきたことを明らかにした。

(エ) 歴史自体が複雑であり、歴史修正主義を名指すことは必要だが、困難である。

は、歴史家だけだ。問題のある言説と対峙するときは、やはりそれが批判されるべきものとして認識できる名前が必要だろう。

現在、歴史修正主義への対応の仕方は各国さまざまだ。アメリカはやはり言論の自由市場の力を信じ、懐疑的なヨーロッパは法規制を選ぶ傾向がある。しかし、歴史を法的にガバナンスするという考えには、歴史の研究者としてはやはり反対である。(2)歴史の言説を法で管理することは、両刃の剣だ。

歴史の否定禁止法を持つヨーロッパのどの国も、ホロコースト否定の禁止を最初に導入したフランスも含め、その運用には苦心している。最近のポーランドに見るように、都合の悪い事実を覆い隠すことに法の運用の力点が移ると、言論統制の手段とされる危険の方が大きい。

では、私たちはどの方向に向かえばよいのか。アウシュヴィッツの生存者プリーモ・レーヴィ（一九一九―一九八七）は、死の収容所での人間の有様は単純な犠牲者と加害者という構図で語ることはできず、誰のなかにもその両面が存在する「灰色の領域」があったと語った。善のなかに悪魔的なものが潜み、またその逆も事実であった。

こうした人間の持つ多面性の反映が、歴史である。その複雑性を受け入れ、善も悪も、美も醜も、自分たちの歴史として受け止めることが求められている。(e)フン飾された歴史の上に創り出されたアイデンティティは、結局利益をもたらさない。(3)なぜならそれもまた、確実に、書き直されていくからである。

（武井彩佳『歴史修正主義―ヒトラー賛美、ホロコースト否定論から法規制まで』より。原文の一部を省略した。）

問一　傍線部(a)～(e)のカタカナの表記部分と、同じ漢字を含む語を、次の(ア)～(エ)のうちから一つずつ選びなさい。

(a)　アヤツられている
(ア)　物ソウな世の中　(イ)　焦ソウ感
(ウ)　ソウ索する　(エ)　節ソウがない

(b)　駆チク
(ア)　建チクする　(イ)　貯チクする
(ウ)　スイ行する　(エ)　チク一報告する

(c)　怠ダ
(ア)　無ダ遣い　(イ)　ダ性で生きる
(ウ)　ダ協する　(エ)　ダ落した人生

(d)　キュウ覚
(ア)　異シュウを放つ　(イ)　カグワしい
(ウ)　カぎつける　(エ)　困キュウする

(e)　フン飾
(ア)　内フン発生　(イ)　フン骨砕身
(ウ)　興フンする　(エ)　古フン

問二　空欄 A に入ることばとして、もっとも適切なものを、次の(ア)～(エ)のうちから一つ選びなさい。

面もなく言い切ることを政治が承認した。証明できなくてもよい、と一国の大統領が言った。こうして皆が、「私にとっての［A］」を語り始めた。

二〇一〇年代後半の流れが示したのは、事実や真実はたやすくその地位を追われることである。言論の自由市場では、事実が常に嘘を(b)駆チクするとは限らないことが明らかになったのだ。真偽の確かでないものが、社会の真ん中に堂々と鎮座し始め、それは私たちの認識を不安定にさせた。

社会が正常に機能するための前提となっているさまざまな事実に対して、正面から攻撃が加えられたとき、これに抵抗する人がもちろん大半を占めた。だが、一部は揺らいだ認識を新しい現実として受け入れていった。事実のハードルが低くなり、物事の新しい基準が顔を見せ始めた。解釈によっては、複数の事実があり得るという詭弁がまかり通り始めた。裏口から入ってきた人が、知らないうちに議論の土台をすり替えたのである。それはとても深刻なことに思えたが、意外にも人々は適応していっているようだった。

歴史修正主義は、こうした流れと水面下でつながっている。

歴史修正主義者は、これまで本当の歴史は隠されてきたと言う。では私たちは「歴史の真相」を知り得ないほど、過去の探究に(c)怠ダであり、何が本当か嘘か判断できないほど愚かだったのだろうか。

そうではないだろう。地道な実証作業を積み上げた結果として形成された歴史の解釈は、多くの場合、批判や修正に耐えうるものだ。歴史の「定説」は、十分な理由があって受け入れられている。歴史家が歴史修正主義と直接的に対峙してこなかったことは自戒の念を込めて認めるとして、歴史修正主義を生み出す社会の側の問題についても考える必要がある。

まず、(1)私たちの知的怠慢が批判されるべきではないか。歴史はそもそも複雑で、単一の原因に帰すことはできない。白黒のわかりやすい歴史は、それ自体ですでに怪しげなものだ。「正しい歴史」と「歪曲された歴史」の二つしかないのではなく、歴史もグラデーション状に濃淡を持っている。

また特定の歴史言説が社会の前面に押し出されるとき、背後にある政治的意図や経済的利害を読み取るメディアリテラシーが必要となる。そういったものへの(d)キュウ覚を育てることは重要だが、日本の教育ではそうした読み方は教えない。教育に政治を持ち込むなというスローガンの下、緩く政治的な方向付けがされていく。

真（ファクト）と偽（フェイク）の判断では、日本社会全体が「最終的には皆さんの良識に任せます」というスタンスなのだ。ただし、いまのところ日本人の良識は、ある程度機能している。歴史修正主義的な本が売れていても、こうした本を片手に真顔で自身の歴史観を開陳する人は、ほとんど相手にされない。

しかし、こうした言説にあまりなじみのない若い世代には、歴史修正主義をそれと名指ししないと、歴史の一つの解釈に聞こえてしまう可能性がある。書かれた歴史に意図的な歪曲があると具体的に指摘できるの

(オ)　時間を他者と重ね合わせて

問五　空欄 [C]、[D] に入ることばの組み合わせとして、もっとも適切なものを、次の(ア)〜(オ)のうちから一つ選びなさい。

	C	D
(ア)	社会的	経済的
(イ)	社会的	効率的
(ウ)	効率的	日常的
(エ)	経済的	社会的
(オ)	経済的	効率的

問題三

次の文章を読んで、設問に答えなさい。

よく見られる光景だが、書店に行けば「歴史の真相」「誰も書かなかった歴史の真実」といったタイトルが躍り、「通俗歴史本」が平積みになっている。図書館でさえ、歴史学の書架で研究書の隣に歴史修正主義的な本が並んでいる。大学生のレポートを読めば、簡単に切り貼りできるネット上の歴史修正主義が、読むには時間のかかる本の情報を七対三ほどの割合で凌駕（りょうが）している。さらに悪いことに、書いた本人は自分が歴史修正主義の代弁者になっていることに気づいていない。

なぜ人は、客観性に欠けるような歴史記述を受け入れるのか。こうした風潮に対して、歴史学はいったい何ができるのか。

これまで歴史の研究者は、歴史修正主義は素人の愚論であるから相手にすべきではないと言って無視するか、逆に歴史の証拠を示して反証し、「論破」しようとするかしてきた。その際には「専門性」という言葉が、学術レベルに満たない言説を切り捨てる刀となってきた。彼らは歴史家ではない、史料の扱い方が間違っている、というわけだ。しかし、論破しようとすればするほど、歴史修正主義は活力と新たな支持者を獲得するようにも見え、また実際の議論は歴史から遠ざかった。

私はこうした風潮にとても落ち着かないものを感じていたのだが、そうこうするうちに二〇一六年にドナルド・トランプがアメリカの大統領になった。彼が既存のメディアのニュースは嘘ばかりだと言いだした当初、人々は苦笑してやり過ごそうとした。合理的に考えれば、気候変動など起こっていない、アメリカが闇の政府に(a)アヤツられている、そんなことを信じる人間はいないだろう、と。

しかし、しばらくしてこの考えは甘かったことに気づいていく。嘘や、嘘の入り交じった主張が繰り返されることで、これは徐々に「もう一つの（オルタナティブ・）事実（ファクト）」としての地位を獲得したからだ。

世界中で「私にとっての [A]」が解禁された。それまでは、根拠のないことを主張することには躊躇があった。特に責任のある地位にある人はそうであった。ところがトランプ時代は、私にとってはこれが [A] である、なぜならこれは私の信じたいことであるからだ、と臆

ると思うからである。

（山極寿一『ゴリラからの警告「人間社会、ここがおかしい」』より。原文の一部を省略した。）

（注1）リーマン・ショック…アメリカのサブプライム住宅ローン問題に端を発する金融市場の混乱から、二〇〇八年九月にアメリカの有力投資銀行である「リーマンブラザーズ」が経営破綻した。これを契機に金融資本市場全体の危機に発展し、米欧の金融システムを機能不全に陥れた。日本にも、大きな影響を及ぼした。

（注2）互酬性…文化人類学の用語で、贈答・交換が成立する原則のひとつ。受けた贈り物などに対して、義務として非等価の贈与を行うこと。

問一　空欄 A に入る文として、もっとも適切なものを、次の(ア)～(オ)のうちから一つ選びなさい。

(ア)　時間は金と同じもの
(イ)　時間は金で解決できるもの
(ウ)　時間は金で増えるもの
(エ)　時間は金をかけるもの
(オ)　時間は金で買えるもの

問二　傍線部(1)「その機能」とは何か。もっとも適切なものを、次の(ア)～(オ)のうちから一つ選びなさい。

(ア)　言葉を身体から引き離し、劣化しない情報に変える機能
(イ)　身体化されたコミュニケーションで信頼関係をつくる機能
(ウ)　自分が使える自由な時間を増やす機能
(エ)　膨大な情報を読み、発信する機能
(オ)　仲間と会って話す時間を節約する機能

問三　傍線部(2)「自分が節約した時間と同じ考え方」とは何か。もっとも適切なものを、次の(ア)～(オ)のうちから一つ選びなさい。

(ア)　自分だけの時間に固執せずに、常にだれかと時間を分かち合おうとする考え方
(イ)　他人に邪魔されない自分だけの自由な時間を増やそうとする考え方
(ウ)　時間はコストであり、金に換算できるという考え方
(エ)　自分の欲求を満たすために、時間を過ごそうとする考え方
(オ)　自分の稼いだ金であれば、自分がやりたいことがいくらでもできるという考え方

問四　空欄 B に入る文として、もっとも適切なものを、次の(ア)～(オ)のうちから一つ選びなさい。

(ア)　効率的な過ごし方を考えて
(イ)　自由に使える時間をひたすら追い求めて
(ウ)　孤独な時間をもてあまして
(エ)　互いの存在を確かめ合って

だから、森の外から流入する物資や人の動きに左右されてしまう。

ゴリラといっしょに暮らしてみて私が教わったことは、互いの存在を認め合っている時間の大切さである。野生のゴリラは長い間人間に追い立てられてきたので、私たちに強い敵意をもっている。しかし、辛抱強く接近すれば、いつかは敵意を解き、いっしょにいることを許してくれる。それは、ともにいる時間が経過するにしたがい、信頼関係が増すからである。

ゴリラたち自身も、信頼できる仲間といっしょに暮らすことを好む。食物や繁殖相手をめぐるトラブルによって信頼が断たれ、離れていくゴリラもいるが、やがてまた別の仲間といっしょになって群れをつくる。とくに、子どもゴリラは周囲のゴリラたちを引きつける。子どもが遊びにくれば、大きなオスゴリラでも喜んで背中を貸すし、悲鳴をあげれば、すっ飛んでいって守ろうとする。ゴリラたちには、自分だけの時間がないように見える。

人間も実はつい最近まで、自分だけの時間にそれほど固執していなかったのではないだろうか。とりわけ、木や紙でつくられた家に住んできた日本人は、隣人の息遣いから完全に隔絶することはできず、常にだれかと分かち合う時間のなかで暮らしてきた。それが原因で、うっとうしくなったり、ストレスを高めたりすることがあったと思う。だからこそ、戦後に高度経済成長をとげた日本人は、他人に邪魔されずに自分だけで使える時間をひたすら追い求めた。そこで、効率化や経済化の観点から時間を定義する必要が生じた。つまり、時間はコストであり、金に換算できるという考え方である。

しかし、物資の流通や情報技術の高度化を通じて時間を節約した結果、せっかく得た自分だけの時間をも同じように効率化の対象にしてしまった。自分の欲求を最大限満たすために、効率的な過ごし方を考える。映画を見て、スポーツを観戦し、ショッピングを楽しんで、ぜいたくな食事をする。自分で稼いだ金で、どれだけ自分がやりたいことが可能かを考える。でも、それは(2)<u>自分が節約した時間と同じ考え方</u>なので、いつまでたっても満たされることがない。そればかりか、自分の時間が増えれば増えるほど、孤独になって時間をもてあますようになる。

それは、そもそも人間がひとりで時間を使うようにできていないからである。700万年の進化の過程で、人間は高い共感力を手に入れた。他者のなかに自分を見るようになり、他者の目で自分を定義するようになった。ひとりでいても、親しい仲間のことを考えるし、隣人たちの喜怒哀楽に大きく影響される。ゴリラ以上に、人間は［B］生きているのである。仲間に自分の時間をさしだし、仲間からも時間をもらいながら、互酬性(注2)にもとづいた暮らしを営んできたのだ。幸福は仲間とともに感じるもので、信頼は金や言葉ではなく、ともに生きた時間によって強められるものだからである。

世界は今、多くの敵意に満ちており、孤独な人間が増えている。それは［C］な時間概念によってつくりだされたものだ。それを［D］な時間に変えて、いのちをつなぐ時間をとりもどすことが必要ではないだろうか。ゴリラと同じように、敵意はともにいる時間によって解消でき

そして、時間が紡ぎだす記憶を金に換算することもできないのだ。社会で生きていくための信頼を金で買えない理由がここにある。信頼は人々の間に生じた優しい記憶によって育てられ、維持されるからである。

人々の信頼でつくられるネットワークを社会資本という。何か困った問題が起こったとき、ひとりでは解決できない事態が生じたとき、頼れる人々の輪が社会資本だ。それは互いに顔と顔とを合わせ、時間をかけて話をすることによってつくられる。その時間は金では買えない。人々のために費やした社会的な時間が社会資本の元手になるのだ。

私はそれを、野生のゴリラとの生活で学んだ。ゴリラはいつも仲間の顔が見える、まとまりのいい10頭前後の群れで暮らしている。顔を見つめ合い、しぐさや表情で互いに感情の動きや意図を的確に読む。人間の最もまとまりのよい集団のサイズも10～15人で、共鳴集団と呼ばれている。サッカーやラグビーのチームのように、言葉を用いずに合図や動作で仲間の意図が読め、まとまって複雑な動きができる集団である。これも日常的に顔を合わせる関係によって築かれる。言葉のおかげで、人間はひとりでいくつもの共鳴集団をつくることができた。でも、信頼関係をつくるには視覚や接触によるコミュニケーションに勝るものはなく、言葉はそれを補助するにすぎない。

人間が発する言葉は個性があり、声は身体と結びついている。だが、文字は言葉を身体から引き離し、劣化しない情報に変える。情報になれば、効率が重視されて金と相性がよくなる。現代の危機はその情報化を急激に拡大してしまったことにあると私は思う。本来、身体化されたコミュニケーションによって信頼関係をつくるために使ってきた時間を、今私たちは膨大な情報を読み、発信するために費やしている。フェイスブックやチャットを使って交信し、近況を報告し合う。それは確かに仲間と会って話す時間を節約しているのだが、果たして(1)その機能を代用できているのだろうか。

現代の私たちは、一日の大半をパソコンやスマホに向かって文字とつき合いながら過ごしている。もっと、人と顔を合わせ、話し、食べ、遊び、歌うことに使うべきなのではないだろうか。それこそが、モモがどろぼうたちからとりもどした時間だった。時間が金に換算される経済優先の社会ではなく、人々の確かな信頼にもとづく生きた時間をとりもどしたいと切に思う。

今、私たちは経済的な時間を生きている。そして、自分が自由に使える時間を欲しがっている。しかし、自分の時間とはいったいどういう状態のことをいうのだろう。それをどう過ごしたら、幸せな気分になれるのだろうか。

どこの世界でも、人は時間に追われて生活している。私がゴリラを追って分け入ったアフリカの森でもそうだ。晩に食べる食料を集めに森へ出かけ、明後日に飲む酒を今日仕こむ。昨日農作業を手伝ってもらったので、そのお礼として明日ヤギをつぶす際に肉をとり分けて返そうとする。それは、つきつめて考えれば、人間の使う時間が必ず他者とつながっているからである。時間は自分だけでは使えない。ともに生きている仲間の時間と速度を合わせ、どこかで重ね合わせなければならない。

(エ) 日本の個人番号(マイナンバー)は、新型コロナウイルスの蔓延に際して迅速に給付金を提供することに役立つなど高い利便性が証明され、推進していくべきである。

(オ) 世界の多くの国々では、インターネット・ユーザーが、自由なアクセスを享受している一方、インターネットが遮断される可能性を持つ国に住む人は少ない。

問題二

次の文章を読んで、設問に答えなさい。

「時間どろぼう」という言葉を記憶している読者は多いだろう。ドイツの作家ミヒャエル・エンデ作『モモ』に出てくる言葉である。時間貯蓄銀行から派遣された灰色の男たちによって、人々の時間が盗まれていく。それをモモという少女が活躍してとりもどす。そのために彼女がとった手段は、ただ相手に会って話を聞くことだった。このファンタジーは現代の日本で、ますます重要な意味をもちつつあるのではないだろうか。

時間とは記憶によって紡がれるものである。かつて距離は時間の関数だった。だから、遠い距離を旅した記憶は、かかった時間で表現された。「7日も歩いて着いた国」といえば、ずいぶん遠いところへ旅をしたことになった。その間に出会った多くの景色や人々は記憶のなかに時間の経過とともにならび、出発点と到着点を結ぶ物語となった。

しかし、今は違う。東京の人々にとって飛行機で行く沖縄は、バスで行く名古屋より近い。移動手段の発達によって、距離は時間では測れなくなった。

時間にとって代わったのは費用である。「時は金なり」ということわざは、もともと時間はお金と同じように貴重なものだから大切にしなければいけないという意味だった。ところが、次第に「A」という意味に変わってきた。特急料金をはらえば、普通列車で行くより時間を短縮できる。速達郵便は普通郵便よりも料金が高いし、航空便は船便より費用がかさむ。同時に、距離も時間と同じように金に換算されて話題に上るようになった。

しかし、これは大きな勘違いを生むもととなった。金は時間のように記憶によって蓄積できるものではない。本来、金は今ある可能性や価値を、劣化しない紙幣や硬貨に代えて、それを将来に担保する装置である。いわば時間を止めて、その価値や可能性が持続的であることを認める装置だ。しかし、実はその持続性や普遍性は危うい約束事や予測の上に成り立っている。今の価値が将来も変わることなく続くかもしれないが、もっと大きくなったり、ゼロになるかもしれない。リーマン・ショック(注1)に代表される近年の金融危機は、そのことを如実に物語っている。

時間には決して金に換算できない側面がある。たとえば、子どもが成長するには時間が必要だ。金をかければ、子どもの成長を物質的に豊かにできるかもしれないが、成長にかかる時間を短縮することはできない。

ること。

(エ)　大きな電子共同体と、もっと小さな電子共同体に、価値が分かれること。

(オ)　中東と北アフリカで、SNSを活用した民主化運動が広がること。

問三　傍線部(2)「社会信用スコア」に関する説明として、もっとも適切なものを、次の(ア)〜(オ)のうちから一つ選びなさい。

(ア)　日本の個人番号（マイナンバー）も「社会信用スコア」の一種である。

(イ)　政府が「望ましい」と考える行動に対してポイントを付与する制度である。

(ウ)　新疆ウイグル自治区において少数民族の監視に使われている。

(エ)　グーグル、ツイッターと同様に、中国で利用されている。

(オ)　クレジットカードによる借入・返済などの情報に基づいて作成されている。

問四　空欄 B に入る文として、もっとも適切なものを、次の(ア)〜(オ)のうちから一つ選びなさい。

(ア)　個々人のデータプライバシーの意識が高まっていると言われる

(イ)　不必要な情報まで収集することへの批判が高まりつつある

(ウ)　自由が極度に制限されつつあることを危惧している

(エ)　治安が改善したことを評価する声が少なくない

(オ)　様々な割引サービスによる待遇を受けることができる

問五　空欄 C 、 D に入ることばの組み合わせとして、もっとも適切なものを、次の(ア)〜(オ)のうちから一つ選びなさい。

	C	D
(ア)	民主的権利	表現の自由
(イ)	サービス	ポイント
(ウ)	統制	監視
(エ)	社会信用スコア	道徳的な信用スコア
(オ)	利便性	個人情報

問六　本文の内容にもっとも合致するものを、次の(ア)〜(オ)のうちから一つ選びなさい。

(ア)　国家が積極的に個人の情報を活用するとき、そこには利便性の向上もあるが、他方にプライバシー上の問題も深刻化する危険性がある。

(イ)　中国やカンボジアなど新興国では、「デジタル権威主義」によって国家が人々を監視し、統制しようとする事態が生じつつあるが、日本で問題が生じる可能性は低い。

(ウ)　アメリカの巨大IT企業の場合は、大量のデータを活用することで人々の接する情報が選別されたり、人々の行動に介入することは、規制されている。

でも、個人番号（マイナンバー）が普及していれば、新型コロナウイルス蔓延の際に、より迅速かつ非接触型での給付金配布ができたかもしれない。しかし同時に、個人の氏名、住所、銀行口座番号などの情報をいかに保護するかが課題となる。

政治制度にかかわらず、権力側には人々を監視しようとする誘因が常にある。それに対して、制度的な仕組みや市民社会によって権力機構が監督されない場合には、デジタル化が容易に監視国家化につながってしまう。中国の事例からは、こうしたリスクの深まりが見られ、民営プラットフォーム企業の成長の裏で、特に国家がプラットフォーム企業の統制を通して人々を監視する事態が危惧される。同時に、プラットフォーム企業と市民の関係に目を向けると、D と C の交換という問題は、政治体制を問わず日本を含む多くの国が直面している問題であることも忘れるべきではない。

（伊藤亜聖『デジタル化する新興国―先進国を超えるか、監視社会の到来か』より。原文の一部を省略した。）

（注1）アラブの春…チュニジアで二〇一〇年に始まり、二〇一二年にかけてエジプト、リビア、シリアなど中東諸国に拡大した反政府運動のこと。ソーシャル・ネットワーク・サービス（SNS）で情報が拡散し、大規模なデモに結び付いたとされる。

（注2）フリーダム・ハウス…アメリカに本部を置き、世界規模で各国の自由と民主主義の実現状況を監視し、政治的自由や市民的自由、人権、報道の自由、インターネット上の自由について報告書を発表している国際NGO。

（注3）プラットフォーム企業…グーグル、アマゾン、フェイスブック、ウーバーイーツなど、企業や個人が様々な商品を消費者と取引できる場を、インターネットを通じて提供している企業のこと。

（注4）百度（バイドゥ）…中華人民共和国で最大のインターネット検索エンジン。

（注5）捜狗（ソウゴウ）…中華人民共和国でシェア第二位を占めるインターネット検索エンジン。

（注6）ナッジ…人々の行動を、禁止する、あるいは経済的なインセンティブを変更することなく、より望ましい結果になるように環境を変化させることによって、個人が特定の選択を行うようにすること。

問一　空欄 A に入るもっとも適切なことばを、次の(ア)〜(オ)のうちから一つ選びなさい。

(ア)　悲観的　(イ)　抽象的　(ウ)　楽観的　(エ)　道義的
(オ)　間接的

問二　傍線部(1)「その現れ」の「その」とは、どのような現象をさしているか。本文の趣旨ともっとも合致するものを、次の(ア)〜(オ)のうちから一つ選びなさい。

(ア)　インターネットの普及が、ソーシャル・ネットワークの広まりの要因であること。

(イ)　デジタル技術によって、国境や検閲のないネットワーク空間が形成されること。

(ウ)　インターネットの普及により、互いの相互接続が推し進められ

会は、ジョージ・オーウェルのディストピア小説『1984』で描かれる個々人の自由が極度に制限された社会のようだと見られがちである。しかし中国人にも当然ながらデータプライバシーの意識はあり、サービス事業者が当該サービスに不必要な情報まで収集することを法的に規制するようになっている。また統制と監視が治安の改善という形で、個々人の幸福にもつながる形で技術の社会への実装が進んでいる面もある。このために現地での技術社会への受け止めは、一般にかなり楽観的なものだ。中国研究者の梶谷懐（かじたにかい）とジャーナリストの高口康太（たかぐちこうた）は、『幸福な監視国家・中国』で、市民も情報提供による利便性を享受していることに着目し、中国に特殊な問題にとどまらない普遍的な論点を引き出している。

同書が指摘するように、中国社会で暮らす人々には、こうしたテクノロジーの運用によって［　B　］。確かに、個人認証されたスマートフォン情報や監視カメラネットワークが機能することで、犯罪者は瞬く間に逮捕される。

中国ではデジタル技術を応用した監視を強化しながら、同時に、人々の行動を「より良い方向」へと誘導するアプローチも採用されている。中国の一部地域で2019年頃から採用され始めた「道徳的な信用スコア」は、社会信用スコアとは異なって、スコアの運営側、すなわち政府が「望ましい」と考える行動に対してポイントを付与し、「望ましくない」行動ではポイントを減点することで、ゆるやかに人々の行動を誘導するアプローチが取られている。このような誘導は、目的は全く異なるが、行動経済学の分野で「ナッジ」(注6)と呼ばれるような行動変容を促す取り組みによく似ている。

道徳的な信用スコアの取り組みは、いまだ試行錯誤段階にあり全国的な普及には至っていないが、いずれにしても中国はますます治安が良く「お行儀のよい」社会になりつつある。中国の「道徳的な信用スコア」には、国家による行動介入の「最先端」が示されているのかもしれない。

ここで重要なのは、［C］と［D］の交換という観点では、他の国や社会とも地続きの問題を孕んでいる点である。中央の権威が多数の情報を掌握することが、効率的に「最大多数の最大幸福」を実現できるとした場合、特定個人の自由は制限されてもよいのだろうか。また一連のプロセスを政治的制度か、あるいは市民社会の立場から監督・制限する仕組みはあるのだろうか。

前述の『幸福な監視国家・中国』は、中国社会における市民社会の弱さが、効率的だがその決定の手順と理由が他者に説明されない統治の拡大を許す土壌になっていると解釈する。彼らが「アルゴリズムによる統治」と呼ぶこの現象は、アメリカの巨大IT企業が大量のデータを活用することで人々の接する情報が選別されたり、行動に介入される領域が拡大したりする場合にも生じうる。プラットフォーム企業に関しては、欧州で進むデータ規制に見られるように、国家権力（この場合には欧州連合）が規制を加えることで一定の歯止めが可能かもしれない。しかし国家が積極的にビッグデータを活用しようとするとき、そこには確かに利便性の向上もあるが、他方にプライバシー上の問題も深刻化する。日本

46％は、当局が政治的な理由からインターネットや携帯ネットワークを遮断することがある国に住み、71％はインターネット上に政治的、社会的、宗教的な投稿をすることによって拘束されるリスクがある国に住んでいる。インターネット上の政治的な自由は、世界的に見ればむしろ少数の人が享受するにとどまる。（残りの13％は調査対象外）。また世界のインターネット・ユーザーのうち

国別に見ると、ウクライナ、カンボジア、ベネズエラ、トルコ、エジプトといった国々では近年、アクセス環境が悪化している。例えばカンボジアではフン・セン政権のもとで、英字新聞の『プノンペン・ポスト』がフン・セン氏と関係が近いとされるマレーシア人投資家に売却された際、これに関する報道が削除された。「国家安全への脅威」を理由として、オンライン・メディアへの制限と検閲が強化されている。

新興国のなかで、特定政党による統治が法的に規定されつつ、なおかつデジタル社会化が急激に進み、監視社会の問題も深刻化しているのが中国である。上記のフリーダム・ハウスの「インターネットの自由」指数では、2016年から2019年まで4年連続で、最も不自由な国と評価されている。2020年の時点でも、中国では大多数の外国のプラットフォーム企業のサイトやサービスへのアクセスが制限されている。検索エンジンのグーグル、SNSのツイッターやフェイスブックは利用できない。このため中国大陸でウェブ検索をするためには一般に百度や捜狗が利用され、ツイッターの代わりに類似サービスであるウェイボーが、そしてモバイル地図アプリでは百度地図やアリババの高徳地図といったサービスが普及している。（注3）（注4）（注5）

中国の状況は「監視国家」の代表格として扱われている。全国の監視カメラの数は6億台とも言われ、近年では新疆（しんきょう）ウイグル自治区における少数民族の監視のために、位置情報を捕捉する監視用のスマートフォン・アプリまでが導入されていることが報道された。

監視カメラによる直接的な監視、SNSサービス上での言論の監視と検閲に加えて、近年注目を集めてきたのは(2)社会信用スコアである。社会信用スコアは、原理的には米国を含む国々でも採用されてきた金融スコアと類似したものだ。

アリババが提供する社会信用スコアサービス・芝麻信用（セサミ・クレジット）を事例として見よう。芝麻信用は350点から950点までのスコアが個人の履歴から算出される。高いスコアを持つ場合には、関連サービスを利用する際にデポジット（預け金）が不要になる、不動産賃貸契約の際に敷金が減額になる、といったわかりやすい優待を受けられる。このほか、お見合いサイトと接続して異性とのマッチングの際に利用するケースもある。クレジットカードの支払い履歴や借入履歴から個人を評価づける仕組みと類似しており、加えてアリババ系サイトの利用履歴情報や、政府が公開している「失信被執行人リスト」（法律違反の賠償金などを支払わなかった個人に関するデータベース）が活用されているのが特徴だ。

この社会信用スコアは、監視のための道具と見なされがちであるが、実際にはその大部分を民営企業がサービスとして提供している。中国社

国語

（六〇分）

問題一

次の文章を読んで、設問に答えなさい。

インターネットの普及、コンピューター・テクノロジーの発達、ソーシャル・ネットワークの広まりが、より豊かで透明性の高い社会をもたらす――こう信じられていたのはそう昔の話ではない。ニコラス・ネグロポンテが、１９９５年刊行の著書『ビーイング・デジタル』で単数形の「ザ・ネット（The Net）」と表現したとき、そこには国境や検閲のないネットワーク空間が想定され、［A］な見方が貫かれていた。

「われわれが互いの相互接続を推し進めるにつれ、民族国家的な価値の多くは色褪（あ）せてしまう。それに代わって重要なものとなるのは、もっと大きな電子共同体と、逆にもっと小さな電子共同体における価値である」

中東と北アフリカで２０１１年以降本格化した（注1）「アラブの春」に代表されるＳＮＳを活用した民主化運動の広がりは、(1)<u>その現れ</u>と受け止められた。しかし２０１０年代後半以降、権力側がデジタル技術を活用して社会の関心と世論をつぶさに観測し、管理・統制を強めている。中国はその代表例と認識され、強権的な政治体制がデジタル技術を駆使した監視や検閲を通じて統治を行う現象は「デジタル権威主義」と呼ばれる。

経済発展が進んでいない国で、インターネットの接続環境が整備されていないのはいたしかたないことだろう。だが今や政治体制が原因で国民がインターネット経由でアクセスできる情報が制約されることが一般化しつつある。（注2）フリーダム・ハウスの調査によれば２０１７年から２０１８年にかけて、調査を行った65か国のうち26か国で「インターネットの自由」が低下した。さらに、２０１８年から２０１９年にかけては33か国で同指標が低下した。こうした動きによってインターネットはますます分断されつつあり、「スプリッターネット」とも呼ばれる。

２０１９年のデータでは、世界のインターネット・ユーザーのうち、自由なアクセスを有しているのは全ユーザーの20％に過ぎない。32％は部分的な自由にとどまり、35％は不自由なアクセス条件となっている

解答編

英語

1 解答 ≪当分は化石燃料は主要な地位に留まるだろう≫

(1)—エ　(2)①—ア　②—イ　③—イ　(3)—ウ　(4)—イ　(5)—エ

（注）(2)③アは第4段，ウ・エは第5段に述べられている。

(5)「～を考慮すると」 前置詞としての用法。

2 解答 (1)①—ウ　②—エ　③—ア　(2)④—エ　⑤—ウ

3 解答 (1)①—エ　②—ア　③—オ　④—ウ　⑤—イ

(2)①—ウ　②—オ　③—イ　④—ア　⑤—エ

(3)①—オ　②—ア　③—エ　④—イ　⑤—ウ

(4)①—イ　②—オ　③—ウ　④—エ　⑤—ア

(5)①—エ　②—イ　③—ア　④—ウ　⑤—オ

4 解答 (1)—イ　(2)—ア　(3)—ウ　(4)—イ　(5)—ア　(6)—ア

(7)—ウ　(8)—イ　(9)—エ　(10)—ウ

数学

1 解答 ≪小問 4 問≫

(1) 偽（反例：$m=1$, $n=1$）　……(答)

(2) $|2x+4|>8$ より

$$2x+4<-8,\ 8<2x+4$$

よって

$$x<-6,\ 2<x \quad \cdots\cdots(\text{答})$$

(3) $$x^2+263x+17292=(x+131)(x+132) \quad \cdots\cdots(\text{答})$$

(4) $$\sin 155^\circ-\sin 55^\circ-\cos 65^\circ-\cos 145^\circ$$
$$=\sin(180^\circ-25^\circ)-\sin(90^\circ-35^\circ)-\cos(90^\circ-25^\circ)-\cos(180^\circ-35^\circ)$$
$$=\sin 25^\circ-\cos 35^\circ-\sin 25^\circ-(-\cos 35^\circ)$$
$$=0 \quad \cdots\cdots(\text{答})$$

2 解答 ≪ 2 次関数≫

$$f(x)=x^2-4ax+2a$$
$$=(x-2a)^2-4a^2+2a$$

より，頂点の座標は　$(2a,\ -4a^2+2a)$

(1) $a<0$ のとき

$2a<0$ であるから $y=f(x)$ のグラフは下図のようになり，$x=0$ のとき最小となる。

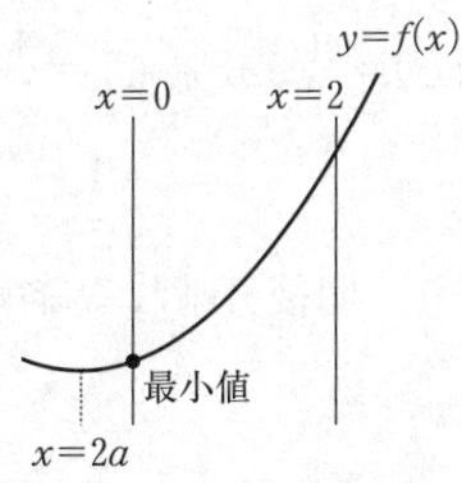

よって，最小値は　$f(0)=2a$　……(答)

(2)　$0 \leqq a \leqq 1$ のとき

$0 \leqq 2a \leqq 2$ であるから $y=f(x)$ のグラフは下図のようになり，$x=2a$ のとき最小となる。

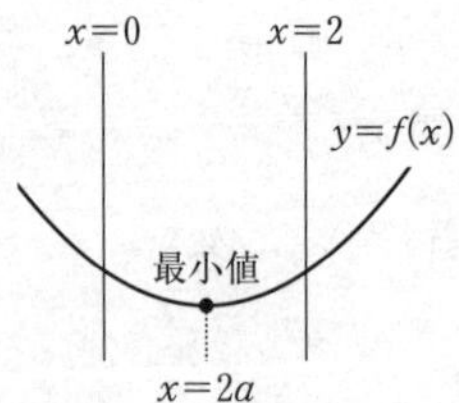

よって，最小値は　　$f(2a)=-4a^2+2a$　……(答)

(3)　$a>1$ のとき

$2a>2$ であるから $y=f(x)$ のグラフは下図のようになり，$x=2$ のとき最小となる。

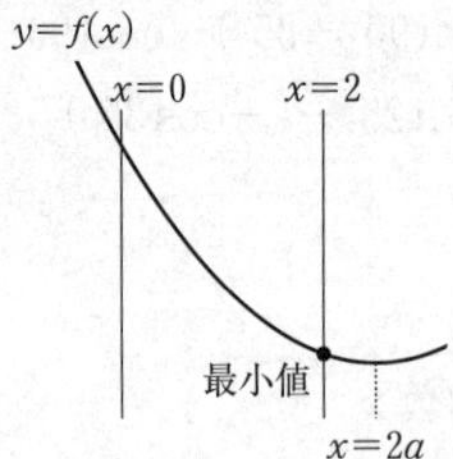

よって，最小値は　　$f(2)=-6a+4$　……(答)

3　解答　≪確　率≫

明日晴れるという事象を A，明後日晴れるという事象を B とすると，与えられた確率はそれぞれ

$$P(A)=\frac{7}{10},\ P(A\cap B)=\frac{1}{2},\ P_B(A)=\frac{4}{5}$$

と表せる。

(1)　$P_B(A)=\dfrac{P(A\cap B)}{P(B)}$ より，明後日晴れる確率は

$$P(B)=\frac{P(A\cap B)}{P_B(A)}$$

$$=\frac{\frac{1}{2}}{\frac{4}{5}}$$

$$=\frac{5}{8}$$ ……(答)

(2)　求める確率は，$P_{\overline{A}}(\overline{B})=\dfrac{P(\overline{A}\cap\overline{B})}{P(\overline{A})}$ と表せる。ここで

$$\begin{aligned}P(\overline{A}\cap\overline{B})&=P(\overline{A\cup B})\\&=1-P(A\cup B)\\&=1-\{P(A)+P(B)-P(A\cap B)\}\\&=1-\left(\frac{7}{10}+\frac{5}{8}-\frac{1}{2}\right)\\&=1-\frac{33}{40}=\frac{7}{40}\end{aligned}$$

$$\begin{aligned}P(\overline{A})&=1-P(A)\\&=1-\frac{7}{10}\\&=\frac{3}{10}\end{aligned}$$

以上より

$$\begin{aligned}P_{\overline{A}}(\overline{B})&=\frac{P(\overline{A}\cap\overline{B})}{P(\overline{A})}\\&=\frac{\frac{7}{40}}{\frac{3}{10}}\\&=\frac{7}{12}\end{aligned}$$ ……(答)

(3)　1 週間後に晴れるという事象を C とすると，与えられた確率は

$$P_A(C)=\frac{3}{10}$$

と表せる。

ここで事象 C は事象 A と独立であるから

$$P(A\cap C)=P(A)P(C)$$

より

$$P_A(C)=\frac{P(A\cap C)}{P(A)}$$
$$=\frac{P(A)P(C)}{P(A)}$$
$$=P(C)$$

が成り立つ。したがって

$$P(C)=\frac{3}{10}$$

事象 C は事象 A とも事象 B とも独立であるから，求める確率は

$$P(A\cap B\cap C)=P(A\cap B)P(C)$$
$$=\frac{1}{2}\cdot\frac{3}{10}$$
$$=\frac{3}{20}\quad\cdots\cdots(\text{答})$$

4 解答 《図形と計量》

(1) 余弦定理より

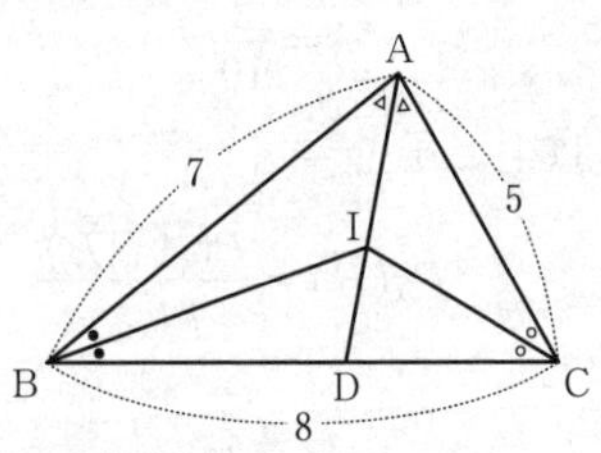

$$\cos\angle\mathrm{ACB}=\frac{5^2+8^2-7^2}{2\cdot5\cdot8}$$
$$=\frac{1}{2}$$

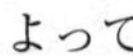
よって

$$\angle\mathrm{ACB}=60°\quad\cdots\cdots(\text{答})$$

(2) AD が ∠BAC の 2 等分線であるから

$$\mathrm{BD}:\mathrm{CD}=\mathrm{AB}:\mathrm{AC}$$
$$=7:5$$

これより

$$\mathrm{CD}=\frac{5}{12}\mathrm{BC}$$
$$=\frac{5}{12}\cdot8$$
$$=\frac{10}{3}$$

CI が $\angle ACD$ の 2 等分線であるから

$$\begin{aligned} AI:ID &= CA:CD \\ &= 5:\frac{10}{3} \\ &= 3:2 \quad \cdots\cdots (\text{答}) \end{aligned}$$

(3)

$$\begin{aligned} \frac{\triangle ABI}{\triangle ABC} &= \frac{\triangle ABI}{\triangle ABD}\cdot\frac{\triangle ABD}{\triangle ABC} \\ &= \frac{AI}{AD}\cdot\frac{BD}{BC} \\ &= \frac{3}{5}\cdot\frac{7}{12} \\ &= \frac{7}{20} \end{aligned}$$

$$\begin{aligned} \triangle ABC &= \frac{1}{2}BC\cdot CA\sin\angle ACB \\ &= \frac{1}{2}\cdot 8\cdot 5\cdot\frac{\sqrt{3}}{2} \\ &= 10\sqrt{3} \end{aligned}$$

よって

$$\begin{aligned} \triangle ABI &= \frac{\triangle ABI}{\triangle ABC}\cdot\triangle ABC \\ &= \frac{7}{20}\cdot 10\sqrt{3} \\ &= \frac{7\sqrt{3}}{2} \quad \cdots\cdots (\text{答}) \end{aligned}$$

三

出典 武井彩佳『歴史修正主義――ヒトラー賛美、ホロコースト否定論から法規制まで』〈おわりに〉（中公新書）

解答

問一 (a)―(エ) (b)―(エ) (c)―(イ) (d)―(ウ) (e)―(イ)

問二 (イ)

問三 (エ)

問四 (ウ)

問五 (エ)

問六 (イ)

出典 太田肇『「超」働き方改革――四次元の「分ける」戦略』〈第三章 キャリアを分ける〉（ちくま新書）

解答

問一 (エ)

問二 (オ)

問三 (ア)

問四 (エ)

問五 (エ)

問六 (オ)

国語

一

出典　伊藤亜聖『デジタル化する新興国——先進国を超えるか、監視社会の到来か』＜第5章　デジタル権威主義とポスト・トゥルース＞（中公新書）

問一　(ウ)
問二　(イ)
問三　(オ)
問四　(エ)
問五　(オ)
問六　(ア)

二

出典　山極寿一『ゴリラからの警告——「人間社会、ここがおかしい」』＜第1章　なぜ人は満たされないのか＞（毎日新聞出版）

問一　(オ)
問二　(イ)
問三　(ウ)
問四　(オ)
問五　(エ)

■一般選抜：後期

問題編

▶試験科目・配点

教科	科目	配点
外国語・ 数学・ 国語	「コミュニケーション英語Ⅰ・Ⅱ・Ⅲ，英語表現Ⅰ・Ⅱ」，「数学Ⅰ・A」，「国語総合（古文，漢文を除く）」から２教科または３教科を選択（３教科受験した場合は，高得点の２教科を合否判定に使用）	200 点 （各 100 点）

英語

(60分)

1. 以下の英文を読んで、設問に答えなさい。

Danny Kassap was one of the fittest people in the world when he suffered a heart attack just several kilometers into the 2008 Berlin marathon. The 25-year-old Canadian marathon star survived thanks to a spectator who immediately began CPR, but a few weeks later, Alexei Cherepanov wasn't so lucky. The 19-year-old hockey prospect collapsed and died during a game in Russia's Continental Hockey League. News like that inevitably makes us wonder whether we're tempting fate each time we lace up our running shoes. In the wake of Cherepanov's death, the Continental Hockey League required "in-depth medical examinations" for young players currently in the league and compulsory exams for all players in the league's junior draft. But it's not clear that such measures to prevent heart attack can make much difference.

There's no doubt that, during exercise, your risk of a potentially fatal "cardiac event" is higher, says Paul Thompson, a heart specialist at Hartford Hospital in Connecticut and a leading researcher on the topic. However, it's equally well established that any risks caused by an hour of exercise are minor compared to the reduced risk of a heart attack—as much as 50 percent lower, according to the American Heart Association—during the other 23 hours of the day.

The problem is that (1)<u>the man-bites-dog nature of rare events</u>, like the death of a young athlete, stays in the mind. "These events really do have a chilling effect on people's desire to exercise," says University of Toronto medical scientist Donald Redelmeier. To put the risks into context, Redelmeier and a colleague analyzed marathon results from more than three million runners. They found that about two deaths occur for every one million hours of aerobic exercise—a rate that isn't significantly different from the general risk of being alive for the average 45-year-old man. The study, published in the British Medical Journal in 2007, also found that when cities close roads for a marathon, the chance that a traffic death will be prevented is nearly twice as high as the chance that one of the runners will die.

Of course, statistical arguments aren't much help if it's your life on the line, so it's natural to look for ways of screening out the risk. Indeed, autopsies after such deaths reveal pre-existing heart problems in about 94 percent of cases, Thompson says. But it doesn't necessarily follow that we can (2)<u>screen for</u> these problems, because they're so common in the general population. About 10 percent of healthy athletes display unusual electrocardiograms—and upon further examination, "you keep finding more little problems," Thompson says, producing a high rate of false positives.

Redelmeier agrees: his analysis indicates that any screening program would need to be exceptionally accurate and inexpensive to be worthwhile. Otherwise the resources would be better spent elsewhere, such as improving medical staffing at events like marathons to respond to the all-but-unavoidable cardiac events that will sometimes occur. In Kassap's case, the cause turns out to have been myocarditis—an inflammation of the heart caused by a virus, which no screening could have predicted. "People want a riskless society," Thompson says. "So I tell (3)them to go to bed alone."

Alex Hutchinson, *Which Comes First, Cardio or Weights?* William Morrow Paperbacks, 2011. 本文を一部修正した。

(注) CPR(cardiopulmonary resuscitation)：心肺蘇生　cardiac event：心臓（疾患にかかる）事象
autopsy：検死解剖　electrocardiogram：心電図　inflammation：炎症

(1) 本文全体のタイトルとしてもっとも適切なものをア～エから1つ選び、その記号を解答欄に記入しなさい。

ア．Heart attack risk during exercise is higher than is expected

イ．More young athletes die than ordinary people

ウ．Heart attack risk does not increase during exercise

エ．Fewer people die in traffic accidents than from heart attacks

(2) 設問①～③について、本文の内容ともっとも近いものをア～エから1つ選び、その記号を解答欄に記入しなさい。

① Danny Kassap について当てはまらないのはどれか。

ア．マラソン中に心臓発作に遭った。

イ．25歳のマラソン選手であった。

ウ．観客による心肺蘇生を受けた。

エ．2008年のマラソン中に死亡した。

② 既存の心臓疾患を持つランナーがマラソン大会に参加した場合にもっとも起こり得ることは次のうちどれか。

ア．検査を必要としない心臓疾患をより多く抱えることになる。

イ．有酸素運動100万時間ごとに起きる死亡率が上がる。

ウ．マラソン前、マラソン中、マラソン後に検査をすることになる。

エ．命に関わる重大な症状を抱えることになる。

③ マラソン大会における心臓（疾患にかかる）事象について筆者が推測していることはどれか。

ア．大会前の検査は正確かつ安価でなければ意味がないので、大会開催時の医療従事者配置などを改善する方がよい。

イ．基礎疾患のある人は心臓（疾患にかかる）事象のリスクが高いため、マラソン大会に参加することを許可されるべきではない。

ウ．アスリートの約10%が心電図異常を示すことがあるため、アスリートはマラソン大会中に心臓（疾患にかかる）事象におそわれる可能性が高い。

エ．Danny Kassapの心臓（疾患にかかる）事象に関しては、マラソン大会前に検診を行わなかったので大会開催者に責任がある。

(3) 下線部(1) the man-bites-dog nature of rare events が意味する内容ともっとも近いものをア～エから1つ選び、その記号を解答欄に記入しなさい。

ア. such events are so usual that people pay little or no attention to them

イ. such events make us angry enough to bite animals

ウ. such events are so exceptional that people naturally pay attention to them

エ. such events happen when animals bite people

(4) 下線部(2) screen for が意味する内容ともっとも近いものをア～エから1つ選び、その記号を解答欄に記入しなさい。

ア. hide

イ. detect

ウ. treat

エ. admit

(5) 下線部(3) them の指示する内容としてもっとも適切なものをア～エから1つ選び、その記号を解答欄に記入しなさい。

ア. 医学研究者たち

イ. ゼロリスクの社会を望む人たち

ウ. トップレベルの選手たち

エ. マラソン大会に参加する選手たち

2. 以下の対話文について設問に答えなさい。

(1) ①～③の対話文について、それぞれの問い（Question）への答えとしてもっとも適切なものをア～エから1つ選び、その記号を解答欄に記入しなさい。

① Emi: What are your plans for summer vacation, Molly?

Molly: We're going to Lake Biwa. We have a vacation house there.

Emi: That sounds so relaxing! I've always wanted to go to Lake Biwa.

Molly: Yeah, it's really nice. We go there every year. How about you? Are you doing anything this summer?

Emi: I'm going to travel with my family, too. We're visiting the United States. We're going to spend a week in New York and a week in Boston.

Molly: Cool! I'm sure you'll have a great trip. I was going to invite you to go with us, but it sounds like your trip will be a lot more exciting. Have you been abroad before?

Emi: No, this will be my first time, so I'm really looking forward to it. And thanks, it was nice of you to think of inviting me to the lake. Maybe next time!

Question: Why is Emi excited about her summer vacation?

ア. Because she has never been to another country

イ. Because she visited New York and Boston before

ウ. Because Molly invited her to go to Lake Biwa

エ. Because she loves traveling by herself

② Woman:　Could we meet sometime next week to discuss the presentation?
Man:　Yes, good idea. When would be a good day for you?
Woman:　How about Tuesday afternoon? I'm free after lunch.
Man:　I'm afraid I'm meeting a client that afternoon. How about Wednesday morning?
Woman:　That should work. I have another meeting at two that afternoon, but I'm free in the morning.
Man:　All right. Why don't we say ten thirty? I'm sure we'll finish before your afternoon meeting.
Woman:　That's fine. See you then.

Question: When will the man and woman have a meeting?

ア. Tuesday at lunch
イ. Tuesday afternoon
ウ. Wednesday morning
エ. Wednesday afternoon

③ Server:　Hello, have you decided your order?
Man:　Yes, I think I'll get the steak.
Server:　All right. That comes with salad and your choice of rice or pasta.
Man:　I'll take the rice please. What kind of salad dressing do you have?
Server:　We have Italian and blue cheese.
Man:　Hmmm ... can I have Italian please?
Server:　Of course. Anything to drink?
Man:　Yes. I'll take a coffee, please. Oh, can I get it with cream and sugar please?
Server:　Sure. I'll bring it right now.
Man:　Thank you.

Question: What will the server probably bring the man first?

ア. The menu
イ. A steak and rice
ウ. Salad dressing
エ. A cup of coffee

(2) ④、⑤の空欄に入れるのにもっとも適切なものをア～エから１つ選び、その記号を解答欄に記入しなさい。

④ Maya:　Hey, Anna. How are you getting along with your new colleague?
Anna:　You mean Tom? He's okay. He's nice enough, but he doesn't do much work, to be honest. He always plays computer games at his desk, and then he asks me to help him finish his work!
Maya:　Really?　(　　　)

ア. That's so wonderful.

イ. That doesn't sound fair.

ウ. I can see why you play.

エ. I'm afraid he's not at work.

⑤ Sara: What topic should we choose for our presentation? I think air pollution is a good topic. It's a huge problem right now.

Hiro: Yes, that's true. But ( ), the increasing number of elderly people is also really important.

Sara: I agree. Why don't we do a little research on both topics before deciding?

ア. as a result

イ. to sum up

ウ. if it's possible

エ. in my opinion

3.

ニュージーランドに留学したKenjiの会話を読んで、ア～オを並べ替えて適切な文を完成させなさい。なお、文頭に来るべき語も小文字になっています。

(1) Andy: I (①)(②)(③)(④)(⑤) I'll take this spring semester yet. How about you, Kenji?

Kenji: Not exactly. My major is computer engineering, so I will definitely take mathematics and logic. I am also interested in studying a second foreign language.

ア. on イ. the ウ. decided エ. haven't オ. subjects

(2) Kenji: It takes so much time for me to do my homework. I spent the whole weekend to complete the history report.

Andy: Well, I know you are a serious student, (①)(②)(③)(④)(⑤) you can't study effectively.

ア. or イ. take ウ. break エ. a オ. but

(3) Kenji: Excuse me, ma'am. Those students over there are speaking loudly. Would you (①)(②)(③)(④)(⑤) quiet?

Librarian: Not at all. Actually, I was thinking of doing so.

ア. them イ. be ウ. mind エ. telling オ. to

(4) Kenji: Dr. Hardy, I heard you are moving to another university. Does that mean you won't be teaching in this university anymore?

Dr. Hardy: (①)(②)(③)(④)(⑤), I don't want to leave but they offered me a better position in China.

ア. be イ. to ウ. you エ. with オ. honest

(5) Kenji: Andy, I've had a terrible headache since this morning. Do you know where (①)(②)(③)(④)(⑤)?

Andy: Oh, that's too bad. It's in the tall building over there. Let me go with you.

ア. the　イ. center　ウ. health　エ. is　オ. student

4.

以下の文を完成させるために、もっとも適切なものをア～エから1つ選び、その記号を解答欄に記入しなさい。

(1) The magazine editor will need to make (ア. extend　イ. extensive　ウ. extensively　エ. extension) changes before the magazine is ready for publication.

(2) (ア. Once　イ. Although　ウ. Unless　エ. Whether) the university offers a travel subsidy, the athletes won't be able to participate in competitions abroad.

(3) The professor (ア. to　イ. of　ウ. in　エ. from) Thailand amazed the Japanese students with stories about Thai food.

(4) The boat's engine (ア. broke down　イ. moved on　ウ. turned into　エ. asked for) and the family spent two stressful weeks out at sea.

(5) I really miss (ア. go　イ. to going　ウ. going　エ. to go) to swimming classes but I don't have time any more.

(6) The cafe (ア. have been taking　イ. is taking　ウ. take　エ. is taken) all necessary steps in line with the government advice to help stop the spread of COVID-19.

(7) Wearing face masks (ア. was　イ. have　ウ. has been　エ. will be) the practice since the COVID-19 crisis began.

(8) Now, I (ア. planned　イ. am planning　ウ. was planning　エ. have been planning) for a holiday with my three friends to Bali, Indonesia in the third week of March 2024.

(9) The manager relaxed the office dress code, (ア. that　イ. finally　ウ. therefore　エ. which) pleased most of the staff.

(10) The newsletter will (ア. now　イ. formerly　ウ. almost　エ. most) be released twice a month.

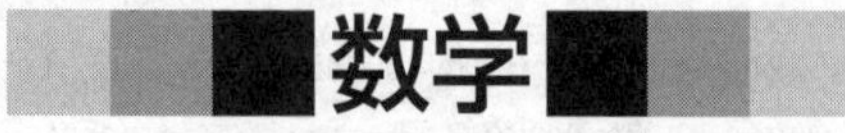

数学

（60分）

（注）　採点の対象になるので，計算過程も記入すること。

1． 次の問に答えなさい。

(1)　A と B はいずれも，要素が1だけからなる集合であるとする。このとき，A と B の和集合を求めなさい。

(2)　$(\sin 10^\circ - \cos 10^\circ)^2 + (\sin 80^\circ + \cos 80^\circ)^2$ の値を求めなさい。

(3)　次の不等式を解きなさい。

$$2|x| + |x+2| < 3$$

(4)　自然数 n を7で割ったときの余りが5のとき，n^{2023} を7で割ったときの余りを求めなさい。

2． 次の問に答えなさい。

(1)　xy 平面において，x 軸に垂直で，点 $(2, 3)$ を通る直線の方程式を求めなさい。

(2)　(1)の直線と，$y = ax^2 + bx + c$ の交わる点の座標を求めなさい。

(3)　(1)の直線と，$y = ax^2 + bx + c$，$y = ax^2$，$y = bx$，$y = c + 1$ がすべて1点で交わっているとする。このとき，a，b，c の値を求めなさい。

3． 右の表は，あるクラスの生徒30人について，2つのグループに分けたテストの結果である。次の問に答えなさい。

(1)　30人全体の平均値を求めなさい。

(2)　30人全体の標準偏差を求めなさい。

グループ	人数	平均値	標準偏差
A	10	12	5
B	20	14	6

4．図のような直角三角形 ABC において，AB 上に AD = DC となる点 D をとる。∠A = 15°，BC = 1 のとき，次の問に答えなさい。

(1)　∠CDB の大きさを求めなさい。

(2)　AB の長さを求めなさい。

(3)　AC の長さを求めなさい。

(4)　sin 15° の値を求めなさい。

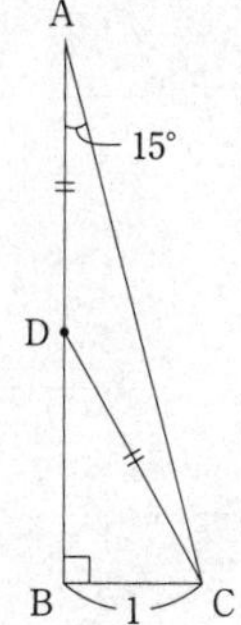

(ウ)　中小企業は、大企業と比べて原資が限定的なので、金銭よりも心安らぐ福利厚生制度の充実強化や運用に力を入れたほうがよい。

(エ)　他社が導入している福利厚生制度をそのまま導入・実施することによって社員やその家族に幸せをもたらす。

問一　空欄 A に入ることばとして、もっとも適切なものを、次の(ア)～(カ)のうちから一つ選びなさい。

(ア) 原因　(イ) 理由　(ウ) 目的　(エ) 背景　(オ) 結果
(カ) 方法

問二　段落①～④は、本来の順番を変えています。本来の順番としてもっとも適切なものを、次の(ア)～(エ)のうちから一つ選びなさい。

(ア) ④→②→③→①
(イ) ④→①→③→②
(ウ) ②→③→④→①
(エ) ②→④→③→①

問三　(2)に小見出しをつけるとしたらどのような文がよいか、もっとも合致するものを、次の(ア)～(オ)のうちから一つ選びなさい。

(ア) 企業業績の論理を重視し、社員とその家族の幸せの論理
(イ) 制度の導入よりも企業風土が大切
(ウ) 制度そのものの導入、充実強化
(エ) 様々な条件付きを遵守した制度の利活用
(オ) 時期尚早である時間での有給休暇取得

問四　傍線部(1)「個別対応」の説明として、本文の内容に合致しないものを、次の(ア)～(エ)のうちから一つ選びなさい。

(ア) 勤務時間に社員が歯医者や病院に治療や見舞いに出かけることや理髪店に行くことを認めている。
(イ) 長期入院加療のため有給休暇を使い切った社員のために、他の社員が自分の有給休暇を一日ずつその社員にプレゼントした。
(ウ) 新たな制度の創設ではなく、それを求めている社員に事情をよく聞き、社内の福利厚生制度に明文化する。
(エ) ベテラン社員ががんのため三年間出社できなかったにもかかわらず、毎月の給料日と一年に二回のボーナス支給日に全額を病室に届ける。

問五　空欄 B に入ることばとして、もっとも適切なものを、次の(ア)～(エ)のうちから一つ選びなさい。

(ア) やはり　(イ) なぜなら　(ウ) だから　(エ) しかしながら

問六　本文の内容にもっとも合致するものを、次の(ア)～(エ)のうちから一つ選びなさい。

(ア) 企業は、全社員や多数の社員とその家族に該当する制度や、その平均値に合わせたような福利厚生制度を創設充実強化していくべきである。
(イ) 社員の家族を管理する上でも、社員の家族を「もう一人の社員」と評価し位置づけ、福利厚生制度を充実していくことが重要である。

さい」と言ったそうです。

また、長期の入院加療のため、自分が持っていた有給休暇をすべて消化してしまった社員のために、残り七〇名の社員全員が、自分の有給休暇を一日ずつその社員にプレゼントした企業があります。

いやはや両社とも驚くべきいい企業だと思います。

社員が歯医者や病院に治療や見舞いに出かける時どころか、理髪店に行く時ですら、勤務時間に行くことを認め、それを奨励している企業もあります。

いずれのケースも、社内の福利厚生制度に明文化しているわけではありません。逆に言えば、こんな例外的なことを、いちいち制度化する必要はありません。そんなことをしていたら、企業の福利厚生は制度だらけになり、形骸化してしまいます。

ともあれ、紹介した三社ともに、社員のモチベーションはすこぶる高く、高業績を持続する企業としても有名です。

(4)

これまでの福利厚生制度、とりわけ法定外福利の場合、その対象は主として社員そのものでした。

B、これからは社員は当然ですが、それと同様、社員の家族、欲を言えば、仕入先や外注企業の社員、つまり「社外社員とその家族」にも、その対象を拡大していくべきと思います。

というのは、どんな社員もそうですが、家族の物心両面の支援・協力無くしていい仕事はできないからです。

家族の支援が得られないばかりか、家庭内にギスギス感がはびこる中で出社したならば、周りの人々に感動を与えるような、いい仕事などできるはずがないからです。

ですから、社員の家族を「もう一人の社員」と評価し位置づけ、その幸せを念じ追求する福利厚生制度の用意が重要なのです。病気、障がい、高齢の家族の介護の問題への配慮も必要です。ただし、社員の家族を管理しなさいと言っている訳ではありません。社員の家族も会社の家族・仲間として見ましょうと言っているのです。

(5)

福利厚生制度の充実強化や新しい制度の導入というと、一般的にモノや金銭面を考えます。しかしながら、より重要なことは社員やその家族の心を満たす制度の充実強化や運用なのです。

中小企業の場合あれもこれもやってあげたいと思っても、大企業と比較しそれにかけられる原資が限られており十分にできないのが現実です。

しかし、だからといってあきらめる必要はありません。というのは、大した費用をかけなくても社員とその家族が喜ぶと思われる福利厚生制度は多々あるからです。

(坂本光司&坂本光司研究室『日本でいちばん社員のやる気が上がる会社―家族も喜ぶ福利厚生100』筑摩書房より。原文の一部を省略した。)

す。条件は必要最小限度に押さえておくことが重要です。

有給休暇の取得も一例です。これは法定福利の一つですが、女性とりわけ子育て中の女性社員や、障がいのある家族と暮らす社員への気配りが不足していると思われる企業が大半です。

というのは、子供の送り迎えや家族の用事で、わずか一時間程度、職場を離れるケースにおいても一日もしくは半日の有給休暇を取得せざるを得ないという企業が依然多いからです。

一時間程度の用事のために一日や半日の有給休暇を使用していたならば、これら社員に有給休暇が何日あっても足りないと思います。

その解決は簡単です。それは企業の業績の論理ではなく、その社員とその家族の幸せの論理に立って、時間での有給休暇の取得を認めてあげればいいのです。

せっかく存在しているにもかかわらず、十分に利活用されていないもう一つの理由は、企業の風土に関する問題です。つまり、その制度を利活用するのが当然といった空気感が社内になければ、周りが気になって使いづらいということです。

(3)

福利厚生制度は、該当する社員とその家族であれば誰でも平等に利活用できることが基本です。

しかしながら、さまざまな理由で制度に当てはまらない社員とその家族がいたならば、あえて新たな制度を創設するのではなく、その社員とその家族に、スポットライトが当たるような運用、つまり個別対応が必要です。

というのは、近年、社員やその家族の生活実態は千差万別であり、その需要や欲求も多種多様になっているからです。

こうした中、全社員や多数の社員とその家族に該当する制度や、その平均値に合わせたような福利厚生制度を、創設、充実強化したとしても、その制度を真に求める社員とその家族には、利活用できないケースが発生してしまうからです。

ではこうした場合、企業としてどうすればいいのでしょうか。それは、新たな制度の創設ではなく、それを求めている社員に事情をよく聞き(1)個別対応すればよいのです。

制度の改正や新たな制度の創設をしてしまうと、次から次に新たな需要や欲求が発生してしまい、企業の制度としてわかりにくい複雑なものとなってしまう恐れがあるからです。

個別対応の具体例を少し紹介します。

ある企業のベテラン社員ががんのためにおよそ三年間、一日も出社できませんでした。しかしながら、この企業は三年間、毎月の給料日と一年に二回のボーナス支給日に、一円も減額せず全額を病室に届け続けました。

しかも、驚くべきことにそうしてくれと社長に嘆願したのは若い社員たちでした。彼らは「自分たちが何もできなかった時代、先輩は私たちの給料分まで頑張ってくれた。私たちが病気になった時もそうしてくだ

問題四

次の文章を読んで、設問に答えなさい。

社員とその家族の幸せを心から念じた福利厚生制度の存在は、彼らの愛社心を高め、［A］として業績を高めることは明白です。とは言え、企業経営の考え方や進め方を大して変えず、安直にその導入や充実強化を図るのは早計です。逆効果の場合もあります。

というのは、どんな企業にもさまざまな考えを持った社員がおり、また良し悪しは別として独自の社風といったものがあるからです。こうした現実を無視・軽視して他社が導入しているからと言って、福利厚生制度をそのまま導入・実施したとしても、その制度がほとんど利活用されず形骸化してしまうことも考えられます。

それればかりか、社員やその家族に、その真の意味・目的が十分伝わらず、逆に反発を招くこともあります。

ここでは、本書で紹介した制度を導入・実施している企業事例を踏まえ、真に社員とその家族のためになる福利厚生制度の導入と運営についての効果的視点を五点に絞り述べてみます。

（1）

①自分が社員であったなら、また自分が社員の家族であったならば、どうして欲しいか、どうすることが正しいか、といった自然体で実施すればいいのです。

②企業経営の最大・最高の使命と責任は、社員とその家族の幸せの追求・実現です。業績はその使命と責任を果たしたか否かの結果としての現象、または、そのための手段です。ですから、新たな福利厚生制度の導入やその充実強化の第一目的を、業績向上としてはなりません。

③ですから福利厚生制度の導入や充実強化に、社員からの見返りを求めることはナンセンスなのです。社員とその家族を「企業の家族」と考えたなら、彼らにとっていいと思われることをできるものから順番に実施すればいいのです。

④業績向上を過度に追求すれば、例え業績が一時的に向上したとしても、社員を心身ともに疲れさせ、社員とその家族の反発心を招くことは必至です。

（2）

福利厚生制度というと、制度そのものの導入、充実強化だけを考えてしまいますが、それでは不十分です。

より重要なことは、制度の存在より組織風土です。いくらいいと思われる制度が導入されていたとしても、それが利活用されていないならば無いに等しいからです。つまり、制度があることと、その制度が利活用されているかどうかは別問題なのです。

制度が導入されているにもかかわらず、その制度が十分利活用されていない場合には二つの理由が考えられます。

一つは制度そのものが様々な条件付きで利活用しづらいということで

問一 傍線部(1)「われひとともに」の意味として、もっとも適切なものを、次の(ア)〜(エ)のうちから一つ選びなさい。

(ア) 誰も彼も (イ) 遠慮なく (ウ) 休む間もなく

(エ) 私が出会うたびに

問二 傍線部(2)「そのことの意味をわかってくれているのやら」の意味として、著者の主張にもっとも合致するものを、次の(ア)〜(エ)のうちから一つ選びなさい。

(ア) 第二外国語は英語以外なら何でも選んでよい。

(イ) フランス語を選ぶように、東洋語を選ぶべきだ。

(ウ) 多くの人が東洋語を学べば、社交を広げることができる。

(エ) 東洋語を学べば国の方針を乗り越えることができる。

問三 空欄 A に入ることばとして、もっとも適切なものを、次の(ア)〜(エ)のうちから一つ選びなさい。

(ア) 批評する (イ) 暗唱する (ウ) 鑑賞する (エ) 紹介する

問四 傍線部(3)「ハッとしたが遅く、自分の迂闊さに恥じ入った」とあるが、それはなぜか。その理由としてもっとも適切なものを、次の(ア)〜(エ)のうちから一つ選びなさい。

(ア) 洪さんが日本語を上手に話すことを知らずに接してしまったから。

(イ) 洪さんが日本語教育を強制されたことに気づかなかったから。

(ウ) 洪さんが日本語を一生懸命学んだことに気づかなかったから。

(エ) 洪さんが母国語を学び直したことに思いが至らなかったから。

問五 傍線部(4)「この〈冷淡さ〉の克服につながろうとする」とあるが、「この〈冷淡さ〉」についての説明として、本文の趣旨ともっとも合致するものを、次の(ア)〜(エ)のうちから一つ選びなさい。

(ア) 仏像や陶器、民画などの朝鮮美術を愛せない人々に対する冷たい気持ち

(イ) 朝鮮美術を愛しながら、それを創り出してきた朝鮮民族への共感のなさ

(ウ) 秀吉の頃の日本が、朝鮮美術を愛するあまり、陶工まで連れてきたことの冷酷さ

(エ) 柳宗悦が著作のなかで朝鮮美術に対する日本の人々を批評する姿勢の冷徹さ

た世代である。

その時つくづくと今度はこちらが冷汗、油汗たらたら流しつつ一心不乱にハングルを学ばなければならない番だと痛感した。

いつか必ず。これも動機の一つである。

洪さんとはその後、文通が続いているが、私の工夫（コォンブ）（勉強）を喜んで下さって、こちらのつたないハングル文に対して、時にハングルで、時にきれいな日本文で手紙を下さったりする。

いつの頃からか、たぶん三十歳を過ぎた頃からだったと思うが、「いいな」と惚れこむ仏像は、すべて朝鮮系であることに気づいたのである。百済観音、夢殿の救世観音、広隆寺の弥勒菩薩などなど。
また同じく心うばわれる陶器は、白磁、粉引、刷毛目、三島手、すべてこれ朝鮮系であった。蒐集癖はないから手もとに何一つ逸品はないけれど、折り折りに視たそれらは、眼底に焼きついている。

もう一つ愛してやまないものに、放浪の旅絵師たちが描いた李朝民画があるが、これら美術への傾倒が、すなわち隣国への敬愛に結びついているのも否定しがたい。

柳宗悦の論考にみちびかれて、というのではなく、おぼろげに手さぐりに自分の好みを確認しつつ、その途中で柳宗悦の『朝鮮とその芸術』に出逢ったのだと言える。柳宗悦は書いている。

「その美術を愛しながら、同時にそれらの人々が、作者たる民族に対して冷淡なのに驚かされる」と。

著作のなかで繰りかえし語られる、この鋭い批評は、現在も尚生き続け命を失ってはいないのだ。そのことに逆に深い悲しみをおぼえる。

秀吉の頃より、一城を傾けても悔いないほどに一箇の茶碗に執着し、しかもその抹茶碗はたいてい朝鮮の雑器であったのであり、その眼力、美意識は相当なものだと思うが、それを創り出す民族には一顧だに与えず、朝鮮半島を思うさま蹂躙している。そして陶工だけを引っこぬいて来たのだ。

柳宗悦の憤りや批判は、遠く一五九二年頃にすでに端を発している事柄である。

美術と言葉とは直接の関係はないけれども、朝鮮美術（過去、現在を含めて）を熱愛する者としては、言葉を学ぼうとすることは、(4)<u>この〈冷淡さ〉の克服につながろうとする</u>、一つの道ではあるかもしれない、と思っている。

こんなふうに私の動機はいりくんでいて、問われても、うまくは答えられないから、全部をひっくるめて最近は、
「隣の国のことばですもの」
と言うことにしている。この無難な答でさえ、わかったような、わからぬような顔をされてしまう。

隣の国のことば——それはもちろん、南も北も含めてのハングルである。

（茨木のり子『ハングルへの旅』より。原文の一部を省略した。）

このルートから入る人も多くて「古代史派」という一派を形成できるくらいだろう。私もその一派と言えなくもない。

戦後、もっともめざましかったものの一つに、古代史研究の解放があった。偏頗(へんぱ)な歴史しか教えられなかった戦中派の身には、目から鱗の落ちる思いでそれらを貪り読んだ時期があり、今もその延長線上にある。もう少しうまくなったら、金思燁(キムサヨプ)氏の『古代朝鮮語と日本語』というおもしろい本を手引きに、もう一度『古事記』を読み直してみたい。なにしろ漢字の読みが日本式と朝鮮式ではまるで違うので、そういう視点から光を当てると、新たな発見が沢山ありそうなのだ。

「第一、詩の翻訳にしても、英語、フランス語、ロシア語、なんかの達人はいっぱいいて名訳で読めるのに、隣国の詩を訳せる詩人が一人もいないっていうのは驚くべきことです。やりはじめてみて一層その驚きが深くなりました」

金芝河(キムジハ)が獄中に在った頃、安宇植(アンウシク)氏に会ったことがある。その折、安宇植氏が、

「日本の詩人がやるべきことは、救出活動よりも先に、まず彼の詩を読むこと、いいにしろ悪いにしろ、きちんとその詩を［A］ことではないですか?」

この言葉は正鵠を射、こちらの心にまっすぐに届いた。読むこと、原詩で読むこと、そんなことが自分に出来ようとは思われなかったが、あれから十年を経て、金芝河の原詩をたどたどしく読んでいる自分を発見する。

詩の訳は何語であっても難かしい。

韓国の詩人たちの作品を少しづつ訳してみたりするのだが、誰彼のヨーロッパ語圏の翻訳を思い出し、皆恐れげもなくやっているなァと感心する。

原詩を読みとることと、日本語に移しかえること、これも目標の一つだが、どこまで行けることやら、ともかく行けるところまで。

これももう十年以上も前になるだろうか。韓国の女流詩人、洪允淑(ホンユンスク)さんが来日され、会いたいとの連絡を下さったので、銀座でお目にかかったことがある。私とほぼ同世代の方で、日本語がうまく、私の詩もよく読んでいて下さるのに、こちらからは洪(ホン)さんの詩が皆目わからないのだった。

「日本語がお上手ですね」

その流暢さに思わず感嘆の声をあげると、

「学生時代はずっと日本語教育されましたもの」

(3)ハッとしたが遅く、自分の迂闊さに恥じ入った。日本が朝鮮を植民地化した三十六年間、言葉を抹殺し、日本語教育を強いたことは、頭ではよくわかっていたつもりだったが、今、目の前にいる楚々として美しい韓国の女(ひと)と直接結びつかなかったのは、その痛みまで含めて理解できていなかったという証拠だった。

洪さんもまた一九四五年以降、改めてじぶんたちの母国語を学び直し

らしい。

まだ日本語の辞書さえない言語も多いのだから「このチャンスを生かして、私が作ってみようかしら」ぐらいの意気ごみでやったら、中年になって「私の生甲斐は?」と、よよと崩れることもなかろうに……などと。

私の知っている或る大学の先生が、学生たちに「第二外国語はなんでもいいから東洋語の一つを選べ」と教えているそうだが、(2)そのことの意味をわかってくれているのやら、いないのやら、その無反応ぶりを歎かれたことがある。

語学一つをとっても、民衆が、国の方針を乗り越えるということなく来てしまった安易さが、つまりは怪訝（けげん）な質問となって現れるのだろう。

さて、

「動機は?」と問われると、私は困ってしまう。うまく説明できなくて。

動機は錯綜し、何種類もからまりあっていて、たった一つで簡潔に答えられないからである。その時々でまったく違った答えかたをしている自分を発見する。

「若い時からやりたかったんです。いつ頃から? そうですね、敗戦直後くらいから。でも時間もとれず、どこへ行ったら習えるのかもわからず、とうとう五十歳になってしまって、おそるべき晩学です」

先日、知人と話していて、私が、金素雲（キムソウン）氏の『朝鮮民謡選』（岩波文庫）を、少女時代に愛読していたことに話が及び、

「じゃ、ずっと昔からじゃないですか」

と言われ、そう言われれば関心の芽は十五歳くらいからか……と改めて振りかえる思いだった。

一九三三（昭和八）年刊のこの本は、当時から名訳のほまれ高いものだったが、改めて読み直してみて、婦女謡——女たちの嫁ぐらしの辛さをうたったものに面白いものが多いのを新たに発見したし、また金素雲氏の秘められた抵抗精神を受けとらざるを得なかった。

ほぼ四十年を経て、彼の蒔いた種子が、ひょっこり私の中で芽を出したと言えなくもない。最初に買った辞書が金素雲編の『韓日辞典』であったことにも深いえにしを感じる。

私が五十歳で夫と死別したことを知っている人には、

「語学をしゃにむにやることで、哀しみのどん底から立ち直ろうとし、おかげで何とか立ち直れました。単語一つ覚えるにも、前へ前へと進まなくては出来ないことでしたし。語学を選ぶとき、ドイツ語にしようか、ハングルにしようか迷いましたが、今では隣の国の言葉を選んでよかったと思っています」

などと答えたりしているが、この答にも嘘はない。

「古代史を読むのが好きですから、朝鮮語ができたら、どんなにいいかと思って」

(オ)のうちから一つ選びなさい。

(ア) まずは結果ありきで、あくまでそれを得るための手段として実験手法がある

(イ) まずは問題ありきで、あくまでそれを解決するための手段として実験手法がある

(ウ) まずは知見ありきで、あくまでそれを得るための手段として実験手法がある

(エ) まずは実験手法ありきで、あくまでそれを使うことを目的として実験条件がある

(オ) まずは実験条件ありきで、あくまでそれを満たすことを目的として実験手法がある

問題三

次の文章を読んで、設問に答えなさい。

「韓国語を習っています」

と、ひとたび口にすると、ひとびとの間にたちどころに現れる反応は、判で押したように決まっている。

「また、どうしたわけで？」

「動機は何ですか？」

同じことをいやというほど経験し、そしてまた私自身、一緒に勉強している友人に何度同じ問いを発したことか。

隣の国の言葉を習っているだけというのに、(1)われひとともに現れることの質問のなんという不思議。

「英語を習っています」

「フランス語をやっています」

と言われれば、

「いま、運転を習っています」

と聞いた時のようにその実用性を、しごく当たりまえのこととして受け入れる。

「して、動機は？」

「なにゆえに？」

とは絶対に尋ねない。

朝鮮語ばかりではなく、インドネシア語、タガログ語、タイ語などをやっている人たちも、ほぼ同じであるだろう。

明治以降、東洋は切りすてるのが国の方針であったわけだが、以後百年も経過して、尚ひとびとが唯々諾々とそれに従って、何の疑いも持たないというのは、思えば肌寒い話である。

いつも思うのだが、外交官や商社マンの奥さんが、夫と共に外地に赴任した時、なぜその土地の言葉を覚えようとしないのだろう？

それがヨーロッパの場合は、必死にやるだろうけれど、東南アジアなどの場合、日本人の奥さんどうしの社交は華々しいらしいが、インドネシア語を覚えようとはしないらしいし、その土地の人々との交流もない

(イ) 政府が議員をショウ集する　(エ) ショウ動に駆られる
(ウ) 車ショウが乗務する

(d) 自ジョウ作用
(ア) 水をジョウ化する　(イ) 不穏な空気がジョウ成される
(ウ) 謙ジョウの意を添える　(エ) 分母を二ジョウする

(e) 前人未トウ
(ア) 雑トウをかき分ける　(イ) 建物がトウ壊する
(ウ) トウ突に発言する　(エ) 周トウに準備する

問二　傍線部(1)「悪い実験」の説明として、もっとも適切なものを、次の(ア)〜(オ)のうちから一つ選びなさい。

(ア) ロゴセシスが「ブル・シット！」と叫ぶような実験。
(イ) 誤った仮説をふるい落とし、可能性のあるものに絞り込むためだけに行う実験。
(ウ) 従来の仮説を全否定するような実験。
(エ) いかなる結果も、仮説群にまったく影響を及ぼさない実験。
(オ) 予測しうるすべての結果が、どの仮説にも適合しない実験。

問三　空欄 A に入ることばとして、もっとも適切なものを、次の(ア)〜(オ)のうちから一つ選びなさい。

(ア) 逃さない　(イ) 許さない　(ウ) 卸さない　(エ) 離さない
(オ) 治さない

問四　傍線部(2)「「普通の実験」の罠」の説明として、もっとも適切なものを、次の(ア)〜(オ)のうちから一つ選びなさい。

(ア) 名声と研究予算を維持するために、ハイ・インパクト誌に論文を発表し続けなければならないこと。
(イ) ごく限られた実験条件のもとでしか生じない現象に対し、適用範囲を限定せずに仮説を主張してしまうこと。
(ウ) 都合の悪い結果を自らの手で闇に葬り去っていても、多くの重要な論文をものにできてしまうこと。
(エ) 実験をはじめる前から、一つの結果だけを期待し、所望の結果が得られるように、実験条件を恣意的に変更してしまうこと。
(オ) 研究不正がない限り「普通の実験」自体に問題はないため、科学の方向性を捻じ曲げられてしまったことに気が付かないこと。

問五　空欄 B 、 C に入ることばとして、もっとも適切なものを、次の(ア)〜(カ)のうちからそれぞれ一つずつ選びなさい。

(ア) 知見　(イ) 仮説　(ウ) 実験手法　(エ) 結果　(オ) 問題
(カ) 実験条件

問六　空欄 D に入る文として、もっとも適切なものを、次の(ア)〜

ただ、ここで断っておきたいのは、研究不正が行われない限り、「普通の実験」自体に問題はなく、何ら咎められるものではないということだ。次に述べる「良い実験」は、たとえそのアイディアがあったとしても、リソースや予算の制約から実行に移すのは難しい。まずはコツコツと「普通の実験」でヒットを稼ぎ、お金と人材を確保してはじめて「良い実験」への挑戦権を得られるのだ。

ここまでくれば大方の予想はつくだろう。「良い実験」とは、[B]の如何によらず、重大な[C]をもたらす実験のことだ。その幸運に恵まれた研究者は、素直に自然の語りかけに耳を傾け、それを忠実に書き記してやればよい。

当然のことながら、「良い実験」にはトップダウン的な発想が要求される。[D]。必要な実験手法が世に存在しなければ、自らそれを開発する必要がある。「良い実験」は金もかかるし、時間もかかる。手元にある実験ツールを組み合わせ、あとは運頼みの「普通の実験」とは本質的に異なる。

また、「良い実験」のこわいところは、(e)前人未トウであるがゆえ、そもそも実験として成立する保証がない点だ。「[B]の如何によらず、重大な[C]をもたらす」のは、あくまで所望の実験条件が満たされた場合に限る。いくらお金と時間をかけても、それが満たされなければ、すべてが水の泡となる。

ただ、うまくいったときの見返りは大きい。多くの場合、新たな研究領域が生まれる。科学を森にたとえるなら、葉や枝を追加するのではなく、木そのものを一本立ててしまうことに相当する。「良い実験」は、後の研究者の挑戦も促すような、利他的な行為でもあるのだ。

（渡辺正峰『脳の意識　機械の意識―脳神経科学の挑戦』中央公論新社より。原文の一部を省略した。）

（注1）アカデミア…ここでは大学や公的研究機関における研究職のこと。
（注2）ブレイクスルー…障壁を突破すること。従来の枠を大きく打ち破った考え方で解決策を見出すこと。
（注3）錯視…視覚に関する錯覚のこと。

問一　傍線部(a)〜(e)のカタカナの表記部分と、同じ漢字を含む語を、次の(ア)〜(エ)のうちから一つずつ選びなさい。

(a)　天賦のサイ
(ア)　拍手喝サイを浴びる　　(イ)　色サイが美しい
(ウ)　国のサイ出を減らす　　(エ)　サイ能を伸ばす

(b)　トウ酔感
(ア)　薫トウを受ける　　(イ)　トウ難に遭う
(ウ)　不良企業がトウ汰される　　(エ)　雨水が地下に浸トウする

(c)　ショウ中
(ア)　レンズのショウ点を合わせる

に、その弊害も少なくないことには注意が必要だ。

では、「悪い実験」から「普通の実験」へと一段引き上げるにはどうしたらよいだろうか。それは、さほど難しいことではない。「悪い実験」の存在を認識し、そこへと陥らないように自身の研究計画を冷静な頭で評価してやればよい。

まずは自身の実験アイディアから距離を置く。(b)トウ酔感がおさまるのを待ってもよいし、できるのであれば、強引に突き放してやってもよい。そのうえで予測しうる結果を列挙し、それらが従来の知見の(c)ショウ中に収まってしまわないかを吟味する。その恐れが高ければ、そうならないように実験条件を変更する。この一連の作業を繰り返していくうちに、仮説の差異に対する実験の感度が上がり、結果次第では、仮説群にきちんと影響を及ぼすような実験条件が得られる。要は、「捕らぬ狸の皮算用」が肝心なのだ。

しかし、ここに大きな罠が口をあけて待っている。ロゴセシスはまさに、その罠に落ちた研究者に対して、ドイツの片隅で「ブル・シット！」と叫ぶ。

「普通の実験」の危険性は、どの皮が高く売れるかを、あらかじめ売り手＝実験者が知っていることだ。実験をはじめる前から、一つの結果だけを期待してしまう。そして、この期待が思わぬ悪さをする。データを捏造しないまでも、所望の結果が得られるよう、実験条件を恣意的に変更してしまうなんてことがままある。

たとえば、長年にわたってある仮説を提唱してきた著名な自然科学者の話だ。彼の提案する仮説の核心部分には、一つの現象がある。この現象の機能をめぐり、多くの重要な論文をものしてきた。

問題は、肝心の現象が、ごく限られた実験条件のもとでしか生じないことだ。もちろん、適用範囲を限定して仮説を主張しているのなら問題はない。しかし実際には、一大原理としてその仮説を説いていた。そして最大の問題は、都合の悪い結果を自らの手で闇に葬り去っていたと言われていることだ。自身のラボメンバーが、実験条件を変更すると当の現象が生じないことを発見したが、それが世に問われることはなかった。

幸いにも、他の研究機関でこのことに気がつく研究者があらわれ、異なる実験条件のもとで出た異なる結果を示す論文が出てきている。遅まきながら科学の(d)自ジョウ作用が働きだしたのだ。ただ、一時的にでも、科学の方向性が捻じ曲げられ、多くの予算とリソースが浪費され、若い研究者が不当な扱いを受けたことは紛れもない事実だ。

ここにインパクトファクタの弊害がある。名声と研究予算を維持するためには、ハイ・インパクト誌に論文を発表し続けなければならない。また、駆け出しの若手研究者であれば、一本のハイ・インパクト論文の有無が、その後のキャリアを大きく左右する。かくして、結果次第で大化けする「普通の実験」は悪魔のささやきに晒される。

ロゴセシスの「ブル・シット！」は、まさにこのような、(2)「普通の実験」の罠に落ちた研究者に対して発せられる。ちなみに英語の「ブル・シット」には、まやかしや嘘っぱちとのニュアンスが多分に含まれる。

狙いを定め、ライバルがあっと驚くような実験をしてやろうと日々構想を練っている。そんな中、同僚との議論を通して、思いもしなかったような実験手法の存在を知る。それは、最近発見された錯視（注3）かもしれないし、新たに提案された解析手法かもしれない。早速それを使ってやろうと、あなたの頭はフル回転をはじめる。昨晩よく眠れたのか、あなたの頭は冴え、次々とアイディアがわいてくる。思いついた実験はどれもがすばらしいものに思え、うかうかしているとライバルに先を越されてしまうのではと、今度は気ばかりがはやる。

しかし、ここにすでに「悪い実験」の兆候があらわれている。手段先行で、実験の立案過程がボトムアップ的になっていることだ。新たに何かと何かを組み合わせれば、きっと新たな成果が得られるように思える。しかし、そうは問屋が［A］。たとえ実験条件としては新しくとも、新たな知見が得られるとは限らないからだ。

新たな知見とは、研究対象への理解の深まりである。あなたが選んだ現象には、おそらくいくつかの仮説が存在する。理解の深まりは、誤った仮説をふるい落とし、可能性のあるものを絞り込むことによって得られる。たとえ最後の一つにまで絞り込めなくとも、すこしでも数を減らせれば上出来だ。従来の仮説を全否定するようなちゃぶ台返しができれば、実験屋冥利につきる。

その一方で、いかなる結果が得られようとも、仮説群に一切の影響を及ぼさない実験も存在する。これこそが「悪い実験」だ。予測しうるすべての結果が、どの仮説にも適合し、解釈可能な場合には注意が必要だ。

学会会場や格付けの低い論文誌には、この「悪い実験」があふれている。ボトムアップの実験アイディアに酔いしれ、従来仮説との関係性を吟味しないまま、実行に移してしまったのだろう。ただし、ロゴセシスが「ブル・シット！」と叫ぶのは、そのような人畜無害な実験に対してではない。

ここで、論文誌の格付けという言葉が登場したので、説明しておきたい。論文誌には、その重要度を測る物差しがあり、業界でいうところのインパクトファクタがそれに当たる。インパクトファクタは、掲載論文一本あたりの引用回数をもとに計算される。たとえばインパクトファクタが三〇の論文誌とは、掲載された論文が平均して三〇回ずつ引用されたことを意味する。このインパクトファクタの値はまさにピンきりで、下は〇・二を切るような論文誌から、上は六〇に迫るようなものまでさまざまだ。

そして、それぞれの論文誌は、少しでもインパクトファクタを上げようと血眼になっている。引用回数を稼げそうな研究成果を他誌に先んじて掲載しようと情報のアンテナを張り、また、そうした論文の投稿を促すため、論文誌としてのクオリティを保とうとしている。反対に、新たな知見を生まず、それゆえ引用される可能性の低い「悪い実験」が、格付けの高い論文誌に掲載されることはない。

発表論文の質と量が名刺代わりのアカデミアにおいて、インパクトファクタが重視されるのは避けられそうにない。ただ、後に述べるよう

(オ)　野党の社会党が女性候補者を立てて政権獲得を目指すのではなく、自民党が憲法改正を発議できないように安定的に議席を確保することを優先したため。

問六　傍線部(3)「刺客」について、本文の趣旨ともっとも意味が近いことばを、次の(ア)〜(オ)のうちから一つ選びなさい。

(ア)　パートナー　(イ)　スパイ　(ウ)　ライバル　(エ)　アイドル
(オ)　サポーター

問題二

次の文章を読んで、設問に答えなさい。

「ブル・シット！」、意識の科学の偉大なパイオニアであるロゴセシスは、事あるごとにこれを叫ぶ。直訳すれば「牛の糞」。罵り言葉には違いないが、文字面とは少々ニュアンスが異なる。彼の「ブル・シット！」は多くの場合、著名な脳科学者の研究成果へと向けられる。ギリシャ人ならではの大袈裟な身振り手振りとともに。

ロゴセシスは、ドイツ南部の小さな街チュービンゲンにある、マックス・プランク研究所を率いる実験脳科学者だ。業界の誰もが認める(a)天賦のサイで、同業者の度肝を抜くような実験を幾度となく成功させてきた。そんな彼の発する「ブル・シット！」には、いったいどのような思いが込められているのだろうか。それを紐解くために彼の実験観に迫ってみよう。

科学実験の命はオリジナリティだ。ただ、意外に思うかもしれないが、新しいだけの実験なら、そこらに転がっている。脳科学の実験でも、提示する刺激、与える課題、計測する脳部位、計測手法、これらの組み合わせはごまんとある。肝心なのは、数ある組み合わせの中から、どれを選択し、実行に移すかだ。

当然のことながら、自身の研究予算やリソースによる制約は避けられない。その時々の流行り廃り(注1)もあるだろう。しかし、何よりも重要なのは審美眼と勇気だ。弱肉強食のアカデミアにあって、そこでのし上がっていくためには、実験に対する審美眼が絶対的に要求される。(注2)さらに、自身の審美眼を信じ、リスクを負う勇気がなければ、目の前のブレイクスルーをものにすることはできない。

ロゴセシスが実験を立案し、成果を世に問うまでの過程を間近で見てきて感じたのは、実験には三種類あるということだ。言うまでもなく、先の審美眼と勇気とも深く関係する。筆者が子ども時代を過ごした一九八〇年代の名物コント「良い子、悪い子、普通の子」にあやかって、「良い実験、悪い実験、普通の実験」とでもしておこう。

(1)「悪い実験」からは何も得られない。「たっぷりと税金を使っておいて、そんなバカな」とあきれられるだろうが、その数はバカにならない。実験脳科学者になったつもりで考えてみよう。あなたは、ある現象に

(エ)　女性の問題を訴える女性政党は生み出されたものの、選挙に勝利して国政に参加できるほどの政党の組織化が進まなかったため。

(オ)　生活者ネットワークが、国政に進出できなかったことにみられるように、運動の母体が女性全体ではなく、あくまで「主婦」という一部の人たちに限られたため。

問二　空欄 A に入る文として、もっとも適切なものを、次の(ア)～(オ)のうちから一つ選びなさい。

(ア)　候補者となる女性が男性の政治指導者の親族であるか
(イ)　女性候補者が十分な知名度を有しているか
(ウ)　日本の有権者がジェンダーに対する高い意識を持っているか
(エ)　女性のみを構成員とする政党を立ち上げることができるか
(オ)　既存の政党が女性を候補者として擁立するか

問三　空欄 B に入る四文字のことばとして、もっとも適切なものを、次の(ア)～(オ)のうちから一つ選びなさい。

(ア)　朝令暮改　(イ)　年功序列　(ウ)　上意下達　(エ)　弱肉強食
(オ)　地方分権

問四　空欄 a ～ d に入ることばの組み合わせとして、もっとも適切なものを、次の(ア)～(エ)のうちから一つ選びなさい。

	a	b	c	d
(ア)	つまり	このため	しかし	その一方で
(イ)	しかし	その一方で	つまり	このため
(ウ)	このため	しかし	つまり	その一方で
(エ)	このため	つまり	その一方で	しかし

問五　傍線部(2)「女性議員を増やしてこなかった」で示されるように、一九六〇年代以降の自民党が女性議員を増やしてこなかった理由はなにか。筆者の主張にもっとも合致するものを、次の(ア)～(オ)のうちから一つ選びなさい。

(ア)　日本は、政権交代が見込まれるような競争的な選挙が行われる民主国家ではなく、自民党が女性議員を増やすことがなくても政権を安定的に維持することができたため。

(イ)　自民党は結党時の目標であった憲法改正を棚上げし、公害対策や福祉政策など、野党の政策を先取りすることによって、優位政党としての地位を保ったため。

(ウ)　スウェーデンをはじめとする北欧諸国などと異なり、左派政党である社会党との競争の中でも、自民党が伝統的なジェンダー秩序を維持することにこだわってきたため。

(エ)　イギリスやドイツでは、選挙で大きく敗北した野党が、女性を党首に起用するという方針を図ってきたが、自民党は選挙で敗北しないのでその必要性がなかったため。

選挙結果が大きく動くこともない代わりに、社会党に女性議員を起用させる圧力も働きにくかったと考えられる。

以上のような状況が変わったのは、一九八六年の衆参同日選であった。この年、社会党は大都市圏の女性票を掘り起こすべく「マドンナ作戦」と題して女性候補者の擁立を進めたが、議席のかつてない落ち込みを受け、土井たか子を初の女性党首に選出した。その後、一九八九年の参議院選挙で社会党は多数の女性候補者を擁立して「マドンナ・ブーム」を起こし、初めて選挙における獲得議席数で自民党を上回った。この選挙に続く翌一九九〇年の総選挙では、女性候補者の数が三五人から六六人へと急増し、それ以後も自民党の下野と政権復帰を経て、女性議員は持続的に増加した。二〇〇五年に小泉政権の下で郵政民営化に反対して多くの議員が離党した際には離党組の選挙区に女性候補者が「刺客」(3)として送り込まれ、二〇〇九年の総選挙では野党の民主党が「小沢ガールズ」と呼ばれる女性候補者を擁立して大勝した。

二〇一二年の総選挙によって民主党政権が退場して以後、自民党が圧倒的な優位に立つ状況が生じたことで、政党間競争は再び弱まっている。そうである以上、自民党の側には女性候補者を急激に増やす誘因はない。今後の日本で再び女性議員が増加に転じるかどうかは、野党が女性候補者を擁立し、その結果として支持拡大に成功するかどうかによる。こうした選挙戦略は、政党を取り巻くゲームのルール、すなわち選挙制度の働きによって大きく左右されるであろう。

（前田健太郎『女性のいない民主主義』より。原文の一部を省略した。）

（注1）ポピュリズム…エリートに対抗して、大衆の権利を尊重する政治思想を意味するが、個人的な人気を備えた政治家が、単純化したスローガンを掲げながら、政党組織などを経ずに直接に大衆に訴えかける政治を指す意味で使われることも多い。

（注2）五五年体制…一九五五年に左右両派の社会党が統一されたことに対抗し、保守側も自由党と民主党が合併して自由民主党（自民党）が結成されたが、自民党は社会党の約二倍の勢力を確保するなど、自民党の一党優位が形成された政治状況のこと。

（注3）ガラスの天井…企業や政府機関をはじめ、学術、政治、スポーツなど様々な分野において、女性やマイノリティーが、能力や実績があるにもかかわらず、一定程度の職位以上には昇進させようとしない組織内の障壁のこと。

問一 傍線部(1)「各国の政党システムは男性の率いる政党によって占められることになった」のはなぜか。その理由としてもっとも適切なものを、次の(ア)～(オ)のうちから一つ選びなさい。

(ア) 女性たちの要求が、政治秩序の安定を揺るがすような社会変動につながらず、女性たちによる政党が生まれなかったため。

(イ) ヨーロッパにおいて二〇世紀初頭に普通選挙権が広がり、女性たちにも参政権が与えられたことで、女性たちの政治的要求が一定程度達成されたため。

(ウ) 女性たちの政党が、緑の党や極右政党と異なり、「ポピュリズム」と呼ばれるような、「人民」の声を真の意味で代表すると主張する政治手法をとらなかったため。

的な政党組織は、主に男性政治家にとって効率的なものになっている可能性が高い。女性政治家には、男性政治家のようには便益が配分されないのである。

政党が内から変わるのが難しいとしても、外からの圧力によって変化が促される場合がある。競争的な選挙が行われる民主国家においては、選挙で勝つことを目指すにせよ、政策の実現を目指すにせよ、政党の行動は常に他の政党がどのような戦略を採用するかに依存する。

戦後日本の一党優位政党制の下でも、政党間競争のメカニズムが作用した結果として、社会の幅広い層の意見を反映した政策が選択されてきたとされている。一九六〇年代以降、自民党は結党時の目標であった憲法改正を棚上げし、公害対策や福祉政策など、野党の政策を先取りすることを通じて、優位政党としての地位を保ってきた。

[b]、ジェンダーの視点から見た場合、政党間競争には、女性議員を増加させる機能もある。女性候補者を擁立した方が選挙戦略の上で有利になる条件の下では、男女の不平等の是正に関心のない政党も、女性候補者を擁立することを迫られる。スウェーデンをはじめとする北欧諸国など、女性議員の割合が高い国の事例を見ると、政党の政策的な立場の左右に関係なく、各党とも多くの女性議員を選挙の際に候補者として擁立している。これは、左派政党との競争の中で、本来であれば伝統的なジェンダー秩序を維持したいはずの保守政党も女性議員を増やすことを強いられてきたことの結果であるとされている。

だが、そうだとすると、疑問が浮かぶ。一九六〇年代以降の自民党が、野党からの競争に応じて政策を変更する柔軟性を持っていたのだとすれば、そうした方針の下でも(2)女性議員を増やしてこなかったのはなぜだろうか。

この問題を解く鍵は、野党の戦略にある。というのも、党勢拡大のための新機軸として女性候補者を開拓する圧力は、通常は与党よりも野党の方に強く働く。特に、選挙で大きく票を減らした野党は、女性を党首に起用するという形で、時に大胆な方針転換を図ってきた。イギリスでは、一九七四年の総選挙で敗れた保守党が、翌年マーガレット・サッチャーを党首に選出し、一九七九年の総選挙で政権を奪回した。ドイツでは、一九九八年の連邦議会選挙で大敗を喫したキリスト教民主同盟（CDU）が、二〇〇〇年にアンゲラ・メルケルを党首に選出し、二〇〇五年の総選挙で政権に復帰している。台湾では、二〇〇八年の立法委員選挙と総統選挙で政権から転落した民進党が、蔡英文を党主席に選出して党勢回復を図った。蔡は二〇一二年選挙の敗北の責任を取って辞任したが、二〇一四年には党主席に返り咲きを果たし、二〇一六年には国民党の候補者を破って初の女性総統に就任している。

[c]、日本の事例を読み解く上でのポイントは、自民党が女性議員を増やさなかったことではなく、野党が女性議員を増やさなかったことである。自民党と社会党からなる五五年体制の下では、社会党の目的は自民党が憲法改正を発議するのに必要な三分の二の議席を獲得するのを阻止することにあり、過半数の獲得に必要な候補者を擁立することさえなく、候補者数を絞り込んで安定的な議席の確保を狙っていた。[d]、

その結果、(1)各国の政党システムは男性の率いる政党によって占められることになった。当然ながら、既存の政党の中から選ばれる首相や大統領といった政治指導者も、男性が圧倒的な多数を占め続けることになる。例外的に女性の首相や大統領が誕生した場合にも、それは男性の政治指導者の親族であることが少なくない。アジア圏では、インドのインディラ・ガンディー首相（一九六六年、一九八〇年）、フィリピンのコラソン・アキノ大統領（一九八六年）、タイのインラック・シナワトラ首相（二〇一一年）、韓国の朴槿恵大統領（二〇一三年）、ミャンマーのアウンサンスーチー国家顧問（二〇一六年）などが、そうした例に当たる。

従って、ジェンダーの視点から見ると、政党は女性の候補者を締め出すゲートキーパー（門番）としての役割を果たしてきた。男女の不平等の解消を目指すことを志す女性も、男性の指導する政党から立候補する必要がある。そして、政党の中に女性部門を作るといった形で連帯し、政党の内部から男女の不平等の解消を働きかけるというルートを選ぶのである。それゆえ、女性議員が増えるかどうかは、［A］どうかにかかっている。

この問題に関して、一般的には左派政党は平等主義的な志向が強いため、女性を積極的に起用する傾向があると考えられてきた。だが、日本で(注2)五五年体制下の最大野党であった社会党は、長い間、女性候補者の擁立に消極的であった。その理由として挙げられるのは、支持母体である労働組合の組織的基盤である。女性の労働参加が低い水準にとどまっていた日本では、公共部門、民間部門を問わず、男性が労働運動の主力であり、それが社会党の候補者擁立戦略にも反映されていた。一九九〇年代に社会党の勢力が衰退し、代わって民主党が新たな最大野党として浮上した後も、候補者の大半が男性であるということ自体は近年まで大きくは変化せず、男性優位は持続している。

政党組織のメカニズムについては、日本の政党の中でも、自民党に関して多くの分析が行われてきた。特に重要な役割を果たすメカニズムとしては、［B］の慣行が知られている。政党における役職の配分には一定の公式があるわけではないが、当選回数の多い議員ほど政党の内部で地位が上昇する傾向がある。日本の自民党の衆議院議員の場合、おおむね当選五回以上で閣僚となるという相場があるとされてきた。この制度は、長く一つの政党に所属する誘因を政治家に与えることを通じて、有力な人材を政党に集め、党の凝集性を維持する働きを持つ。当選を重ねることを通じて要職に就任した政治家は、名声や資金力も上昇し、党内の若手議員への影響力を行使できるようになる。この仕組みは、自民党政権が長期化する中で作り上げられてきた。

［a］、ジェンダーの視点から見れば、これらのメカニズムは女性政治家の昇進を妨げ、(注3)「ガラスの天井」を作り出すものであった。［B］のルールの下では、若い時から政治家になることのできる世襲議員の方が、早くから当選を重ねることができるため、有利になる。男性優位の社会では女性は男性に比べて世襲の恩恵を受けにくいため、出世が早い議員の多くは男性となる。

このように考えると、少なくとも日本において、政治家にとって効率

国語

（六〇分）

問題一　次の文章を読んで、設問に答えなさい。

政党は、リーダーの組織化を通じて社会に存在する様々な利害関心を集約し、立法活動を通じて公共政策に変換する役割を果たしている。それでは、政党という組織はなぜ生まれたのだろうか。

政治秩序の安定を揺るがすような社会変動が起きると、新たな政党が生まれる。産業革命が起きれば資本家が台頭し、自由主義政党が生まれるであろうし、産業労働者が増加し、選挙権を獲得すれば、社会民主主義政党が勢力を拡大するであろう。この考え方が一九六〇年代に提示された際には、このような社会的亀裂の生成による政党システムの変動は、ヨーロッパでは二〇世紀初頭に普通選挙権が広がった段階でいったん止まったと考えられていた。だが、その後のヨーロッパでは脱物質主義的な価値観が広まり、環境保護を求める緑の党が勢力を拡大する。さらに時代が下り、地域統合を通じて移民が増加したことで、移民排斥を掲げる極右政党が台頭した。こうした新興政党の手法はしばしば「ポピュリズム」(注1)と呼ばれ、伝統的なエリートの率いる政党では代表されない「人民」の声を真の意味で代表すると称する点に特徴がある。

しかし、ジェンダーの視点から見た場合、政党をつくることができるのは、あくまで自らの要求を広く争点化することに成功した集団に限られる。仮に社会集団の対立が存在していたとしても、十分に集団が組織化されない場合、そこから政党が生まれることもない。フェミニズム運動の場合を考えてみると、アメリカやイギリスの第一波フェミニズムは、参政権の獲得には成功したものの、国政政党は生み出さなかった。一九六〇年代以降の第二波フェミニズムの隆盛も、女性政党を生み出すほどの社会的亀裂を生まなかった。日本では、一九七七年に「中絶禁止法に反対しピル解禁を要求する女性解放連合（中ピ連）」を母体に日本女性党が設立されたが、同年の参議院選挙で候補者全員が落選し、解散している。主婦の運動を母体とする生活者ネットワークも、地方議会に候補者を送り込んでいるが、国政には進出していない。

解答編

英語

1 解答　≪運動中の心臓発作の危険性は高くない≫

(1)―ウ　(2)①―エ　②―エ　③―ア　(3)―ウ　(4)―イ　(5)―イ

(注)　(2)②第４段第２文「実際，そのような（スポーツ中の）死の後の検死解剖からはおよそ 94％のケースで既存の心臓疾患が見つかっている」を元にした出題と考えられる。

2 解答　(1)①―ア　②―ウ　③―エ　(2)④―イ　⑤―エ

3 解答　(1)①―エ　②―ウ　③―ア　④―イ　⑤―オ

(2)①―オ　②―イ　③―エ　④―ウ　⑤―ア

(3)①―ウ　②―エ　③―ア　④―オ　⑤―イ

(4)①―イ　②―ア　③―オ　④―エ　⑤―ウ

(5)①―ア　②―オ　③―ウ　④―イ　⑤―エ

4 解答　(1)―イ　(2)―ウ　(3)―エ　(4)―ア　(5)―ウ　(6)―イ

(7)―ウ　(8)―イ　(9)―エ　(10)―ア

数学

1 解答 ≪小問 4 問≫

(1) $A=\{1\}$, $B=\{1\}$ であるから

$A\cup B=\{1\}$ ……(答)

(2) $(\sin 10^\circ-\cos 10^\circ)^2+(\sin 80^\circ+\cos 80^\circ)^2$

$=(\sin 10^\circ-\cos 10^\circ)^2+(\cos 10^\circ+\sin 10^\circ)^2$

$=\sin^2 10^\circ-2\sin 10^\circ\cos 10^\circ+\cos^2 10^\circ+\cos^2 10^\circ+2\sin 10^\circ\cos 10^\circ$
$+\sin^2 10^\circ$

$=2(\cos^2 10^\circ+\sin^2 10^\circ)$

$=2$ ……(答)

(3) ア) $x<-2$ のとき

$2(-x)+(-x-2)<3$

より

$-3x<5$

$x>-\dfrac{5}{3}$

$x<-2$ を満たす x は存在しない。

イ) $-2\leqq x<0$ のとき

$2(-x)+(x+2)<3$

より

$-x<1$

$x>-1$

$-2\leqq x<0$ を満たすのは　$-1<x<0$

ウ) $x\geqq 0$ のとき

$2x+(x+2)<3$

より

$3x<1$

$x<\dfrac{1}{3}$

解答編

$x \geqq 0$ を満たすのは　　$0 \leqq x < \frac{1}{3}$

ア)～ウ)より，不等式の解は

$$-1 < x < \frac{1}{3} \quad \cdots\cdots(答)$$

(4)　$n \equiv 5 \pmod 7$ であるから，$5^3 = 125 \equiv -1 \pmod 7$ を利用して

$$\begin{aligned} n^{2023} &\equiv 5^{2023} \pmod 7 \\ &= 5 \cdot 5^{2022} \\ &= 5 \cdot (5^3)^{674} \\ &\equiv 5 \cdot (-1)^{674} \pmod 7 \\ &= 5 \quad \cdots\cdots(答) \end{aligned}$$

2 解答 《2次関数》

(1)　　$x=2$ ……(答)

(2)　$y=ax^2+bx+c$ と $x=2$ より

$$y=4a+2b+c$$

よって，求める座標は

$$(2,\ 4a+2b+c) \quad \cdots\cdots(答)$$

(3)　$(2,\ 4a+2b+c)$ が $y=ax^2$，$y=bx$，$y=c+1$ 上にあるので

$4a+2b+c=4a$ より

$$2b+c=0 \quad \cdots\cdots①$$

$4a+2b+c=2b$ より

$$4a+c=0 \quad \cdots\cdots②$$

$4a+2b+c=c+1$ より

$$4a+2b=1 \quad \cdots\cdots③$$

①，②より

$$b=2a \quad \cdots\cdots④$$

③，④より

$$a=\frac{1}{8},\ b=\frac{1}{4}$$

①より

$$c=-\frac{1}{2}$$

よって

$$a=\frac{1}{8},\ b=\frac{1}{4},\ c=-\frac{1}{2}\quad \cdots\cdots(答)$$

3 解答 ≪データの分析≫

(1) グループ A，グループ B，30 人全体のテストの得点の合計をそれぞれ，T_A，T_B，T とする。

$$T_A=12\cdot10=120$$
$$T_B=14\cdot20=280$$

であるから

$$T=T_A+T_B$$
$$=120+280$$
$$=400$$

したがって，30 人全体の平均点は

$$\frac{T}{30}=\frac{400}{30}=\frac{40}{3}\quad \cdots\cdots(答)$$

(2) グループ A，グループ B，30 人全体の (テストの得点)^2 の合計をそれぞれ，T_A'，T_B'，T' とする。

グループ A の分散は 5^2 であるから

$\frac{T_A'}{10}-12^2=5^2$ より

$$T_A'=1690$$

グループ B の分散は 6^2 であるから

$\frac{T_B'}{20}-14^2=6^2$ より

$$T_B'=4640$$

したがって

$$T'=T_A'+T_B'$$
$$=1690+4640$$
$$=6330$$

30 人全体の分散は

$$\frac{T'}{30}-\left(\frac{40}{3}\right)^2=\frac{6330}{30}-\frac{1600}{9}$$
$$=\frac{299}{9}$$

よって，30 人全体の標準偏差は

$$\sqrt{\frac{299}{9}}=\frac{\sqrt{299}}{3}\quad \cdots\cdots(\text{答})$$

4　解答　≪図形と計量≫

(1)　$\angle CDB=\angle DAC+\angle DCA$
$=15^\circ+15^\circ$
$=30^\circ$　……(答)

(2)　直角三角形 DBC において

$\angle BDC=30^\circ$，$\angle BCD=60^\circ$，$\angle CBD=90^\circ$

であるから

$BC:CD:BD=1:2:\sqrt{3}$

したがって

$BD=\sqrt{3}$

$AD=CD=2$

よって

$AB=AD+BD$
$=2+\sqrt{3}$　……(答)

(3)　直角三角形 ABC において，三平方の定理より

$AB^2+BC^2=AC^2$

$(2+\sqrt{3})^2+1^2=AC^2$

$AC^2=8+4\sqrt{3}$

したがって

$AC=\sqrt{8+4\sqrt{3}}$
$=\sqrt{(6+2)+2\sqrt{6\cdot 2}}$
$=\sqrt{6}+\sqrt{2}$　……(答)

(4)　直角三角形 ABC において

$$\sin 15^\circ = \frac{\mathrm{BC}}{\mathrm{AC}}$$
$$= \frac{1}{\sqrt{6}+\sqrt{2}}$$
$$= \frac{\sqrt{6}-\sqrt{2}}{4} \quad \cdots\cdots (答)$$

問六　（イ）

三

出典　茨木のり子『ハングルへの旅』〈Ｉ　はじまりが半分だ〉（朝日新聞出版）

問一　（ア）

問二　（エ）

問三　（ア）

問四　（イ）

問五　（イ）

四

出典　坂本光司＆坂本光司研究室『日本でいちばん社員のやる気が上がる会社——家族も喜ぶ福利厚生一〇〇』〈第三章　今後の福利厚生制度導入・運営の五つの視点〉（ちくま新書）

問一　（オ）

問二　（エ）

問三　（イ）

問四　（ウ）

問五　（エ）

問六　（ウ）

国語

一

出典　前田健太郎『女性のいない民主主義』〈第4章　誰が、どのように「政治家」になるのか〉（岩波新書）

解答

問一　(エ)

問二　(オ)

問三　(イ)

問四　(イ)

問五　(オ)

問六　(ウ)

二

出典　渡辺正峰『脳の意識 機械の意識――脳神経科学の挑戦』〈第2章　脳に意識の幻を追って〉（中公新書）

解答

問一　(a)―(エ)　(b)―(ア)　(c)―(ウ)　(d)―(ア)　(e)―(エ)

問二　(エ)

問三　(ウ)

問四　(エ)

問五　B―(エ)　C―(ア)

/////////////////// · memo · ///////////////////

2022年度

問題と解答

■一般選抜：前期

問題編

▶試験科目・配点

教　科	科　　　目	配点
外国語・ 数　学・ 国　語	「コミュニケーション英語Ⅰ・Ⅱ・Ⅲ，英語表現Ⅰ・Ⅱ」，「数学Ⅰ・A」，「国語総合（古文，漢文を除く）」から２教科または３教科を選択（３教科受験した場合は，高得点の２教科を合否判定に使用）	200 点 （各 100 点）

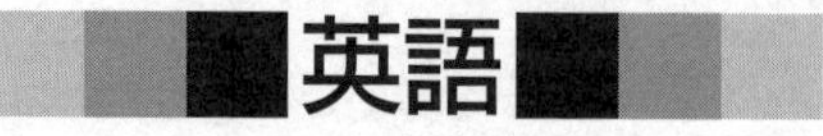

英語

(60分)

1. 以下の英文（アメリカのコロンビア大学で教えるインド人、Spivak による対話の一部）を読んで、設問に答えなさい。

It seems to me when one learns another 'language,' it is that other possibility of learning that I described, learning any language as a mother tongue. I see too much of a language-transfer (1)<u>as</u> children become Americans whose parents, in fact, are not comfortable in English. So I won't say mother tongue. Mother tongue can be transplanted. But when you learn a foreign language, it seems to me what is at work in a more remote way is that first experience. And it therefore seems to me very strongly that not to have had a good solid confident relationship with the first language is a misfortune. Because it's in terms of that that all of the other languages are learnt. What you're doing is that you're expanding your language base and it's taking on different names. That's what happens.

What I was going to say about China is this. I go to China, to one-teacher schools in remote rural areas in Yunan province. I've been learning Chinese now for some time and if you're interested in this kind of work then you don't engage in solidarity tourism. You don't go to a million schools, you go to the same kind of place. But in order for me to earn credibility there in China, since I'm not an NGO and I'm not coming from Columbia University, I'm just me, even with an Indian passport—the United States has a different aura—I have to make people trust me and I earn trust by giving millions of talks. Whenever anybody asks me to give a talk, I'm ready to give a talk on just anything to anyone. Because they can see when I'm talking to a whole crowd that I'm okay. This is the episode that I'm going to tell you. I love these talks because they're so unusual. Academically, they ask me two years ahead of time and I go through my secretary and we do schedules, etc. But these talks: one day's notice and I completely don't know what I'm talking about but I carry straight on through.

So I'm talking in Yunan to a group of public officials and managing directors and so on who are learning English because of the entry into the World Trade Organization. I'm talking and I'm saying whatever I want to say. At one point I say, 'Look, you must love English,' and so on. One guy says to me, 'Well, you know, you Indians know English so well because, of course, the British owned you.' So I say to him, 'You're absolutely right. We learnt English well because (2)<u>we had a boot on the back of our neck</u>. But that's what should make you realize that you now have the boot of the United States on your neck, that's what you're talking about. The World Trade Organization. Don't repeat our mistake.' And I said to him, 'I love English because I love my mother tongue. And I will tell you, you do not learn English because the United States is asking you to, you do not learn English because you are entering the World Trade Organization. The only reason to learn a language is to be able to read its poetry.' There is enough in rural China still with their great ancient poetry and this statement moves them. I say to them—and this is absurd because I will never learn Chinese well enough to read Chinese poetry—'I'm learning Chinese because some day I want to read your great poetry. Now you must learn English for that reason. Because you love your mother tongue and because you will read great poetry in English. Believe me, poetry in English is absolutely magnificent. Do not learn it because you want to enter the WTO.' You see what I'm saying? It seems to me that the base of your own, that first language you learnt in that mysterious peculiar way, if you learnt it well, that's the base upon which it works.

And I'll tell just one other story which you liked. My sister and I were on the New York subway. We're going to get down and I said, 'Tulu, next stop.' And we get off. Then I asked her, just for fun, 'Hey Tulu, in which language did I speak to you?' And she looked at me and said, 'Oh, in Bengali!' Of course, 'next stop'—I spoke to her in Bengali! (3)That's what I'm talking about. The lexicalization of foreign languages into that base of the language you learnt first in this wonderful and mysterious way.

Swapan Chakravorty et al. ed., *Conversations with Gayatri Chakravorty Spivak*, Seagull Books, 2006. 本文を一部修正した。

(注) solidarity tourism：連帯にかこつけた旅行
NGO(nongovernmental organization)：非政府組織　　aura：オーラ
WTO(World Trade Organization)：世界貿易機関　　lexicalization：語彙に参入すること

(1) 本文全体のタイトルとしてもっとも適切なものをア～エから１つ選び、その記号を解答欄に記入しなさい。

ア．What Happens to You When You Learn a Foreign Language
イ．How You Learn Your Mother Tongue without Effort
ウ．If You Don't Love Literature, You Can't Learn a Language
エ．English Skills Are the Key to Success in the Global Age

(2) 設問①～③について、本文の内容ともっとも近いものをア～エから１つ選び、その記号を解答欄に記入しなさい。

① 言語習得に関して、Spivak が述べていないことは何か。
ア．移民第１世代とその子どもの世代の英語力に大きな違いがあることはめずらしくない。
イ．外国語を学習するときは、可能な限り母語と距離を置き、外国語に没入することが重要だ。
ウ．植民地経験により高い英語力を獲得したことは、インドにとって負の遺産というべきだ。
エ．中国の役人や経営者が WTO への加入のために英語学習に熱を上げることは嘆かわしい。

② 中国農村部での教育支援活動について述べた第２段落で、Spivak が行う講演はどの点で unusual か。
ア．直前に決まり、ほぼ即興のような形で行うから。
イ．数年前から予定を組み、綿密な計画を立てて行うから。
ウ．聴衆を選び、人数制限をしたうえで行うから。
エ．中国からアメリカの秘書に連絡し、日程調整を行うから。

③ 第３段落 10 行目、'The only reason to learn a language is to be able to read its poetry.' という Spivak の言葉が中国人の胸を打ったのはなぜか。
ア．その中国人はみずからも詩を吟じる文学愛好者だったから。
イ．Spivak がやがて漢詩を読むようになるだろうと確信したから。

ウ．中国農村部には、偉大な漢詩の伝統を誇る気持ちが伝承されているから。

エ．その中国人はかねてよりすばらしい英詩の世界に憧れていたから。

(3)　下線部(1) as と同じ意味で使われている as をア～エから1つ選び、その記号を解答欄に記入しなさい。

ア．Your hands are cold as ice.

イ．I read a newspaper as I was waiting for her.

ウ．We had to obey the rule as students.

エ．I brought an umbrella with me as the sky was dark.

(4)　下線部(2) we had a boot on the back of our neck が意味する内容としてもっとも適切なものをア～エから1つ選び、その記号を解答欄に記入しなさい。

ア．We were forced to obey against our will.

イ．We were kicked and beaten up violently.

ウ．We were hanging a boot around our neck.

エ．We had our neck massaged with a boot.

(5)　下線部(3) That は何を指すか。もっとも適切なものをア～エから1つ選び、その記号を解答欄に記入しなさい。

ア．Spivak は妹とはもっぱら母語のベンガル語で話すこと。

イ．次第にベンガル語を忘れ、英語での会話が多くなること。

ウ．英語を話しているのかベンガル語を話しているのかわからなくなること。

エ．母語という基盤の上に外国語の習得がありうること。

2.　以下の対話文について設問に答えなさい。

(1)　①～③の対話文について、それぞれの問い（Question）への答えとしてもっとも適切なものをア～エから1つ選び、その記号を解答欄に記入しなさい。

① Ali:　Hey, Sarah. Can you come to my birthday party on Sunday?

Sarah:　I'm not sure. What time is the party?

Ali:　It starts at 2:00, but it's okay if you're a little late.

Sarah:　Okay. I'm busy in the morning, but I should be able to make it.

Ali:　Fantastic! And could you do me a favor? Do you think you could pick up the pizza on the way over? I've ordered three large pizzas from John's Pizza.

Sarah:　Actually, I'm taking the subway, and that pizza shop is pretty far from the station.

Ali:　Okay, don't worry about it. I'll ask someone else. See you at the party on Sunday, then?

Sarah:　Yeah, I'm looking forward to it!

Question: Which statement below is TRUE about the conversation?

ア．Sarah plans to attend the party.

イ．Sarah is too busy to come to the party.

ウ．Sarah will make pizza for the party.

エ．Sarah doesn't know where the pizza shop is.

② Woman: This was a great choice of restaurant. Everything has been delicious!

Man: I'm so glad you like it! But you didn't finish your steak.

Woman: Oh, don't worry, I'll finish it.

Man: Okay, but save room for dessert! The desserts are supposed to be excellent.

Woman: Yes, I've heard that! I haven't decided what to order yet, though. Have you?

Man: I'm thinking about the chocolate cake. But the apple pie looks good, too. It's hard to decide.

Woman: Why don't we ask the waiter what he recommends?

Question: What will probably happen next?

ア．They will order another steak.

イ．They will get suggestions from the staff.

ウ．The man will make a chocolate cake.

エ．They will ask the waiter for the check.

③ Clerk: Hi, can I help you find something?

Man: Yes, I'm looking for these pants in a larger size. The mediums are too small.

Clerk: Let's see. Here are some large pants. Would you like to try them on?

Man: No, that's okay. They're not for me. They're a gift.

Clerk: I see. We also have other colors, if you're interested. Here they are.

Man: Oh, really? Hmmm ... do you have them in red?

Clerk: I'm afraid we're out of stock, but if you like, I can order a pair for you.

Man: No, that's okay, I'll just take these black ones.

Clerk: Of course. You're lucky, that's our last pair!

Question: What does the man decide to buy?

ア．Red pants and black pants

イ．A pair of small black pants

ウ．A pair of large black pants

エ．Two pairs of black pants

(2) ④、⑤の空欄に入れるのにもっとも適切なものをア～エから１つ選び、その記号を解答欄に記入しなさい。

④ Child: Grandpa, how old were you when you and Grandma met?

Man: I was nineteen. We met when your grandmother was traveling in Mexico. I worked at the hotel that she stayed at.

Child: Really? Did she speak Spanish?

Man:　No, and I didn't speak much English, so it used to be difficult for us to communicate! (　　)

ア. I have never spoken to people at the hotel.

イ. I should have studied English harder in school.

ウ. I regret studying so much before meeting her.

エ. I hope to speak to her when she's traveling.

⑤ Woman:　Hey, are you all right? Your face is pale.

Man:　I've been feeling dizzy lately and my head hurts.

Woman:　You know, maybe you should go to the doctor.

Man:　No, I'll be fine in a minute.

Woman:　You ought to drink something cold. Here's some cola.

Man:　(　　) Do you have any plain water?

Woman:　Sure, here you go.

ア. I didn't realize you felt bad, too.

イ. However, I don't have any symptoms.

ウ. Thank you for giving me a prescription.

エ. No, thanks. I have a stomachache.

3.

ABC, Inc. に勤務するCarlの会話文を読んで、ア～オを並べ替えて適切な文を完成させなさい。

(1) Carl:　What (①)(②)(③)(④)(⑤) will be cancelled?

His boss:　The state of emergency measures have been extended by Niigata Prefecture until this weekend.

ア. the　イ. think　ウ. meeting　エ. makes　オ. you

(2) Carl:　This copy machine (①)(②)(③)(④)(⑤) problems since I bought it two years ago.

His boss:　Can you contact IMC, Inc. at your earliest convenience to have it fixed?

ア. me　イ. has　ウ. but　エ. nothing　オ. caused

(3) Carl:　This document will (①)(②)(③)(④)(⑤) the gate without being questioned. Be sure to take it with you when you enter.

Repairer:　Noted. Thank you, Carl.

ア. through　イ. you　ウ. to　エ. pass　オ. enable

(4) His boss:　What's the plan for your business trip to the United States?

Carl:　I'll spend the first few days in Boston to see some clients and then (①)(②)(③)(④)(⑤) Argentina.

ア. journey　イ. go　ウ. a　エ. to　オ. on

(5) Carl: Starting a business is hard. I don't even know if this business will be really successful or not!

His boss: Well, you know, continue working hard. After all, Rome (①)(②)(③)(④)(⑤).

ア. in　イ. built　ウ. day　エ. a　オ. wasn't

4. 以下の文を完成させるために、もっとも適切なものをア～エから1つ選び、その記号を解答欄に記入しなさい。

(1) Woman: Yesterday, my sister and I went to the Teradomari beach by bicycle.

Man: That's a long way! It must have taken a long time（ア. have ridden　イ. to be rode　ウ. rode　エ. to ride）so far.

(2) Customer: Excuse me. Can you tell me the difference between these two refrigerators?

Store staff: They're（ア. curiously　イ. basically　ウ. precisely　エ. easily）the same, but this one has a slightly bigger freezer.

(3) Woman: Have you read that comic book I lent you yesterday?

Man: Not yet, but I（ア. had finished　イ. will have finished　ウ. would be finished　エ. will be finishing）it by the day after tomorrow.

(4) Mizuki: Mom, where are we going to celebrate my birthday?

Mother: It's（ア. up　イ. for　ウ. out　エ. in）to you, Mizuki. It's your birthday, so you can decide.

(5) It's raining today. I wish I could（ア. let　イ. make　ウ. get　エ. have）someone to drive me home.

(6) The shop manager（ア. released　イ. announced　ウ. requested　エ. presented）that customers finish their shopping in 15 minutes.

(7) More than 50 students will（ア. do away with　イ. look up to　ウ. take part in　エ. get along with）the English speech contest of NUIS this year.

(8) Koki cooked his steak for too long. When he remembered（ア. to turn　イ. turning　ウ. turned　エ. had turned）off the oven, it was already dry and tough.

(9) Everyone says that Takumi（ア. resembled　イ. resembled of　ウ. resembles　エ. resembles to）his mother. They have the same large eyes and smile in the same way.

(10) Takahiro is still in his early teens, but he has already decided to（ア. participate　イ. major　ウ. study　エ. result）in geography at college.

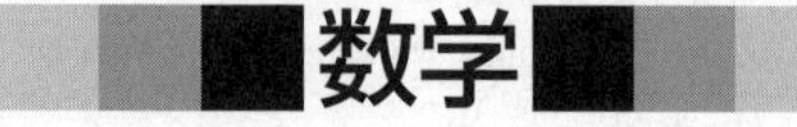

数学

（60分）

（注）採点の対象になるので，計算過程も記入すること。

1． 次の問に答えなさい。

(1) $(x+1)^3-1$ を因数分解しなさい。

(2) $0^\circ \leqq \theta \leqq 90^\circ$ のとき，不等式

$$\sin^2\theta-\left(\frac{1+\sqrt{3}}{2}\right)\sin\theta+\frac{\sqrt{3}}{4}<0$$

を解きなさい。

(3) 2022! が 10^n で割り切れるときの，自然数 n の最大値を求めなさい。

(4) $A \triangle B=(A\cap\overline{B})\cup(\overline{A}\cap B)$ と定義したとき，次の等式を満たす集合 X を求めなさい。

$$\overline{A\triangle B}=X\triangle B$$

2． 次の問に答えなさい。

(1) 2次関数のグラフにおいて，頂点の座標が (3, 5) で点 (1, 1) を通るグラフの式を求めなさい。

(2) (1)で求めた2次関数と直線 $y=ax$ とが共有点を持つ定数 a の値の範囲を求めなさい。ただし，$1\leqq x\leqq 6$ とする。

3． △ABH で ∠H＝90°，BH 上の点を C，BC の中点を D とする。次の問に答えなさい。

(1) 中線定理 $AB^2+AC^2=2(AD^2+BD^2)$ が成り立つことを示しなさい。

(2) AB＝8，AC＝6，BC＝4 のとき，CH の長さを求めなさい。

(3) AC を 1：2 に内分する点を E，AD と BE の交点を P とする。AP の長さを求めなさい。

4. 正 20 面体のサイコロを 2 個振ったときの出た目をそれぞれ X_1, X_2 とする。ただし，どの目も出る確率は等しいものとし，X_1 と X_2 は独立とする。このとき，次の問に答えなさい。

(1) X_1 が素数である確率を求めなさい。

(2) $X_1 < X_2$ である確率を求めなさい。

(3) $X_1 < X_2$ という条件で $X_1 = 8$ である確率を求めなさい。

用者の間だけでなく雇用者間にも利害の連動をもたらす」とあるが、日本型ボーナス制度が雇用者間に利害の連動をもたらすのはなぜか。本文の趣旨と合致する説明を次の(ア)〜(エ)から一つ選び、記号で答えなさい。

(ア)　日本型のボーナスは特別な貢献をした人だけに支給されるものであるため、それを得ようと成果を競い合うから。

(イ)　日本型のボーナスは期初に立てた業務目標の期末における達成状況に応じて個別に勘案されて支給されるものだから。

(ウ)　日本型のボーナスは企業内での一律報酬であるため。

(エ)　日本型のボーナスは不確実性が増した時期には逆機能となるから。

問五　空欄［A］、［B］、［C］に入る、もっとも適切なことばを、次の(ア)〜(カ)から一つ選び、記号で答えなさい。ただし、各記号は一度しか用いてはならない。

(ア)　保障　　(イ)　合意　　(ウ)　変化　　(エ)　制度　　(オ)　拘束

(カ)　自由

という条件が成り立っていればの話で、外的条件の［Ｃ］の下でその前提が崩れた際には、制度変換の部分的手直しができ難い分、劣等均衡でありながら、そこから抜け出せない大きな足かせともなる。例えば、時間の拘束性が強く長期に企業にコミットできる人材のみを優遇する制度は、たしかに結束が機能する時期には有効である。しかし、現在のような不確実性の強い状況下では、企業の環境適応力を高めるために有効な多様で外部情報に富んだ人材の活躍が必要不可欠な状況なのに、むしろそのような人材を活用できないという逆機能を生み、大きな機会コストを生み出している。

（山口一男『働き方の男女不平等―理論と実証分析―』日本経済新聞出版より。原文の一部を省略した。）

問一　傍線部(1)「単純な例」についての説明として、本文の趣旨と合致するものを次の(ア)〜(エ)から一つ選び、記号で答えなさい。

(ア)　Ａ１とＡ２は補完的な制度であるので、すでにＡ１を選んだ企業は、Ａ２を選ぶ可能性が高くなる。

(イ)　戦略的合理性を考慮に入れると、すでにＡ１を選んでいる企業はＢ２を選ぶ可能性が高くなる。

(ウ)　戦略的合理性を考慮に入れなければ、Ａ１とＢ１の組み合わせよりもＡ２とＢ２の組み合わせのほうが合理的である。

(エ)　Ａ１をＡ２に変えるためのコストは大きくないので、すでにＡ１を選んでいる企業はＢ２を選ぶ可能性が高くなる。

問二　傍線部(2)「このような一連の概念」とあるが、これに含まれるものの説明として、本文の内容と合致するものを次の(ア)〜(エ)から一つ選び、記号で答えなさい。

(ア)　戦略的合理性とは、最終的な戦略目標を念頭に置きながら、目の前の選択肢を合理的に選択していく経営戦略のことである。

(イ)　制度的惰性とは、制度が相互補完的で、部分的変換が難しく、他に優れた制度があってもそれに変換できないことである。

(ウ)　経路依存とは、戦略的合理性を持つ一連の選択の結果が、最初の選択とは関係なく決まることである。

(エ)　制度的惰性を打ち破るには、その制度の中から、少しずつ変革を試みることが有効である。

問三　傍線部(3)「日本的雇用制度・慣行の特徴は強い雇用保障と年功賃金制度を核としたことで、いくつかの相互補完的制度を持つにいたったこと」とあるが、この「相互補完的制度」として本文中で挙げられているものを次の(ア)〜(エ)から一つ選び、記号で答えなさい。

(ア)　職種によって賃金が決まる職務給

(イ)　個人の業績を賃金に反映させる成果給

(ウ)　発達した中途採用市場

(エ)　労働時間による雇用調整制度

問四　傍線部(4)「日本型ボーナス制度は、欧米型と違い、単に企業と雇

なる経済条件の下で、戦略的合理性を持っていたと考えられる。

他の重要な補完的制度は労働時間による雇用調整制度である。正規雇用者への強い雇用保障は、欧米のように雇用調整を雇用者数で調整する（労働需要が減れば解雇・レイオフし、増えれば雇用者を増やす）ことを困難にした。したがって正規雇用の雇用調整は、主として労働時間で調整する必要があり、このため時間調整のためのバッファーとして恒常的な一定の残業と、その結果としての、長時間労働が定着したのである。本来、このような恒常的長時間労働の慣行は労働者との[A]が得にくいはずである。しかし、多くの大企業・中企業が終身雇用制度を発達させ、中途採用者の労働市場に正規雇用が開かれていない状況では、雇用者はいわゆる退出オプションを有効な交渉手段として持たないため交渉力が弱く、不本意でも企業の恒常的残業の慣行を受け入れざるを得なかったと考えられる。また終身雇用制度、年功賃金制度、日本型ボーナス制度の下で会社の成長と個人の所得の成長が一致しやすい「運命共同体」的状況が高度成長期には生まれたことも、「保障と拘束の交換」を雇用者が受け入れる下地を作ったといえる。

しかし、このような制度は日本の雇用者に、武家社会のような組織への強い忠誠心といった、集団の利益を個人の利益に優先して考える集団主義的価値観を生み出したのではまったくなかった。日本人はむしろアメリカ人以上に個人主義的・利己的でありながら、行動上で集団・組織に同調するということが利益だと認識し、結果として集団主義と見える行動をしている、と考えられる。だからこそ、組織による規範的締め付けが強く、雇用者個人に時間管理を任せず、会社が雇用者の時間的自由を強く[B]し、その[B]への同調を正社員の条件とするようなシステムが作られてきたのであろう。ただし一部留保がある。それは年功賃金や日本型ボーナス制度といった個人の業績を無視する制度の発達は、これらの制度に対し強く抵抗する個人主義的文化という初期条件が日本には存在しなかったから成立しえたという事実である。

一方、個々の雇用者の行動の結果が他の雇用者に対し損益をもたらすという意味で外部性を持つ日本型雇用制度の下での雇用者間の利害の連動は、企業だけでなく雇用者自体が同僚の働き方に規範的拘束をするインセンティブも生み出してきた。しかしそのような長時間労働や強い規範的拘束の慣行は、伝統的家庭内分業が強く存続する日本での女性の継続就業を非常に困難にし、高い結婚・育児離職率を生み出した。この結果、企業は大多数の女性には、長時間労働や強い拘束を免除するかわりに、人材投資と活用の対象から外し、学歴にかかわらず補助的職務に従事させ、年功賃金上昇率が総合職者より低く設定される一般職者として扱うシステムを作ってきたのである。

このような相互補完的制度の確立は、既存の制度を前提として積み上げる際の戦略的合理性を有していたと考えられる。しかし問題は、このように相互補完的にでき上がった制度の有効性は、一番初めの制度である、強い雇用保障と年功賃金制度に雇用者の維持を核とする終身雇用制度に大きなメリットがあるという条件や、さらには不確実性が少なく企業の進むべき方向性が見えているため結束力を強めることが有効であるである。これが日本的雇用制度は、一般的な合理性でなく、戦略的合理性を持っていたという主張の根拠である。まず年功賃金制度のみでは仕事の質の向上へのインセンティブを生み出せないが、欧米型の、賃金が職種によって決まる職務給や個人の業績を即賃金に反映させる成果給は年功賃金制度と両立しないため、年功と業績をあわせて考える独自の「職能給」制度を生み出した。

また関連するインセンティブ・システムとして日本型ボーナス・システムを生み出した。欧米型のボーナス・システムは企業業績に特別な貢献をした個々人に対して与える特別賞与である。全員がもらえるわけではまったくなく、基本給と比べた割合も個人により異なる。これに対して日本型ボーナス・システムは企業業績に応じ、正社員全員にほぼ（基本給との比で）一率に与えられる。終身雇用制が長期的に正社員個人の利益と会社の利益が連動する仕組みであるのに対し、ボーナス・システムは短期的に雇用者の利益と会社の利益を連動させる仕組みである。しかし日本型の特性は、企業内での一律報酬であるために、個人の行動に外部性（個人の行動が意図せず他者の利害に影響を与える性質をいう）を生み出す点である。つまり企業の業績への貢献が平均以上の雇用者は企業だけでなく同僚にも利益を与え、反対に平均以下の雇用者は企業だけでなく同僚にも損失を与えることになる。つまり(4)日本型ボーナス制度は、欧米型と違い、単に企業と雇用者の間だけでなく雇用者間にも利害の連動をもたらすのである。

これは雇用者間の結束と協力のインセンティブを引き出すとともに、同僚による「ただ乗り者」に対する強い規範的取締りの必要を生み出す。この結束と規範的拘束を同時に生み出す日本型ボーナス・システムは、不確実性が少ない状況で集中力が重要なときには機能を果たすが、不確実性が増して多様で自由な個人の貢献による環境適応力が重要な時期には個人がリスクを取る行動を抑制するのでむしろ逆機能となる。

さらにこの制度は、日本の文化的初期条件と終身雇用の下で可能な制度でもあった。ここで言う「文化的初期条件」とは賃金を各個人の業績に対する報酬であるべきという欧米の規範が日本には存在していなかったという事実である。そのような規範がすでにある欧米では、業績の向上に裏付けられない年功賃金は受け入れられないのと同様、個人業績にかかわらず一率のボーナスを支給する制度など受け入れ難いが、日本ではそのような規範が存在しなかったため一率のボーナスへの抵抗がなかった。さらにこの制度は終身雇用制度の普及なしには機能し得なかった。逆選択の問題があるからである。

逆選択とは異質なものを同質に扱うと、質の良いものが退出し、質の悪いものが残る現象をいう。つまり労働の流動性が高く転職コストが低ければ、生産性の高い雇用者は、個人別のボーナスでなく社員一率のボーナスを支払われるのでは損をするので、個人別にボーナスを出す企業に転出する傾向が生まれる。しかし終身雇用制度の発達で、中途採用市場が発達しなかった日本では、転職コストが大きいのでこういった逆選択は起きないのである。この意味で日本型ボーナス・システムは上記の文化的初期条件と終身雇用制度を前提とし、結束力が機能的な要件と

なぜ(2)このような一連の概念を紹介したかというと、筆者は日本的雇用慣行・制度は戦略的に合理的な一連の制度の選択によりでき上がったが、外的条件の変換の中でその均衡の劣等性が顕著になっても、より合理的な制度への変換ができなくなっており、それが日本企業の人材活用を一般的に非合理的にし、その結果女性の人材活用の進展も強固に阻んでいると考えるからである。

では具体的に日本企業のA1の選択に当たるものは何か？ それは雇用者への強い雇用保障制度（終身雇用制度）と、年功賃金制度と退職金制度を核とする賃金制度の2つであると筆者は考える。それが江戸時代の家制度を仮に模倣したものであったとしても、その制度が明治・大正・昭和初期でなく、戦後の経済成長とともに普及したのは、その時期になって新たな経済機能を持ったからであると考える。

高度成長期に日本企業は将来の事業の拡大を見込み長期的に労働需要が供給を上回ることを見越して、雇用者、特に企業内人材投資を行った雇用者の流出を低く抑えることに利益があり、このために強い雇用保障を与えて定着性を増やそうとしたのである。労働需要が長期的に増加するという見込みの下では、人減らしの必要性が少なく、強い雇用保障による雇用調整の硬直性のコストは低いと見込んだからである。また年功序列賃金制度と退職金制度は、雇用者に長期就業のインセンティブを与える賃金後払い制度と考えられる。またこの制度では、雇用者が高齢になると企業の賃金負担が増すため通常55歳などの早期退職制度を伴うが、まだ超高齢化社会となっていなかった高度成長期の日本では、そのような制度への抵抗も少なかったのである。

このような理由で高度成長期には日本の終身雇用制度は合理性を持っていたとされるが、このA1に当たる選択自体、日本の文化的土壌の中での限定的合理性であったのだが、そのことを指摘した研究は見当たらないので、ここで議論しておきたい。

まず第1に、労働需要が供給を上回る中で、雇用者の定着性を確保する方法として年功序列賃金制度の採用は日本の文化的伝統と切り離せない点である。つまり、成果給がすでに普及し、多くの雇用者が自分の成果・業績に応じて賃金を支払われることが正当であると信じている社会では、年功序列賃金は規範的に受け入れられない。反対に年功序列的秩序に比較的違和感を持たない日本であったからこそ可能な制度であったのである。第2に雇用者の定着性を確保するという目的ならば、欧米における「家族に優しい」企業、つまりワークライフバランスの達成しやすい企業に変えることも優秀な女性雇用者が育児期に離職してしまうのを防ぐという意味で有効な手段であったはずである。しかし年功序列賃金制度は男性に比べ長期雇用の難しい女性の就業継続意欲をかえって削ぐことになる。ここにも武家社会の家制度をモデルにした結果、伝統的性別役割分業を暗黙の前提とし、男性中心の職場を念頭に置いたため女性雇用者の定着性は重視しなかったと考えられる。

重要なのは(3)日本的雇用制度・慣行の特徴は強い雇用保障と年功賃金制度を核としたことで、いくつかの相互補完的制度を持つにいたったこと

問五　傍線部(3)「『蒲団』や『多情多恨』で、二階と階下がかたちづくる微妙な空間」とあるが、この空間で生じる下宿人と下宿先家族の心情を、彼らの人間関係を踏まえて、本文中の表現を用いて句読点を含め五十字以内で説明しなさい。

問題四

次の文章を読んで、設問に答えなさい。

日本で経済活動における女性の活躍が進まない主な理由は日本的雇用制度・慣行にある。日本的雇用制度・慣行は高度成長期には合理的な制度であるが現在はそうではないと主張されることが多い。戦略的合理性というのは、いったんひとつの制度を持つと、他の制度の合理的選択に影響を及ぼすことをいい、伝統の異なる国が合理的制度を持つ近代になっても、異なる制度を持つことの説明として使われることが多い。

(1)単純な例で言うと、ある国ではじめに土台となるＡ1とＡ2という制度のうちＡ1という制度を持ったとする。この最初の制度については、Ａ1のほうがその国での文化的伝統や選択時の状況により、より望ましいと考えられたためであると仮定する。文化的伝統がなぜ影響するかというと、制度はそれを承認する人たちの選好（価値観）と独立ではなく、選好は文化に依存するからである。

戦略的合理性というのは、次にＢ1とＢ2という別の制度の選択をする場合の選択理由に関するものである。ここで、組み合わせとしては、合理性の高い順に（A2, B2）＞（A1, B1）＞｛（A1, B2）,（A2, B1）｝であると仮定する。つまり組み合わせでいえば、Ｂ1はＡ1と補完的で、Ｂ2はＡ2と補完的な制度である。ここで、すでにＡ1を選んでいる企業は、Ｂ1を選ぶ可能性が高くなる。それは仮に（A2, B2）の組み合わせの合理性が（A1, B1）の組み合わせの合理性を上回っても、（A2, B2）の選択のためには既存のＡ1という制度をＡ2に変えなければならず、その変換のコストが通常大きいため、Ａ1にあわせてＢ1を選択するからである。このようなＢ1の選択を、戦略的合理性を持つという。しかし、無の状態から選択するのなら（A2, B2）の選択が合理的であるため、戦略的合理性の原理で作られた一連の制度が最終的に最も合理的とはいえない。

このように戦略的合理性を持つ一連の選択の結果は、最初の選択に依存し、それを制度の経路依存と呼ぶ。またこのように選択されてでき上がった制度は相互補完的で、部分的変換が非常に難しく、制度の集まりのセットとしては、他に優れた制度があっても、それに変換できないという制度的惰性を生む。つまり劣等均衡であっても高度の安定性を持ってしまい、外的条件の変化に適応力を失ってしまうのである。この制度的惰性を打ち破る有効な手段は、セットとしてより合理的な組み合わせの制度の要素のうち、既存のセットと最も根本的に両立しがたい要素を、外から強制することである。

感傷の絆につなぎとめられた過去の世界、死者の世界であるとすれば、[b]は家庭の優情を約束する現在の世界、生者の世界であって、この二つの世界をむすぶ階段を往きつ戻りつする柳之助のためらいがちな動線は、おのずからこの物語がはらんでいるドラマの内実を明らかにする。

花袋の『蒲団』と紅葉の『多情多恨』は、[D]二階の下宿人と階下の家族とのあいだにくりひろげられる葛藤を主軸とする物語である。二階の下宿人は家族と食事をともにし、団欒をともにするために階段を降りて行くが、やがて彼（彼女）は孤独な寝所に帰るために階段を昇らなければならないだろう。二階の部屋には階下の家人の手がとどかないところでさまざまな秘密がたくわえられて行き、やがてそれが明るみに引きだされたときには、階下の世界の日常的な秩序をいっきょにおびやかす。そしてまた、二階の下宿人は、家族が抱えこんでいるもっとも身近な他人であるかぎりで、そのあいだにつくりだされる葛藤は、家の〈外〉にある都市そのものとの葛藤につながっている。地方からのおびただしい上京者を貪婪（どんらん）に吸収することで近代の東京が膨張しつづけたとするならば、二階の下宿は都市空間のミニマムな単位として把えることもできる。(3)『蒲団』や『多情多恨』で、二階と階下がかたちづくる微妙な空間の関係を読みとろうとした花袋や紅葉は、かれらの意識しないところで東京という都市空間の読解へと進み出ていたわけであった。

（前田愛『都市空間のなかの文学』より。原文の一部を省略した。）

問一　傍線部(1)「〈内〉のなかにあるもうひとつの〈内〉」とあるが、そこに決して足を踏み入れないと考えられる人物を、本文中の次の(ア)～(エ)から一つ選び、記号で答えなさい。

(ア)　私の仲間　(イ)　半七　(ウ)　芳子　(エ)　お種

問二　傍線部(2)「明治の文学作品のなかには、このような二階の意味するもの」とあるが、筆者が解釈する二階という空間について、本文中の表現を用いて句読点を含め二十字以内で具体的に説明しなさい。

二階は[　　　　]ということ。

問三　空欄[a]、[b]に入ることばを本文中からそれぞれ抜き出しなさい。

問四　空欄[A]～[D]に入ることばの組み合わせを、次の(ア)～(エ)から一つ選び、記号で答えなさい。

	A	B	C	D
(ア)	いずれも	おそらく	どことなく	しかも
(イ)	いずれも	どことなく	おそらく	しかも
(ウ)	しかも	どことなく	おそらく	いずれも
(エ)	しかも	おそらく	どことなく	いずれも

上げられてしまう話だ。若い二人の気配を気づかう老夫婦と、雷をきっかけに契りを交すお花・半七の対照が、たとえば志ん生によって演じられたときには、江戸下町のくらしの一齣（こま）がいきいきと再現される。そば屋の〈お二階〉にはこうした隠微な連想もかすかに織りこまれているわけだが、それは同時に私たちが二階という室内空間にある独得な人間的意味をまつわらせていることのしるしなのである。

伝統的な日本の住宅では、二階に通ずる階段は廊下や部屋の片隅にかくされているのがふつうだ。人目につかない場所にかくされた階段で階下と結びつけられている二階の部屋は、[B]隠し部屋のおもむきを持つことになる。渡り廊下で連結される離れ家が平屋のうえにかさ上げされたと考えてもいい。(1)〈内〉のなかにあるもうひとつの〈内〉なのである。日本の二階は、西洋の屋根裏部屋のように孤独な隠れ場所でありながら、一方では階下の世界とも緊密につなぎとめられているのである。二階の住人は階下の世界にたちこめている濃密な人の気配からまったく自由ではありえないし、階下の世界も二階の住人の存在に無関心でいることはゆるされない。

(2)明治の文学作品のなかには、このような二階の意味するものが、作中人物の身ぶりを解読の鍵として読みとられているものがすくなくない。たとえば、田山花袋を自然主義文学の代表的な担い手のひとりに押しあげることになった『蒲団』がそれだ。『蒲団』の主人公は、すでに妻子もある中年の作家竹中時雄で、彼は地方から上京してきた美貌の女弟子(ウ)芳子を二階に下宿させる。芳子には同志社に籍をおく恋人があり、時雄は二人にたいして温情あふれる保護者の役割を演ずるが、結局、芳子は堅実な結婚を期待する田舎の父親の配慮から国許に連れもどされることになる。芳子が帰郷した後、二階の部屋にのこされた蒲団に時雄が顔を押しあてて、「心のゆくばかりなつかしい女の匂ひを嗅」ぐ結末の場面はあまりにも有名で、島村抱月が「肉の人、赤裸々の人間の大胆なる懺悔録」と評価した個所だが、[C]ここに表白されている竹中時雄のもっとも恥ずべき内奥の部分は、二階という室内空間にまつわる隠微な内密性と深いかかわりがあるだろう。二階の六畳と三畳は、もともと竹中家では物置兼子供の遊び場であった。この二部屋が綺麗に掃除されたうえで芳子のすまいとなったとき、それは、常識的な家庭人、温情あふれる保護者という仮面のもとに若い女弟子に魅かれて行く竹中時雄の精神の恥部につながる暗喩となるのだ。

二階と階下のトポグラフィーをプロットの枠組として、花袋の『蒲団』以上に巧みに生かした作品としては、尾崎紅葉の『多情多恨』があげられるだろう。先妻お類を流行感冒で死なせた悲しみに打ち沈んでいる主人公の鷲見柳之助は、会社から海外出張を命ぜられた葉山の留守中に、柳之助はこれまで冷やかに対していた葉山の細君(エ)お種にしだいに魅きつけられて行く。

[a]の柳之助の部屋には、今は亡きお類の肖像画が架っている。柳之助はこの肖像画に眺め入りながら死者の追憶をあらたにするが、一方ではそこからたちのぼる死の雰囲気に耐えられずに、お種のあたたかいもてなしを求めて[b]の茶の間に降りて行くことになる。[a]が

問三　傍線部(2)「ただちに事実としての nature の意味をもつようになったわけではない」とあるが、それはなぜか、その理由として正しいものを、次の(ア)〜(エ)から一つ選び、記号で答えなさい。

(ア)　多数の日本人は nature の本来の意味を知らないから。

(イ)　自然は nature の意味を全て表しているものではないから。

(ウ)　nature は名詞であるのに対し、自然は名詞でも副詞でもあるから。

(エ)　自然と nature は元来別々の言語体系に属するものであるから。

問四　本文中のかぎカッコ［I］の段落の内容を筆者は、傍点で示したように、簡単な図を示して説明している。筆者が示した図を段落内の説明に基づいて描きなさい。その際、本文中のA、Bおよびア、イ、ウの記号を図の中に入れなさい。（解答欄の位置に注意）

問五　空欄［a］に入るもっとも適切な語を、本文中の二字を用いて書きなさい。（解答欄の位置に注意）

問六　傍線部(3)「もう一つの側面」とあるが、「自然」におけるもう一つの側面に相当する表現を、本文中から句読点を含め七字で抜き出しなさい。

問題三

次の文章を読んで、設問に答えなさい。

日本の家の問題を考えるとき、ちょっと気になる表現のひとつに、〈お二階〉という言葉がある。それは、〈お〉という接頭語が加わっただけで、〈二階〉という言葉がもたなかった微妙な意味のかげりを帯びはじめる。学生時代にそば屋の二階を借りて読書会やサークルの会合をひらいたことがよくあったが、約束の時刻に遅れて行くと、店の人が「お二階ではお待ちかねです」と声をかけてくれたものだ。この場合の〈お二階〉は、階下の店と区別される物理的な空間ではなく、そこにあつまった私の仲間を指している。というより人の気配でみたされている空間とでも呼ぶ方が正確であるかもしれない。たんなる物理的空間にすぎなかった二階の座敷は、あつまった客の気配で濃密に意味づけられているからこそ、〈お〉という接頭語が必要とされるのだ。〈お二階さん〉という呼び方になればいっそう擬人化はすすむ。［A］、〈お二階〉には階下の店で蕎麦やうどんを注文するだけのフリの客から区別される馴染客への暗黙の了解がこめられている。

そば屋の二階は、江戸時代には安直な逢引きの場所に利用されたことがあったという。そのような効用は、落語の「宮戸川」に発揮されている二階の演出効果から類推することができる。「宮戸川」は、夜おそく家からしめだされた船宿の娘のお花と質屋の息子の半七が、一夜の宿りを求めて半七の伯父の家をたずねると、伯父のいきなはからいで二階へ

まず、ことばの文法上の面からみると、natureは必ず名詞である。が、「自然」は、名詞でもあり、副詞でもあり、かつては形容詞や動詞でさえあった。今日でも形容動詞の語幹として使われる場合が少なくない。このことから、natureはいつもある実体、実質的なものを指している。その輪郭ははっきりしている。が、「自然」は、むしろある状態であって、その輪郭を明瞭に捉えにくい場合が少なくない。

次に、意味の面で言うと、natureは、物質界、物質的存在を意味している場合が多い。人間の精神や意識と対立する意味である。「自然」には、このような意味はもともとない。「自然」ということばは、むしろこのような意識的な区別を拒否する意味である。natureは人間主体と対立する客体的な世界を意味する場合が多い、とも言うことができよう。同じ言い方をすれば、「自然」は、これに対して、いわば主客未分の状態、境地を語っているのである。このことから、natureは知識の対象と考えられる場合が普通だが、「自然」はそうではない。「自然」はむしろ知識を否定するとも言える。

natureは、主観に対する客観、人間主体に対する客体世界、という意味の場合が多い。が、人間自身もまたnatureと捉えられる。とくに生物として、動物としての人間である。「自然」にはこのような意味はない。主客未分の「自然」における人間は、「(お)無イ」であり、動物的に対して、いわば植物的とも言えよう。

natureに対する人間主体とは、すなわち「人為」である。あるいは、「人工」とか、「作為」の主体である。したがって、natureは、「人為」と対立しつつ、「人為」を不可欠の対立者としてもっている。しかし、「自然」が「人為」と対立するという意味は、全く否定することである。「自然」もnatureも、ともに「人為」とは対立する、と言うとき、この(3)もう一つの側面を見落としてはならない。

（柳父章『翻訳の思想』より。原文の一部を省略した。）

問一　傍線部(あ)〜(お)のカタカナの表記部分と同じ漢字を含む語を、(a)〜(d)から一つ選び、記号で答えなさい。

(あ)　マ術
(a)　真木　(b)　邪魔　(c)　摩擦　(d)　研磨

(い)　ソウ体
(a)　聡明　(b)　壮大　(c)　相対　(d)　総合

(う)　普ヘン性
(a)　遍歴　(b)　辺境　(c)　編集　(d)　変幻

(え)　浸トウ
(a)　登記　(b)　灯火　(c)　透明　(d)　到来

(お)　無イ
(a)　遺憾　(b)　行為　(c)　権威　(d)　依然

問二　傍線部(1)「互いに相容れない意味をもっている」とほぼ同じ意味をもつ表現を、本文中から十八字および十七字で二ヵ所抜き出しなさい（いずれも句読点は含めない）。

が、私たちが使っている翻訳語の特徴である。「自然」とnatureとは、相互に意味の共通するところがある、という理由で、「自然」はnatureの翻訳語とされた。それは、「自然」というただ一つのことば、一つの文字で表現されることになったのである。ところが、「自然」は、natureの翻訳語とされることによって、(2)ただちに事実としてのnatureの意味をもつようになったわけではない。多数の日本人にとってそうではない。「自然」ということばを使っている多数の人々にとって、natureの意味がそっくり理解されるようになったわけでは決してない。にもかかわらず、ある場では、「自然」にはnatureの意味がある、とされるのである。西欧文化と直接接触する場、たとえば翻訳の場でそうである。その建て前はやがて私たちの生活のいたるところに(え)浸トウしてくる。そして、遂に辞書に記されるようになる。

もちろん、辞書には、辞書の使命があり、また当然その限界もある。たとえ一般的に理解される意味ではないとしても、いくつかの項目のうちに入れて列記しておくことは必要である。が、ことばの伝来の意味と、翻訳語としての意味は、もともと平面的に並べて理解されるような関係ではない。相互に他方の意味を排除しようとするのである。ことばの意味が、その使用者に対してそう働きかけるかのようである。ことばは、必ずしもその使い手の意のままにはならない。

I『もともと異質な言語体系に属する二つのことばが、意味が共通部分をもつために相互に翻訳語とされるようになったとき、この二つのことばの意味の関係は、図のように表わすことができよう。二つのことばの意味の領域を、それぞれA、Bとする。両者はイという共通の意味をもっている。が、他方必ず重なり合わない意味の領域がある。「自然」とnatureに関して言えば、「自然」をA、natureをBとする。今までのところで、『広辞苑』の説明を借りると、両者に共通の意味イは、「[a]」ではない、ということにある。そして、「自然」にあってnatureにない意味は、「(副詞的にも用いる)」ということばの文法的側面からもたらされる意味である。これが図のアの領域に属する。またウに属する意味は、②の㈡以下、「精神に対し、外的経験の対象のソウ体。即ち、物体界とその諸現象」などである。』

翻訳語として使われたことばと、その原語との間には、もちろん意味の共通するところがある。が、他方、必ず意味の共通しないところがある。この意味のずれは、重要でない場合もあろう。無視できる誤差として、切り捨ててもよいような場合である。図で言えば、イの部分だけに注目し、アやウの部分の存在を無視できるとき、ということになる。しかしまた他方、意味のずれが重要な結果をもたらす場合もある。

結果が重要であるかどうかはともかくとして、翻訳語と原語のあいだにはこのような意味のずれは必ずある。まずそのことを前提に置かなければならない。

「自然」とnatureの意味の共通点は、一口で言えば、「人為」と対立する、という意味をもつことにある。「自然」とnatureとの意味の対立点は、いろいろとある。一般に、この面は無視されがちであるが、まさにそのことが翻訳語の問題なのである。

なくては如何あるべきとて」

以下、「自然」の熟語が続く。①②③のうち③は、今日の「自然」の意味としては使われることがないので、ここでは問題にしない。問題は①と②である。①の「おのずからそうなっているさま。天然のままで人為の加わらぬさま」と、②の nature の翻訳語としての意味とである。

①の意味は、今日私たちが使っている「自然」ということばの意味であると同時に、私たちの先祖が、漢字「自然」を知って以来、さまざまな文献に書き残し、使ってきた意味である。それは、私たち日本人が「自然」ということばを知る以前、中国人たちが使い、漢籍に残している意味の一つであり、その中心でさえある。たとえば『大漢和辞典』（諸橋轍次著、大修館書店、一九五八年）によると、

【自然】353 シゼン ❶人為の加はらない義。天然。本来のまま。おのづから。〔老子〕人法レ地、地法レ天、天法レ道、道法ニ自然一。〔中略〕〔淮南子、原道訓〕修ニ道理之数一、因ニ天地之自然一。〔世説新語、言語中〕糸不レ如レ竹、竹不レ如レ肉、云云、漸近ニ自然一。

この『大漢和辞典』の❶の意味と、『広辞苑』の①の意味とが、よく似ていることに気づくであろう。私たちが今日使う「自然」は、『枕草子』から、『老子』の「自然」にまで至る共通の意味をもっているのである。

そこで、『広辞苑』の②に記された nature の翻訳語のところを見てみよう。まず、この意味が、①の意味と共通しているところがあることに気づく。そこにはまず、「人工・人為になったものとしての文化に対し、人力によって変更・形成・規整されることなく、おのずからなる生成・展開によって成りいでた状態」と書かれている。つまり、「人為」ではない、という意味、すなわち「人為」と対立するというかぎりにおいて、中国古代の『老子』から今日の日本語に至る「自然」の意味は、nature の翻訳語「自然」の意味とは共通しているのである。したがって、この面から見る限り、nature に「自然」ということばを対応させ、翻訳語と扱ってきたのは正当であった、と考えることができる。

しかし、他方、これら二つの間には、意味が全く重なり合わないところがある。たとえば『広辞苑』の説明に現われている限りで言うと、「自然」①には、「（副詞的にも用いる）」とある。意味内容についてではなく、形式面からであるが、後述するように、これは意味にも影響する重要な違いである。nature とは名詞であって、形容詞は英語で natural、副詞は naturally と、別になっているのである。また、「自然」②（nature イギリス・フランス）の㋥㋭㋬の記述は、私たちの伝来の日本語「自然」とは全く相容れない。「自然」と nature とは、ある面では意味が共通し、別の面では(1)<u>互いに相容れない意味をもっている</u>。「自然」と nature とは、元来別の言語体系に属することばである。考えてみれば、これは当り前のことである。しかし、この当り前の事実を見失わせるの

ところわがままな子どもに育ててしまう。

(オ)物わかりのいい親は、子どもとの葛藤に耐える力をもっていないということなので、欧米のように早期に突き放して毅然とした態度でしつければ、子どもにとって頼れる存在になれる。

問題二

次の文章を読んで、設問に答えなさい。

私たちの使っている「自然」ということばには、伝来の日本語「自然」の意味と、西欧語の英語やフランス語でnatureということばの意味とが混在している。一つのことばにおけるいくつかの意味の混在は、もちろん、あらゆることばの常である。が、そのことが、ことばを使用するうえで、大きな矛盾を惹き起こさなければよい。たとえ矛盾を惹き起こしても、使用者が、そのことを意識し、気づいているならば、それほど支障はないだろう。

しかし、私たちの伝来の日本語「自然」の意味と、natureの翻訳語の意味とは、私たちのことばの通常の使用上、さまざまな大きな矛盾を惹き起こしている。ある場合には思想上、学問上にも大きな影響を及ぼしている。しかも、私たちはそのことに気がつかない。以来、今日に至るまで、不思議なほど私たちはこのような矛盾に気づかない。

実は、これは「自然」とnatureの場合に限らない。一般的に言って、私たちの日本語における翻訳語というものがもつ特徴なのだ、と私は考えている。翻訳語の(あ)マ術である。ワナである。

そこで、私たちが今日使っている「自然」ということばにおける、意味の混在についてみてみよう。

『広辞苑 第二版』(岩波書店、一九六九年)によると、「しぜん」の項は次のようになっている。

しｰぜん【自然】①(ジネンとも)おのずからそうなっているさま。天然のままで人為の加わらぬさま。(副詞的にも用いる)枕二六七「―に宮仕へ所にも…思はるる思はれぬがあるぞいとわびしや」。「―そうなる」②(nature イギリス・フランス)㋑人工・人為になったものとしての文化に対し、人力によって変更・形成・規整されることなく、おのずからなる生成・展開によって成りいでた状態。㋺おのずからなる生成・展開を惹起させる本具の力としての、ものの性(たち)。本性。本質。太平記二「物類相感ずること皆―なれば」㋩造化の力によって成った一切のもの。即ち、人間を含めて天地間の万物。宇宙。㋥精神に対し、外的経験の対象の(い)ソウ体。即ち、物体界とその諸現象。㋭歴史に対し、(う)普ヘン性・反復性・法則性・必然性の立場から見た世界。㋬自由・当為に対し因果的必然の世界。③㋑まれにあるさま。万一。平家七「―の事候はば」㋺(副詞として)もし。ひょっとして。伽、一寸法師「―舟

在であると同時に、頼れる存在でもある。
親としての権威を自覚し、自分の価値観、わが家の方針を、自信をもって子どもにぶつけることが必要なのではないだろうか。

（榎本博明『ほめると子どもはダメになる』より。原文の一部を省略した。）

問一　傍線部(1)「受容」と対照的な意味で使われていることばを、本文中から二字で抜き出しなさい。

問二　空欄 a に入る文としてもっとも適切なものを、次の(ア)～(オ)から一つ選び、記号で答えなさい。
(ア)　日本的な子育てはきわめて優秀といえる。
(イ)　ドイツの子育てには学ぶところが大いにある。
(ウ)　欧米流の子育てにメリットがあると思われる。
(エ)　いつまでも子ども扱いする日本の親の姿勢が問題を引き起こしている。
(オ)　かつての権威をもった父親が大きな役割を担っていた。

問三　空欄 A ～ D に入ることばの組み合わせを、次の(ア)～(エ)から一つ選び、記号で答えなさい。

	A	B	C	D
(ア)	また	反対に	ただし	つまり
(イ)	また	反対に	つまり	ただし
(ウ)	反対に	また	ただし	つまり
(エ)	反対に	また	つまり	ただし

問四　傍線部(2)「抑圧的な力の効用」を本文中のことばを用いて、句読点を含め二十字以内で具体的に説明しなさい。

問五　筆者の主張にもっとも近いものを、次の(ア)～(オ)から一つ選び、記号で答えなさい。（解答欄の位置に注意）
(ア)　日本的な子育ては親子の絆を築くことにあるため、戦後の価値観の崩壊によって親の権威が否定されるに至った。
(イ)　親が安全な基地として機能すれば、子どもは思い切って冒険の旅に出ることができるし、たとえ立ちはだかる壁になったとしても、それが子どもの自立の力になっていく。
(ウ)　欧米のような突き放す親の態度によって親子の絆ができなかったとしても、子どもは親の権威への反抗を通して自分の価値観を打ち立てることができる。
(エ)　日本の親は子どもに受容的にかかわるため子どもの心は安定するが、子どもの甘えをなんでも受け入れてしまうので、結局の

題、わがまま放題になってしまった感がある。

親の権威ということになると、かつての権威をもった父親というのは、けっして好ましい人物ではなく、横暴だったという批判もある。たとえば、教育社会学者によるつぎのような見解もある。

「『昔は家族の中で父親がしっかりとした存在であった』という論もよく耳にする。しかし、そうした議論は、裏返しの悲劇や抑圧が数多くあったことを忘れてしまっている。家族に対して権力と権威を持った昔の父親が、必ずしも物事のよくわかった人たちばかりではなかったこともまた事実だったのである。（中略）戦後の多くの若者たちが経験してきたことは、頭が固く専横な父親の干渉や支配と対立し、そこから抜け出すことではなかっただろうか」

ここで言われていることは正しい。かつての権威をもった親が人格的にも能力的にも優れていたわけではない。ただし、少し視点を変えてみると、親の権威というものがそれほど忌まわしいものではないように見えてくる。

そもそも親といえども、ただの人である。物事の道理のわかった人ばかりであるわけもない。ただの頑固者、頭が固く横暴なだけということもあっただろう。子どもの言い分にまったく耳を貸さない親との闘いに苦しんだ若者もいただろう。だが、そうした(2)抑圧的な力の効用ということにも目を向ける必要があるのではないか。

物わかりのよい親でなく、一方的に自分の価値観をぶつけてくる頑固な親だからこそ、反抗によって心が鍛えられ、自立への希求に突き動かされて自分が育っていく。そのような意味で、抑圧的な親は子どもを鍛える装置として機能していたと言えないだろうか。

子どもが健全に育つにはどうしても権威が必要である。立ちはだかる壁が子どもを鍛え、子どもを守る。仕方なく従うにしろ、その理不尽さに反発するにしろ、親の価値観という立ちはだかる壁があることで、子どもは自分の価値観を打ち立てていくことができる。

物わかりのよい親というのは、子どもの意思を尊重したい、子どもの自由にさせてやりたいなどと言いつつ、結局子どもを鍛えるための子どもとの葛藤に耐える力をもっていないだけなのだ。そんな自分に甘い親が、子どもを路頭に迷わせている。自由放任の状態で、子どもは自分の価値観をどうやって鍛え、そして確立していくのだろうか。

「意思を尊重」「自由に」などといっても、自分を方向づける基準を子どもがもたなければ、自分を律することがなく、ただ衝動を剝き出しにして行動することになってしまう。快／不快を基準に生きる。意志が弱く、ただ気分に流される。自分の意思などなく周囲に流される。そんなことになっていく。

たとえ親の価値観を理不尽に感じ、反発するにしても、それが自立の力になっていく。親が甘くて何だか守られている感じがなくて淋しかったという若者や、親が厳しいという友だちが羨ましかったという若者がいるが、毅然とした態度でしつけようとする親というのは、鬱陶しい存

同じだ。

その意味では、子どもは突き放せばいいというものではない。子どもが幼い頃から突き放す欧米流の子育ては、この点においてデメリットがあると思われる。日本的な思いやりとか共感、また日本人にみられる人を疑わず信頼する態度も、幼い頃からの親との間の情緒的絆によるところが大きいのではないか。

一緒にじゃれついて心のふれあいを日頃からたっぷりもつような親子関係によって情緒的な絆ができていく。あまりに早期から突き放す親の態度では絆ができないのはもちろんのこと、遠慮がちな親の態度、腫れ物に触るような親の態度では、心のふれあいが起こらず、安定した情緒的な絆は形成されない。

親子の間に安定した情緒的な絆があれば、厳しく叱っても、ときについ感情的に叱りすぎてしまっても、子どもとの関係に心配なことは生じない。どんなに厳しく叱っても、その時は反発しても、結果的に子どもに嫌われるようなことにはならない。

［B］、親子の間の安定した情緒的な絆が、子どもが健全な自立へと向かう基盤になる。十分に甘えることができ、依存することができ、自分は愛情深く支えられていると感じることによって、思い切って冒険の旅に出る勇気が湧いてくる。［C］、自立へと歩みを進めることができる。

子どもが幼い頃に情緒的な絆をしっかりつくって子どもの心を安定させるという点では、日本の親の姿勢は非常に優秀といえる。［D］、問題なのは、いつまでも子ども扱いをして自立へと駆り立てることができないことにある。

このことに関して、心理学者鯨岡峻は、つぎのような指摘をしている。

「依存にはどこまでも相手に甘え、抱えられたその心地よさに埋没し続けようとする一面があることも確かです。弱さゆえの依存が、そこでの満足をバネに自立に向かうのではなく、弱さが肯定された心地よさに酔いしれ、依存のなかでおのれの弱さに溺れてしまう危険も充分にあるのです」

「単に自分の都合や自分の思い通りを貫こうとするための依存、あるいは自分の弱さのなかに逃げ込むような依存には、わが国の〈育てる者〉たちはあまりにも甘いのです。受け入れる必要のある依存と自分ですることの喜びへと導くべき依存との区別がつかなかったり、取り違えたりしているところに、今日の子育ての問題の一つがあるといっても過言ではありません」

子どもの甘えをどこまで、いつまで受け入れるか。親としては、愛情に裏打ちされた厳しい目をもって、そこをよく見極めなければならない。

戦後の価値観の崩壊があらゆる権威の否定をもたらし、権威というものに対するアレルギー反応が広まったのだろう。親の権威にも否定的な感受性が浸透し、親子といえども対等だといった意識が親の側にも一般化していった。その結果、親のしつけ力が失われ、子どものやりたい放

国語

（六〇分）

問題一

次の文章を読んで、設問に答えなさい。

子どもが幼いうちは、(1)受容的にかかわることで子どもの心の世界は安定する。子どもが幼いころの子育てで大事なのは、親子の間に心の絆を築くことである。子どもの側からすれば、自分は大切にされている、愛情の絆に支えられていると実感できることであり、精神分析学者エリクソンのいう基本的信頼感の獲得である。

この点に関しては、［ a ］

心理学者三宅和夫は、アタッチメント（愛着）に関する各国のデータをまとめており、なかでも非常に興味深いのは、日本の子どもには「安定型」に分類される者が7割以上と圧倒的に多いことである。安定型というのは、養育者との間で情緒的な絆がきちんと形成され、情緒が安定しているタイプのことである。養育者が子どもに対して受容的で、子どもの要求に敏感に反応する場合に、このタイプの子どもになっていくと考えられている。

［A］、ドイツの子どもでは、「安定型」は33％と少なく、「回避型」が49％と最も多い。回避型とは、養育者との間に情緒的絆を求めることをしないタイプ、つまり情緒的な絆を諦めているタイプである。諦めているため、駄々をこねたりしないわけだが、他人を信じ期待する日本的な価値観からすれば、けっして好ましい状態とはいえない。養育者が子どもに対して拒否的な場合に、このタイプの子どもになっていくと考えられている。日本の子どもでは、回避型は0％、つまり皆無となっている。

子どもが幼い頃は、親との間にアタッチメントが健全に形成されることが必要である。それによって子どもは心の平安が得られ、落ちついてものごとに対処できるようになる。親が安全な基地として機能することが大事だと言われるのも、そのためである。ここに逃げ帰れば身が守れるという安全な基地があるからこそ、勇気を出して冒険に出ることもできる。並走してくれるボートがあれば、思い切って遠泳ができるのと

解答編

英語

1 **解答** ≪外国語を学ぶときにあなたに起こること≫

(1)―ア　(2)①―イ　②―ア　③―ウ　(3)―イ　(4)―ア　(5)―エ

2 **解答** (1)①―ア　②―イ　③―ウ　(2)④―イ　⑤―エ

3 **解答** (1)①―エ　②―オ　③―イ　④―ア　⑤―ウ
(2)①―イ　②―オ　③―ア　④―エ　⑤―ウ
(3)①―オ　②―イ　③―ウ　④―エ　⑤―ア
(4)①―イ　②―オ　③―ウ　④―ア　⑤―エ
(5)①―オ　②―イ　③―ア　④―エ　⑤―ウ

4 **解答** (1)―エ　(2)―イ　(3)―イ　(4)―ア　(5)―ウ　(6)―ウ
(7)―ウ　(8)―ア　(9)―ウ　(10)―イ

数学

1　解答　≪小問4問≫

(1)
$$\begin{aligned}(x+1)^3-1&=x^3+3x^2+3x+1-1\\&=x^3+3x^2+3x\\&=x(x^2+3x+3)\quad\cdots\cdots(答)\end{aligned}$$

(2)
$$\sin^2\theta-\left(\frac{1+\sqrt{3}}{2}\right)\sin\theta+\frac{\sqrt{3}}{4}<0$$

$$\left(\sin\theta-\frac{\sqrt{3}}{2}\right)\left(\sin\theta-\frac{1}{2}\right)<0$$

$$\frac{1}{2}<\sin\theta<\frac{\sqrt{3}}{2}$$

$0^\circ\leqq\theta\leqq90^\circ$ より

$$30^\circ<\theta<60^\circ\quad\cdots\cdots(答)$$

(3)　2022! に含まれる因数10の個数は，$10=2\cdot5$ より，素因数2と5の組が何組できるかを調べればよい。

素因数2の個数より素因数5の個数のほうが少ないため，素因数5について調べる。

1から2022までの自然数について

5の倍数は，$5\cdot1$，$5\cdot2$，$5\cdot3$，…，$5\cdot404$ の404個，

5^2 の倍数は，$5^2\cdot1$，$5^2\cdot2$，$5^2\cdot3$，…，$5^2\cdot80$ の80個，

5^3 の倍数は，$5^3\cdot1$，$5^3\cdot2$，$5^3\cdot3$，…，$5^3\cdot16$ の16個，

5^4 の倍数は，$5^4\cdot1$，$5^4\cdot2$，$5^4\cdot3$ の3個

であるから，2022! に含まれる素因数5の個数は

$$404+80+16+3=503\ 個$$

したがって，素因数2と5の組は503組できるので，求める自然数 n の最大値は　　503　……(答)

(4)
$$\begin{aligned}\overline{A\triangle B}&=\overline{(A\cap\overline{B})\cup(\overline{A}\cap B)}\\&=(\overline{A\cap\overline{B}})\cap(\overline{\overline{A}\cap B})\end{aligned}$$

$= (\overline{A}\cup B)\cap(A\cup\overline{B})$

$=\{\overline{A}\cap(A\cup\overline{B})\}\cup\{B\cap(A\cup\overline{B})\}$

$=\{(\overline{A}\cap A)\cup(\overline{A}\cap\overline{B})\}\cup\{(B\cap A)\cup(B\cap\overline{B})\}$

$=(\overline{A}\cap\overline{B})\cup(B\cap A)$

$=(\overline{A}\cap\overline{B})\cup(\overline{\overline{A}}\cap B)$

$=\overline{A}\triangle B$

したがって，$\overline{A\triangle B}=X\triangle B$ を満たす集合 X は　$\overline{A}$　……(答)

2 解答 ≪2 次関数≫

(1)　頂点の座標が (3, 5) であることから，求める 2 次関数を

$y=a(x-3)^2+5$

とおける。

これが点 (1, 1) を通るので

$1=a(1-3)^2+5$

$a=-1$

よって，求める 2 次関数は

$y=-(x-3)^2+5$　……(答)

(2)　$y=-(x-3)^2+5$　……①

$y=ax$　……②

とする。①，②より

$-(x-3)^2+5=ax$

$x^2+(a-6)x+4=0$　……③

③の判別式を D とすると

$D=(a-6)^2-4\cdot4$

$=a^2-12a+20$

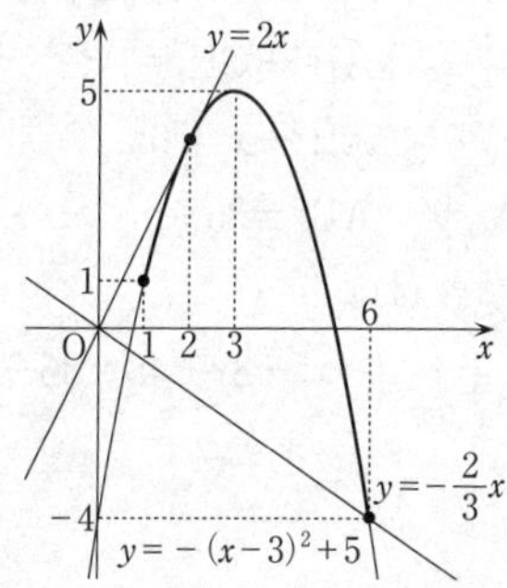

放物線①と直線②が接するのは，③が重解をもつときであるから，$D=0$ より

$a^2-12a+20=0$

$(a-2)(a-10)=0$

$a=2,\ 10$

また，直線②が (6, −4) を通るとき

$$-4=6a$$

$$a=-\frac{2}{3}$$

グラフより，求める a の値の範囲は

$$-\frac{2}{3}\leqq a\leqq 2 \quad \cdots\cdots(答)$$

3 解答 ≪図形と計量≫

(1) $\angle ADB=\theta$ とおくと $\angle ADC=180°-\theta$

△ABD において，余弦定理を用いると

$$AB^2=AD^2+BD^2-2AD\cdot BD\cos\theta \quad \cdots\cdots①$$

△ACD において，余弦定理を用いると

$$AC^2=AD^2+CD^2-2AD\cdot CD\cos(180°-\theta)$$
$$=AD^2+CD^2+2AD\cdot CD\cos\theta$$

D は BC の中点より，BD＝CD であるから

$$AC^2=AD^2+BD^2+2AD\cdot BD\cos\theta \quad \cdots\cdots②$$

①＋② より

$$AB^2+AC^2=2(AD^2+BD^2)$$ (証明終)

(2) $CH=x$ とおく。

△ABH において，三平方の定理より

$$AH^2+BH^2=AB^2$$
$$AH^2+(4+x)^2=8^2$$
$$AH^2=-x^2-8x+48 \quad \cdots\cdots③$$

△ACH において，三平方の定理より

$$AH^2+CH^2=AC^2$$
$$AH^2+x^2=6^2$$
$$AH^2=36-x^2 \quad \cdots\cdots④$$

③，④より

$$-x^2-8x+48=36-x^2$$

$$x=\frac{3}{2}$$

よって　　$CH=\frac{3}{2}$　……(答)

(3)　(1)の中線定理を用いると

$$AB^2+AC^2=2(AD^2+BD^2)$$

$$8^2+6^2=2(AD^2+2^2)$$

$$AD^2=46$$

よって　　$AD=\sqrt{46}$

△ADCと直線BEにおいて，メネラウスの定理より

$$\frac{AP}{PD}\cdot\frac{DB}{BC}\cdot\frac{CE}{EA}=1$$

$$\frac{AP}{PD}\cdot\frac{1}{2}\cdot\frac{2}{1}=1$$

$$\frac{AP}{PD}=1$$

したがって

$$AP:PD=1:1$$

よって

$$AP=\frac{1}{2}AD$$

$$=\frac{\sqrt{46}}{2}$$　……(答)

4　解答　≪確率≫

(1)　正20面体のサイコロを1個振ったとき，出る目は全部で20通り。

このうち，素数は2，3，5，7，11，13，17，19の8通り。

よって，求める確率は

$\frac{8}{20}=\frac{2}{5}$　……(答)

(2)　$X_1=X_2$となる目の出方は

$$(X_1,\ X_2)=(1,\ 1),\ (2,\ 2),\ (3,\ 3),\ \cdots,\ (20,\ 20)$$

の20通り。

$X_1<X_2$を満たす$(X_1,\ X_2)$と，$X_1>X_2$を満たす$(X_1,\ X_2)$は同数ずつ

あるので，$X_1<X_2$ を満たす（X_1，X_2）は

$$\frac{1}{2}\cdot(20^2-20)=190\text{ 通り。}$$

よって，求める確率は

$$\frac{190}{20^2}=\frac{19}{40}\quad\cdots\cdots(\text{答})$$

(3) $X_1<X_2$ を満たす（X_1，X_2）は(2)より　190通り。

$X_1<X_2$ かつ，$X_1=8$ を満たす（X_1，X_2）は

$$(X_1,\ X_2)=(8,\ 9),\ (8,\ 10),\ \cdots,\ (8,\ 20)$$

の12通り。

よって，求める確率は

$$\frac{12}{190}=\frac{6}{95}\quad\cdots\cdots(\text{答})$$

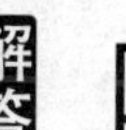

出典　山口一男『働き方の男女不平等――理論と実証分析――』〈第1章　女性活躍推進の遅れと日本的雇用制度――理論的オーバービューと本書の目的〉（日本経済新聞出版社）

問一　(ウ)

問二　(イ)

問三　(エ)

問四　(ウ)

問五　A―(イ)　B―(オ)　C―(ウ)

問四

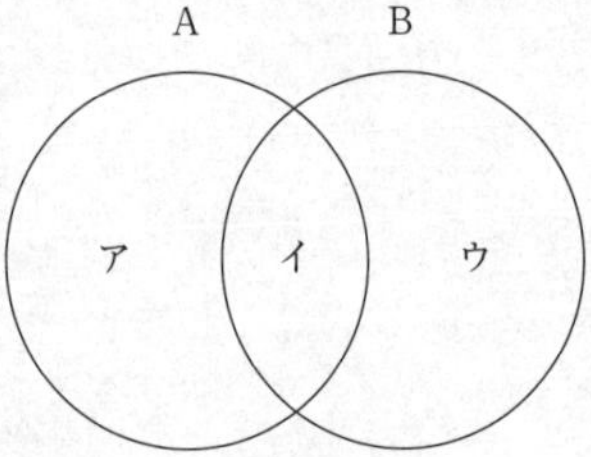

A　B
ア　イ　ウ

問五　人為

問六　主客未分の状態

三

出典　前田愛『都市空間のなかの文学』〈Ⅱ　二階の下宿――「浮雲」〉（ちくま学芸文庫）

解答

問一　(エ)

問二　（二階は）秘密が隠されている奥まった室内空間だ（ということ。）（二十字以内）

問三　a、二階　b、階下

問四　(ウ)

問五　下宿人と下宿先家族はもっとも身近な他人という関係にあり、両者のあいだには独特の葛藤がつくりだされる。（五十字以内）

国語

一

出典　榎本博明『ほめると子どもはダメになる』〈第5章　母性の暴走にブレーキを〉（新潮新書）

解答

問一　拒否

問二　(ア)

問三　(エ)

問四　子どもの心を鍛え自立へ向かわせること。（二十字以内）

別解　子どもが自分の価値観を打ち立てること。

問五　(イ)

二

出典　柳父章『翻訳の思想』〈第二章　辞典、事典に見る「自然」とnature〉（ちくま学芸文庫）

解答

問一　(あ)―(b)　(い)―(d)　(う)―(a)　(え)―(c)　(お)―(b)

問二　意味が全く重なり合わないところがある

相互に他方の意味を排除しようとする

問三　(イ)

■一般選抜：後期

問題編

▶試験科目・配点

教　科	科　　　　目	配　点
外国語・ 数　学・ 国　語	「コミュニケーション英語Ⅰ・Ⅱ・Ⅲ，英語表現Ⅰ・Ⅱ」，「数学Ⅰ・A」，「国語総合（古文，漢文を除く）」から２教科または３教科を選択（３教科受験した場合は，高得点の２教科を合否判定に使用）	200点 （各100点）

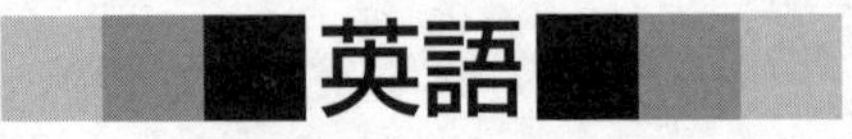

(60 分)

1. 以下の英文を読んで、設問に答えなさい。

My name is Naomi Osaka. As long as I can remember, people have struggled to define me. I've never really fit into one description—but people are so fast to give me a label. *Is she Japanese? American? Haitian? Black? Asian?* Well, I'm all of these things together at the same time. I was born in Osaka, Japan, to a Haitian father and Japanese mother. I spent my formative years growing up in the United States. I'm a daughter, a sister, a friend, and a girlfriend. I'm Asian, I'm Black, and I'm female. I'm as normal a 22-year-old as anyone, except I happen to be good at tennis. I've accepted myself as just me: Naomi Osaka.

I honestly haven't had the time to pause and reflect until now, which I think we can all relate to after the pandemic changed all of our lives overnight. In the past few months, I've re-evaluated what's actually important in my life. I asked myself, "If I couldn't play tennis, what could I be doing to (1)<u>make a difference</u>?" I decided it was time to speak up. So what I will say here, I never would have imagined writing two years ago, when I won the US Open and my life changed overnight. I guess that when I read this piece back in the future, my evolution as a person will have continued. But for the here and now, this is who I am, and here are my thoughts.

When I saw the horrifying video of George Floyd's murder and torture at the hands of a policeman and his three colleagues, my heart ached. I felt a call to action. Enough was finally enough. I flew to Minneapolis with my boyfriend days after the murder to pay our respects and have our (2)<u>voices</u> heard on the streets. We grieved with the people and protested peacefully. We visited the George Floyd Memorial and connected with those who came together to mourn yet another senseless act and life lost without reason. Being on the ground in Minneapolis was what felt right at that moment.

When I came back to Los Angeles, I signed petitions, I protested, and I donated, like many of us. But I kept asking myself what can I do to make this world a better place for my children? I decided it was time to speak up about systematic racism and police violence.

George was murdered at the hands of men paid to protect him. And for every George, there is a Brianna, a Michael, a Rayshard. The sad list goes on. That's just the tragedies captured on camera. I remember watching the outrage at Michael Brown's case in 2014, and nothing has really changed since. Black people have been fighting this repression alone for so many years and progress has been uncertain at best. Being "not racist" is not enough. We have to be anti-racist.

It's going to take a collective effort. Today's protests have power and promise. This time, there is a different energy. Different faces are involved in the movement. It's gone global—from Oslo to Osaka, from Tallahassee to Tokyo, protests have included people of all races. There were even Black

Lives Matter marches in Japan—something many of us would never have expected or imagined possible.

Japan is a very homogenous country, so tackling racism has been challenging for me. I have received racist comments online and even on TV. But that's the minority. In reality, biracial people—especially biracial athletes—are the future of Japan. We (myself, Rui Hatchimura and others) have been embraced by the majority of the public, fans, sponsors, and media. We can't let the ignorance of a few hold back the progressiveness of the masses. The love I feel from Japanese fans of all ages, especially the younger ones, has always been heart-warming. I am so proud to represent Japan and always will be.

It means so much to me that society evolves—that we take on systematic racism directly, that the police protect us and don't kill us. But I am proud, too, of the small part I have played in changing perceptions and opinions. I love the thought of a biracial girl in a classroom in Japan glowing with pride when I win a Grand Slam. I really hope that the playground is a friendlier place for her now that she can point to (3)a role model and be proud of who she is. And dream big.

＜https://www.esquire.com/sports/a33022329/naomi-osaka-op-ed-george-floyd-protests/＞. 本文を一部修正した。

（注）Haitian：ハイチ人（の）　formative：形成の　pandemic：世界的流行病
George Floyd：2020 年 5 月、アメリカのミネソタ州ミネアポリスで警官の暴行を受け殺されたアフリカ系アメリカ人。後出の Brianna、Michael Brown、Rayshard も同様の犠牲者だが、Floyd 殺害を契機として、黒人への差別と暴力に抗する Black Lives Matter（黒人の命も大切だ）運動が広がった。　homogenous：同質的な　biracial：二つの人種から成る
Grand Slam：テニス四大大会（ウィンブルドン、全豪オープン、全仏オープン、全米オープン）の総称

(1) 本文全体のタイトルとしてもっとも適切なものをア～エから 1 つ選び、その記号を解答欄に記入しなさい。

ア．I Never Would've Imagined Writing This Two Years Ago
イ．I Have Dreamed of Writing This since I Was a Child
ウ．I Should Have Written This Two Years Ago
エ．I Have Thought of Writing This for Two Years

(2) 設問①～③について、本文の内容ともっとも近いものをア～エから 1 つ選び、その記号を解答欄に記入しなさい。

① Osaka はみずからのアイデンティティについてどう考えているか。

ア．自分が日本人なのかアメリカ人なのかハイチ人なのか、よくわからなくなり、混乱することがある。
イ．日本にいるときは日本人、アメリカではアメリカ人、父の前ではハイチ人と、使い分けている。
ウ．日本、アメリカ、ハイチと、複数の民族的・文化的背景が自分のなかにあることを受け入れている。
エ．もっとも長い時間を過ごしたアメリカがもっとも近しい国であり、日本やハイチには親し

みを感じない。

② Osakaが George Floydの死に際して声をあげなければ、と考えた理由でないものは何か。

ア．テニス以外で自分にできることは何だろうか、と考えたから。

イ．アメリカの黒人差別の状況に、もうたくさんだと思ったから。

ウ．子どもたちのためによりよい世界を作りたいと思ったから。

エ．ボーイフレンドの政治的発言に共鳴し、影響を受けたから。

③ Osakaが日本と日本人について述べていないことは何か。

ア．これまでにメディアで人種差別的な対応を受けたことがある。

イ．年配の日本人は若い世代に比べ、人種的偏見を持っている。

ウ．日本で Black Lives Matter のデモ行進があったことは驚きだ。

エ．人種的偏見を持つ日本人がいることは確かだが、それは少数派だ。

(3) 下線部(1) make a difference の言い換えとしてもっとも適切な語句をア～エから1つ選び、その記号を解答欄に記入しなさい。

ア．be intelligent

イ．be well-known

ウ．be influential

エ．be good-looking

(4) 下線部(2) voices と意味がもっとも近いものをア～エから1つ選び、その記号を解答欄に記入しなさい。

ア．opinions

イ．feelings

ウ．shouts

エ．impressions

(5) 下線部(3) a role model が意味する内容としてもっとも適切なものをア～エから1つ選び、その記号を解答欄に記入しなさい。

ア．a person who works in the theater

イ．a person who works in the fashion business

ウ．a person you look down on and avoid

エ．a person you look up to and follow

2. 以下の対話文について設問に答えなさい。

(1) ①～③の対話文について、それぞれの問い（Question）への答えとしてもっとも適切なものをア～エから１つ選び、その記号を解答欄に記入しなさい。

① Chris: Excuse me, Ms. Brown, where is a garbage can?

Ms. Brown: There's one in the corner over there. But you can't throw away cans there.

Chris: I can't? Where should I put this, then?

Ms. Brown: Cans are supposed to be recycled. There are boxes for empty cans next to all the vending machines.

Chris: Okay. Can you tell me where the closest vending machine is?

Ms. Brown: Sure. Go down this hall and turn right. It's just around the corner.

Chris: Great, thanks. I'll take it there now.

Question: What will Chris probably do next?

ア. Throw away the can in the garbage.
イ. Go to the recycling center.
ウ. Put the can in the specified box.
エ. Buy a drink from the vending machine.

② Customer: Excuse me, what time do you open tomorrow?

Shop clerk: Actually, we're closed tomorrow. We open again at nine a.m. on Tuesday.

Customer: I see. Are you closed every Monday?

Shop clerk: No, we're usually open on Mondays. We're just closed tomorrow because it's a holiday.

Customer: Oh, that's right! I'd forgotten about the Monday holiday! And what time are you usually open?

Shop clerk: Most days we open at nine and close at seven thirty, but on Sundays we close early, at quarter to seven.

Customer: Okay, thank you.

Question: When does the shop close today?

ア. The shop closes at 6:45.
イ. The shop closes at 7:15.
ウ. The shop closes at 7:30.
エ. The shop closes at 9:00.

③ Officer: Welcome to America. What's the purpose of your visit?

Man: I'm attending my friend's wedding here.

Officer: Can I see your passport, please?

Man: Here you are.

Officer: How long are you planning to stay?

Man: Just a week. I have to go back to work after that.

Officer: I see. Who are you traveling with?

Man: Oh, I'm by myself.

Officer: Okay. Do you know the address where you'll be staying?

Man: Yes, I have it written here. It's a hotel in San Francisco.

Officer: All right. Have a nice stay.

Man: Thank you!

Question: Which of the statements is TRUE about the conversation?

ア. The man has come to the U.S. to get married.
イ. The man is going to work in the U.S.
ウ. The man will stay at his friend's house.
エ. The man is traveling alone.

(2) ④、⑤の空欄に入れるのにもっとも適切なものをア～エから1つ選び、その記号を解答欄に記入しなさい。

④ Sam: It's really hot today, isn't it?

Akira: Yes, it is! (　　) open a window?

Sam: Not at all. Go ahead.

ア. Can I please
イ. Could you please
ウ. Do you mind if I
エ. Did you already

⑤ Jerry: I believe that to create more energy, we need to build more coal power plants.

Hana: I disagree. We have to look at options that don't cause so much pollution.

Jun: I agree with Hana. (　　)

ア. Nevertheless, we all want to have cleaner air.
イ. That's why I'm in favor of coal power plants.
ウ. As a result, many power plants have been built.
エ. Therefore, I support using more wind power.

3. 高校3年生のYukaとその母との会話文を読んで、ア～オを並べ替えて適切な文を完成させなさい。なお、文頭に来るべき語も小文字になっている。

(1) Yuka: Studying abroad seems to be more interesting than studying locally.
Mother: Well, selecting a school in America might not be easy because there are so many to choose from. First of all, you must collect as much information (①) (②)(③)(④)(⑤) base your decision.
ア. as　イ. on　ウ. possible　エ. to　オ. which

(2) Yuka: It might take much more time to gather useful information than expected.
Mother: Right! So, why (①)(②)(③)(④)(⑤) in the living room? Naoya will give you some advice for your decision when he gets back home.
ア. we　イ. tea　ウ. over　エ. don't　オ. talk

(3) Mother: Gee, (①)(②)(③)(④)(⑤) with him, Naoya is at his part-time job.
Yuka: Mom, it's OK. I'll wait until he comes home in the evening.
ア. is　イ. often　ウ. case　エ. as　オ. the

(4) Yuka: Why won't you help me with my application essay?
Mother: (①)(②)(③)(④)(⑤). You see? You must survive on your own without me, when starting your study in the U.S.
ア. granted　イ. don't　ウ. me　エ. for　オ. take

(5) Yuka: When you were an exchange student at Mills College, how did you keep up with your classmates?
Mother: Well, at first I couldn't keep up at all, (①)(②)(③)(④) (⑤) in English. But "no pain, no gain …"
ア. understand　イ. nor　ウ. I　エ. lectures　オ. could

4. 以下の文を完成させるために、もっとも適切なものをア～エから1つ選び、その記号を解答欄に記入しなさい。

(1) A: Are you ready to go? We're going to be late for the train.
B: Could you（ア. hold on イ. keep off ウ. roll over エ. give away)? I need to change my clothes.

(2) A: Do you know the name of the currency in South Korea?
B: Yes. The money（ア. bought イ. used ウ. overcome エ. said）there is called the South Korean won.

(3) But for dreams, university life（ア. would be had イ. would had have ウ. would have エ. would had）no meaning.

(4) Kento's younger brother is one year old. He can't talk yet, but he seems（ア. to be understood イ. to have understood ウ. to understand エ. understanding）what Kento says to him.

(5) Yuta and Haruka wanted to do their homework together, but they could not find a time to meet. They decided to work（ア. scarcely イ. separately ウ. merely エ. clearly）and check their answers before class next Monday.

(6) Hana collected 3,000 yen from all the members of her class to donate to the baseball team for 'Koshien' high school baseball championship, but it was not enough. She is going to ask them to pay（ア. less イ. more ウ. another エ. other）money.

(7) Ayaka paid 1,500 yen for her new lipstick. The same lipstick was 2,000 yen in another store, so Ayaka thought she had gotten a good（ア. while イ. turn ウ. color エ. deal).

(8) Moeka volunteered at the Niigata City Marathon. Her job was（ア. poured イ. to be poured ウ. pouring to エ. to pour）water into cups and hand the cups to the runners.

(9) The items we would like to order are（ア. which イ. so ウ. like エ. as）follows.

(10) Clean off your desks before you（ア. will leave イ. left ウ. leave エ. will have left）the room.

数学

（60 分）

（注）採点の対象になるので，計算過程も記入すること。

1． 次の問に答えなさい。

(1) 集合 A の要素数は 2 であり，$2 \in A$，$\{4\} \subset A$ を満たしているとする。このとき，A を求めなさい。

(2) 生徒 10 人のテストの得点の偏差が次のように与えられている。

-17，18，-10，11，-9，10，-7，7，A，2

A の値と，平均値が 56 のときの中央値を求めなさい。

(3) 不等式 $\bigl||x+1|-3\bigr| \leqq 2$ を満たす実数 x の範囲を求めなさい。

(4) 座標平面上の 3 点 A $(-1, -1)$，B $(3, 1)$，C において，$\mathrm{AC} = 3\sqrt{5}$，$\mathrm{BC} = \sqrt{17}$ のとき，三角形 ABC の面積を求めなさい。

2． 2 次関数 $f(x) = ax^2 + bx + c$ について，次の問に答えなさい。

(1) $f(x)$ が y 軸と交わるときの y の値を求めなさい。

(2) $f(x)$ は $g(x) = 3x^2 + x - 5$ を平行移動した関数であるとする。このとき，a，b，c が満たすべき条件を求めなさい。

(3) $f(x)$ は 3 つの点 $(0, 0)$，$(1, 3)$，$(3, -5)$ を通るものとする。このとき，a，b，c の値を求めなさい。

3. 下図において，距離 QR $= \ell$, 目の高さ AQ $=$ DR $=$ CP $= h$, 木の先端を見上げる角度 α, β とするとき，次の問に答えなさい。

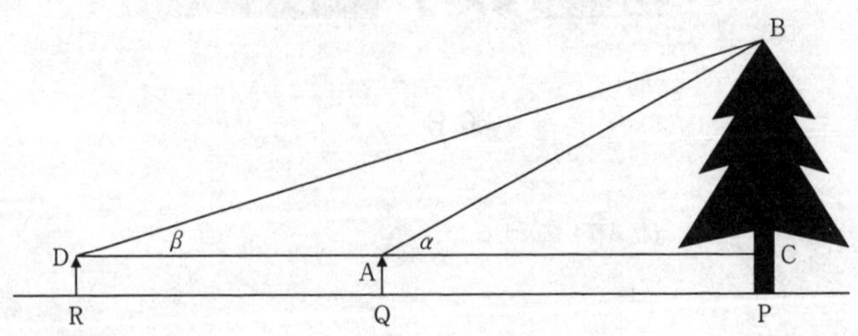

(1) $\angle$ABD を α, β を用いて表しなさい。

(2) AB の長さを ℓ, α, β を用いて表しなさい。

(3) 木の高さ BP を h, ℓ, α, β を用いて表しなさい。

(4) $\ell = 100$ m, $h = 1.5$ m, $\alpha = 60°$, $\beta = 30°$ のとき，木の高さ BP を求めなさい。

4. n を整数とするとき，次の問に答えなさい。

(1) $n^4 - 4n^2$ は 3 の倍数となることを示しなさい。

(2) $n^2 + n + 1$ は 4 で割り切れないことを示しなさい。

(3) $n^5 + 4n$ は 5 の倍数となることを示しなさい。

問一　傍線部(あ)〜(お)のカタカナの表記部分と同じ漢字を含む語を(a)〜(d)から一つ選び、記号で答えなさい。

(あ)シャ象
(a)　写実　(b)　遮蔽　(c)　取捨　(d)　官舎

(い)ガン意
(a)　真贋　(b)　賞玩　(c)　請願　(d)　包含

(う)シン犯
(a)　侵食　(b)　浸水　(c)　信仰　(d)　振動

(え)コ外
(a)　個人　(b)　住戸　(c)　固執　(d)　書庫

(お)不ユ快
(a)　勅諭　(b)　輸出　(c)　暗喩　(d)　愉悦

問二　傍線部(1)「汚れとは事物の体系的秩序づけと分類との副産物」とあるが、「体系的秩序」ということばを用いずに言い換えた場合のもっとも近い表現を、本文中から句読点を含め三十二字で抜き出しなさい。

問三　空欄 i に入るもっとも適当な漢字二字を、本文中から抜き出しなさい。

問四　傍線部(2)「不変性をもち得るような世界」とあるが、この意味として本文の内容と合致するものを、傍線部(ア)〜(エ)から一つ選び、記号で答えなさい。

(ア)　絶対に唯一かつ孤絶した事象
(イ)　汚れと聖潔の象徴体系
(ウ)　最も強力な精神的習慣
(エ)　自分が仮定した体系

問五　空欄 A 〜 D に入ることばの組み合わせとして正しいものを次の(ア)〜(エ)から一つ選び、記号で答えなさい。

	A	B	C	D
(ア)	しかし	従って	要するに	にもかかわらず
(イ)	しかし	要するに	従って	にもかかわらず
(ウ)	にもかかわらず	従って	要するに	しかし
(エ)	にもかかわらず	要するに	従って	しかし

問六　著者の考えにもっとも合致するものを次の(ア)〜(エ)から一つ選び、記号で答えなさい。

(ア)　汚れは、美学上及び衛生学上、好ましからざるものである。
(イ)　自らの認識体系に不適合なものを、我々は汚れと見なす。
(ウ)　美しくないものを目にすると、我々はそれを拒否する。
(エ)　豊富な経験により行なわれた分類の中に、汚れは含まれる。

とは——例えば視覚とか聴覚といった——感覚器官に、外部からできあいの印象を受動的にとり入れるというものではないので、それは、パレットに絵具を出すといったこととはまったく別なのである。認識したり思い出したりすることも、過去の印象にかかわる旧いイメージをかき立てるといったこととは違う。我々の印象はすべて最初から体系化されているということは、一般に認められている。すなわち、我々は［ i ］者として、五感に感じられるあらゆる刺激の中から自己に関心があるものだけを選択するのであり、我々の関心は、時に図式(スキーマ)と呼ばれるパターン形成作用によって支配されるのである。混沌のまま推移していくもろもろの印象の中にあって、すべての人は安定した世界を——つまり、そこでは対象が認識可能な形態をとり、心の奥深くに位置し、(2)不変性をもち得るような世界を——構成するのだ。我々が［ i ］するとき、我々は構成するという作業を行なっているのであり、ある手懸りをとり上げると同時に別の手懸りを排除しているわけである。最も受け容れ易い手懸りは、構成されつつあるパターンに最も適合し易いそれである。曖昧な手懸りは、あたかもそのパターンの他の部分に調和しているかのような具合に扱われる傾向がある。矛盾する手懸りは拒否される傾向がある。もしその種のものが受け容れられるとすれば、一応形成された構造の全体が修正されなければならないからである。知識が進むにつれて、名前をもつ対象が増えてくる。対象のもつ名前が今度は、次に同種の対象が［ i ］されるときのやり方に影響を与える。つまりひとたび対象に名前が与えられると、それ以後その種の対象は一層分類され易くなるといったわけなのである。

時が経ち、経験が豊富になるにつれて、我々はますますそういった分類法に力を注ぐことになる。そこに保守的偏向が生まれてくる。我々はますます自信をもつようになる。新しい経験に対応するときはいつでも、すでに形成された体系を修正しようとしなければならないのに、ある経験が過去のものと一致していればいるほど、我々は(エ)自分が仮定した体系を信じ込んでしまうのである。そういったものにどうしても適合しない(お)不ユ快な事実があると、それらが既存の仮定を混乱させないように、我々はそれを無視したり歪曲したりしてしまう。大体、我々が注目するものはすべて、知覚行動そのものにおいてすでに選択され秩序づけられているものである。人間も他の動物と同じく、自己がその利用法を知悉している感覚作用だけをまず認める一種の濾過機制をもっているのだ。［ D ］、それ以外のものはどうなるのだろうか。その濾過装置を通り得ないような経験は、どのようになるのであろうか。それほど馴じみのないものに注意を集中することは努力すれば可能なのだろうか。我々は濾過機制そのものを検討することができるのであろうか。

（メアリ・ダグラス著、塚本利明訳『汚穢と禁忌』筑摩書房より。原文の一部を省略した。）

（注）汚穢…汚れていること。汚れているもの。また、糞尿。

問題四

次の文章を読んで、設問に答えなさい。

汚(けが)れに関する現代ヨーロッパ人の観念と、例えば未開文化のそれとの間には、二つの著しい差異がある。その一は、汚物を避けることは我々にとって衛生学もしくは美学上の問題であって、宗教とはまったく関係がないということである。第二の差異は、汚物に関する我々の観念が病原性有機体の知識に支配されているということである。細菌が移動して病気を惹き起こすということは、十九世紀の偉大な発見であった。それは、医学史上最も根源的な革命を生んだのである。それが我々の生にあまりにも大きな変革をもたらしたので、現在では病因研究と切り離して汚物を考えることは困難なほどである。［A］、我々の汚物に関する観念がこの百五十年間の間に発生したものではないことは、明らかなのだ。

汚(けが)れに関する我々の概念から病因研究と衛生学とを(あ)シャ象することができれば、そこに残されるのは、汚物とは場違いのものであるという例の定義であろう。これはきわめて示唆に富んだ方法である。それは二つの条件を(い)ガン意する。すなわち、一定の秩序ある諸関係と、その秩序の(う)シン犯とである。従って汚(けが)れとは、(ア)絶対に唯一かつ孤絶した事象ではあり得ない。つまり汚れのあるところには必ず体系が存在するのだ。秩序づけとは、その秩序にとって不適当な要素を排除することであるが、そのかぎりにおいて、(1)汚れとは事物の体系的秩序づけと分類との副産物なのである。汚れをこのように考えることによって、我々は直ちに象徴体系の領域に導かれることになり、(イ)汚れと聖潔の象徴体系との関連が一層明らかに予想されるのである。

我々のもっている汚れの概念を検討すれば、汚れとは体系的秩序から排除されたあらゆる要素を包含する一種の全体的要約ともいうべきものであることを認め得るだろう。それは相対的観念なのである。靴は本来汚(きたな)いものではないが、それを食卓の上に置くことは汚いことなのだ。食物はそれ自体では汚くないが、調理用具を寝室に置いたり、食物を衣服になすりつけたりすることは汚いことなのである。同様に、応接室に浴室の器具を置いたり、椅子に衣服をかけておいたり、(え)コ外で用いるべきものを室内にもちこんだり、二階に置くべきものを階下に下したり、上衣を着るべき場合に下着でいたり等々のことは汚いことなのである。［B］、(注)汚穢(おわい)に関する我々の行動は、一般に尊重されてきた分類を混乱させる観念とか、それと矛盾しそうな一切の対象または観念を非とする反応にほかならないのだ。

［C］我々は、汚(けが)れたものの問題だけに焦点をしぼるようなことがあってはならないであろう。右のような定義を与えれば、汚れとは、我々の正常な分類図式から拒否された剰余ともいうべき範疇(はんちゅう)のように思われる。それ故、汚れたるものだけに注目するといったことは、(ウ)最も強力な精神的習慣と衝突することに等しいのだ。という意味は次の通りである。我々が［ i ］する一切のものは、［ i ］者たる我々が主として構成するパターンに組み込まれると思われる。つまり、［ i ］するこ

きなのである。

(河野哲也『暴走する脳科学―哲学・倫理学からの批判的検討―』より。原文の一部を省略した。)

(注1) サイバネティックス…機械の制御機能と動物の神経系機能の類似性や関連性を研究する学問分野。

(注2) サーキット…回路。ここでは神経細胞のネットワークによる回路を指す。

問一　空欄 A ～ C に入るもっともふさわしいことばの組み合わせを次の(ア)～(カ)から一つ選び、記号で答えなさい。

	A	B	C
(ア)	具体	抽象	人工
(イ)	具体	人工	抽象
(ウ)	人工	具体	抽象
(エ)	人工	抽象	具体
(オ)	抽象	人工	具体
(カ)	抽象	具体	人工

問二　傍線部(1)「この問題について心だけで考えておきなさい」とあるが、心だけで考えるとはどういうことか、本文中のことばを用いて説明しなさい。

〔解答欄〕縦15.0センチ×横1.0センチ

こと

問三　傍線部(2)「環境との相互作用」にもっとも近い意味の記述を、本文中から十五字で抜き出しなさい。

問四　傍線部(3)「三番目のケースが、これまで説明してきた拡張した心である」とあるが、一番目のケースと二番目のケースについて、それぞれ本文中のことばを用いて説明しなさい。

〔解答欄〕それぞれ縦12.0センチ×横1.0センチ

問五　傍線部(4)「脳研究は心全体の研究とはなりえない」とあるが、この考え方と合致する本文の記述を次の(ア)～(カ)から二つ選び、記号で答えなさい。

(ア)　身体あっての脳

(イ)　あらゆる心的活動を脳状態に還元

(ウ)　脳は、心の働きの唯一の統御者

(エ)　脳も、身体と環境を含めた全体的なシステムの一部

(オ)　脳を司令官のようにみなすホモンキュラス的な発想

(カ)　「身体・肉体・自然」は、「精神・知性・人工」の支配下に入るもの

他方で、脳―身体のシステム全体に心が実現する場合もある。さらには、もっと大きな身体―環境の循環的なシステムに、心が実現しているというべき場合もある。

この⑶三番目のケースが、これまで説明してきた拡張した心である。詳論はしないが、知覚はこの三番目のケースであり、一番目のケースではない。拡張した心の概念では、そもそも「心」なるものは、人間が環境に対して積極的に働きかけ、環境とカップリングを成立させてゆく生存のあり方の一局面を指しているにすぎないと考えるのである。

この観点からみれば、脳は、心の働きの唯一の統御者ではありえない。生物のあらゆる活動は、環境との間で自己調整的な循環システムを形成している。そうしたシステムには、ごく単純な場合でさえ、全体論的（ホーリスティック）な特徴が現れる。つまり、システム全体の働きは、個々の部分の働きの足し算以上の全体的特徴をもつのである。

脳と身体、さらに個体と環境（あるいは、他の個体）とが作り出す循環的関係の中では、すべての部分がそれ以前の動きによって規制を受ける。いかなる部分も他のすべての部分を一方的にコントロールすることはできない。脳も、身体と環境を含めた全体的なシステムの一部をなしているのである。

脳科学においては、脳を司令官のようにみなすホモンキュラス的な発想（脳内にあたかも小さな人間がいるかのように考えること）が見受けられる。「筋肉に指令する」「メッセージが外界から伝わる」「情報をストックしておく」「脳内で画像を眺める」などといった表現は、ホモンキュラス的発想の現れである。

しかし、これらの表現は、かなり問題の多いメタファー（比喩）以上のものではない。それは、脳の中に、それを眺めて動かす小人か幽霊がいるかのように発想を誘導する点で、科学的・哲学的にミスリーディングな比喩である。

さらにいえば、あたかも脳と身体の関係が、司令官と部下のような階層社会の関係にあるかのように思わせる点で問題のある表現である。そこには、「身体・肉体・自然」は、「精神・知性・人工」の支配下に入るものだという隠れた政治的・社会的意味が含まれているからである。

身体と環境を含めたシステムにおいては、ある部分の変化が全体の特性に影響を及ぼす「上方因果（下位のシステムが上位のシステムに対してもつ因果効力）」と、全体の特性がその部分に影響を与える「下方因果（「システム因果」ともいう）」という二つの因果性が存在する。脳内の変化は、身体システムや拡張した心というシステムに対して、上方因果の効力を有している。

以上にみてきたように、拡張した心の概念からみれば、⑷脳研究は心全体の研究とはなりえない。「心」と呼ばれる身体―環境システムにおいて、脳活動がどのような位置づけをもち、脳内の変化がどのようにシステム全体に影響を及ぼすのか。またその逆に、システムにおける他の構成要素や全体的特性（機能と構造）の変化が、脳にどのような変化をもたらすのか。

脳研究とは、これらのことについて研究する分野として理解されるべ

いうものが存在するだろうか、そして、そうしたものが心=脳の中に存在するといえるだろうか、ということである。

「愛する」「考える」といったことは、実際には、現実世界との双方向的なやり取りの中で成立する過程であり、対象やそれへの行動から切り離してそれらの行為そのものを抽出することはできないように思われる。愛する心も考える心も、それが働きかける外的環境と、働きかけるための身体を必要とする。愛も思考も拡張した心によって実現する。頭の中でなされていることは、そうした身体と環境をめぐる拡張した心のサイクルの一部なのである。

拡張した心を主張する哲学者がとくに重視するのが、身体の役割である。これまで述べてきたように、「心」と呼ばれる働きの多くは、(2)環境との相互作用によって成立するが、環境とのやり取りを担っているのが身体だからである。

かりに、身体活動を制御するのが脳であるとしても、脳の制御はすでに一定の身体の特性(サイズ、材質、形状、内部構造、可動範囲)を前提としており、それから独立した制御などありえないであろう。

人間の脳は、身体を原子レベルから再構成するようなプログラムを実行しているのではないし、筋肉の線維一本一本の構成を分子レベルから組み立てるような指令はしていない。骨格をどのように構成するか、筋肉をどの方向に収縮し弛緩するかについてさえ指令していない。身体の特性とその振る舞いの効果については、脳は何の制御も行うことはできない。それらはすべて身体の中に書き込まれている。むしろ、脳が行う制御は、身体の特性や振る舞いが環境に対して一定の効果をもちうることを最初からの前提としている。

したがって、脳が出す指令があるとすれば、そのヴォキャブラリーも文法も、身体という言語で書かれているはずである。単純にいえば、脳の方が、身体の能力、身体がもつ外界への効力に完全に依存しているのである。

極端な想像であるが、もしも人間が昆虫のように変態するとしたら、その身体の変化を考慮せずに脳だけ研究することは無意味なはずだろう。身体こそが環境と交流するのであり、その身体あっての脳である。知覚のような環境の認識においても、身体は探索的に環境を動き回って情報を獲得する。環境の中で活動し、そこに働きかけながら影響を受ける身体なしに、心は成立しないのである。

人類学・言語学・サイバネティックスなど幅広い研究活動を行ったグレゴリー・ベイトソン(注1)は、拡張した心の概念を提起した先駆者のひとりである。

ベイトソンによれば、あらゆる心的活動を脳状態に還元することは誤りである。たしかに、脳の一部をなしている完結したサーキット(注2)を取りだして、そこに心が実現しているといってよい場合もある。たとえば、夢や想像がその例であろう。想起についても、ある場合については、脳内だけで成立するかもしれない。

〔解答欄〕

神の視点
汽車(列車)

虫の視点
汽車(列車)

問題三

次の文章を読んで、設問に答えなさい。

「愛する」というのは心の働きであろう。しかし、心(脳)の中で愛という思念が生じていることが、愛するということなのだろうか。「心が愛する」、あるいは「脳が愛する」という表現と、「太郎が愛する」という表現を比べてほしい。「心(脳)が愛する」とはかなり[A]的な言い回しに思われるだろう。「太郎が愛する」の表現が、多様で、[B]的で、身体を伴った愛のやりとりを思いつかせるのに対して、「心が愛する」の方は抽象化され、無個性化されている。さまざまな行為の集合として愛があるのではなく、あたかも愛するという行為に[C]的な本質があり、心がそれを思念しているかのようである。

相手とのやり取りを含むはずの愛するという行為は、愛するという思惟と同一視される。だが、「愛するという思考」とは何のことをいうのであろうか。「愛しています、愛しています」と内語(発声しない音量を絞った発話)を呟けば、愛していることになるのだろうか。身体のない愛、対象(この場合、恋人)との一切のやり取りのない愛は、愛の名に値するだろうか。

「考える」についても同様である。たとえば、「売れる新製品を考えなさい」という指示を会社の上司から受けた場合、その問題について何の行動もせずに、ただ空想を繰り返したところで「考えた」ことにはならないだろう。この場合の「考える」とは、試供品を配って調査し、他社の同種製品と比較し、市場のさまざまな情報を集めて最終判断をくだすといった一連の過程を指すはずである。それは、文字通り、額に汗して到達できる実務的な仕事である。

ところが、(1)「この問題について心だけで考えておきなさい」という指示ならばどうだろうか。おそらく、あなたはほとんど何もしなくてよいだろう。もちろん、そうした指示をする上司は、実社会ではいないはずである。

私がここで問いたいのは、対象の性質やそれに向かう行動の性質から完全に独立した「愛すること一般」、あるいは「思考すること一般」と

列車の乗客や、家の周りを行きつ戻りつしている人のように。

「このうちに相違ないが、どこからはいっていいか、勝手口がなかった」は、日本人なら実にすんなり分かる文である。一方、この文を理解する取っ掛かりとなるモノ（主語）を探しつつ、この文の人物よろしく文を行きつ戻りつしたのは当のラガナ氏で、結局見つからぬまま頭を抱えてしまったらしい。

してみると、ラガナ氏にとって最大の問題は、我々日本人母語話者には当然と思える「主人公とともに動く」虫の視点を持っていないことなのである。『雪国』冒頭を上空からスケッチした英語話者と同じように、ラガナ氏も不動の「神の視点」からこの文を眺めた。そして、これほど簡単な文の柔構造が把握できなかったのである。

どうも日本語の発想は、高みから下界を一気に見下ろす鳥類型というよりは、地面を這って進む爬虫類型、蛇のように前へ進みながら進行方向を適宜変えていくことの許される恣意性の高い言語ということができそうである。

（金谷武洋『日本語と西欧語―主語の由来を探る―』より。原文の一部を省略した。）

問一　空欄［イ］、［ロ］、［ハ］、［ニ］、［ホ］、［ヘ］に入る語をそれぞれ平仮名一字で答えなさい。

問二　傍線部(1)「母語の外国語への干渉」とあるが、具体的にどのようなことなのか、二十五字以内で説明しなさい。

問三　空欄［A］、［B］、［C］に入るもっともふさわしい語を本文中から抜き出しなさい。

問四　傍線部(2)「英語への翻訳者が意図的にイメージを変えた」のは何故か、その理由の説明として適切なものを次の(ア)～(エ)から一つ選び、記号で答えなさい。

(ア)　日本語の表現をそのまま英語に翻訳することができないから。

(イ)　日本語の表現は文法的に間違っていると翻訳者が判断したから。

(ウ)　日本語をそのまま翻訳すると真意が伝えにくいから。

(エ)　日本語の表現より英語の表現の方が、世界的に通用度が高いから。

問五　本文中の『雪国』を例に、「神の視点」と「虫の視点」を、次の二つの記号（視点、矢印）を用い、解答用紙に示した図の中に記入しなさい。

視点

矢印

視点は「汽車の外」にある。トンネルからは列車が頭を出しており、列車内に主人公らしい人物を配した者もいた。トンネルの外には山があり、何人かは雪を降らせている。

　これは実に見事な実験で、思わず膝を打った。原文と訳文の認知的イメージが著しく違うことが実証されたのである。そしてここでの原文は日本語なのだから、(2)英語への翻訳者が意図的にイメージを変えたのであり、その逆ではない。何を変えたのか。何よりも変えられたのは視点である。原作では汽車の中にあった視点が、英訳では汽車の外、それも上方へと移動している。本書で「神の視点」と呼ぶのは、この視点のことである。視点はここで「地上から上空へと」移動した。原文はこのまますらすらと読める文であり、さらにあの「夜の底が白くなった」と続くのだから、大向こうから「よっ、ノーベル文学賞！」と声がかかりそうな名調子である。それがそのまま英訳できないとは、どうしたことであろうか。

　よく見ると、川端の原文には「主語」がないのである。主語がないと、英語では文が作れない。日本語はちっとも困らないが、英語では大問題だ。このままでは英訳できないので、英訳に原文にはなかった単語が主語となって出現している。それが「汽車（The train）」だ。つまり日本語の方は、「時間の推移」を含んだ「コト（出来事）」を表しているのに、英語では汽車という「モノ」をわざわざ持って来て、そのモノの「トンネルからの現れ」という表現にすりかえているのである。頭の出かかった汽車を上空から一気に見下ろしたのが（2）である。時間と空間を立体的に表現していた原文と比べて、訳文では B の要素が失われ、文字通り「失速」している。原文の方がずっといいことは言うまでもない。原文でビデオ動画だった情景が訳文ではスナップ写真になってしまっている。

　この番組を見ていて、アルゼンチン出身の日本語研究家ドメニコ・ラガナ氏のことを思い出した。来日前、日本語をまだ修業中のラガナ氏がどうしても意味が分からなかった文があったという。幸田文の小説『流れる』（一九五六）冒頭の文だ。

　このうちに相違ないが、どこからはいっていいか、勝手口がなかった。

　この文も『雪国』の冒頭に似ている。ここでもまた、「時間の推移」とともに、主人公が入り口を探しつつ家の周りを行きつ戻りつしているコト（出来事）を表現している文だからだ。この際の、作者と主人公と、そして読者が一様に共有する地上の視点を、本書では「虫の視点」と呼ぶことにしよう。

　「神の視点」の方は C である。言語化されようとしている状況から遠く身を引き離して、上空から見下ろしている。そしてスナップ写真のように、瞬間的に事態を把握する。時間の推移はない。

　「虫の視点」はその反対で、状況そのものの中にある。コンテキスト（文脈）が豊かに与えられている。そしてこの視点は時間とともに移動する。あたかも虫が地上を進んでいくように。あるいはトンネルを走る

日本語では、英語のように「誰かが（意図的に）どうする」ではなくて、「何かが（自然に）どうなる／どうである」という言い方となるのは、こうした日英語の発想の違いの当然の結果である。「ドアが閉まります」のように、自動詞文なら話し手と聞き手の間に亀裂は生じない。英語における主語、つまり［A］が日本文からは消えてしまうからだ。両言語間の、何という対照的な発想だろうか。まさに「天と地」の違いと言うべきだろう。

二つの言葉を比べる時に、翻訳の状況を観察するのは効果的方法である。とりわけ、翻訳者がひとつの同じ状況を、直訳ではなく「わざわざ」原文の構造を意図的に変えて、自分の母語に訳す場合が注目に値する。もちろんこれは訳者の意図的な操作だが、そうする最大の理由は「直訳すると悪文になるから」である。

つまり、現実を言語化する際に二つの言葉の間に認知的な違いが生まれる状況下では、優秀で良心的な翻訳者ほど直訳でなく「意訳する」傾向が強い。当然、その結果として、日本語の文とそれを英仏語に訳した文では受けるイメージがかなり違ってしまう。例えば、日本の小説を日本語で読む人とその英訳（や仏訳）を読む人とでは、両者の想起している状況が大きく異なる可能性が出てくる。両者を観察することによって、対照言語的にも比較文化的にも興味深い事実が浮かび上がって来るのだ。その顕著な例をこれからご紹介しよう。

二五年ほど前にNHK教育テレビで「シリーズ日本語」という特集番組をやっていた。その中の一回で講師の池上嘉彦（いけがみよしひこ）が『雪国』（川端康成）冒頭の有名な文を取り上げて解説している。実はこれは日本語文法の考察にしばしば引用される有名な文である。翻訳家として川端作品の多くを手がけているE・サイデンステッカーは、この文を以下のように訳しているが、果たしてこれら二つの文は同じことを言っているだろうか。原文と訳文で同じイメージが想起されるだろうか。二つの文をじっくり味わってみよう。

（1）国境の長いトンネルを抜けると雪国であった。

（2）The train came out of the long tunnel into the snow country.

まず（1）の原文である。この文を読んで我々の頭に浮かぶ情景は何だろう。作者／主人公が汽車に乗っていることは明らかだろう。そして読者もまた、その主人公の行動を同じ目の高さで追体験してはいないだろうか。今、列車はトンネルの暗闇の中を走っており、作者／主人公はその車内に座っている。やがて、窓の外が明るくなる。やっと長いトンネルを抜けるのだ。おや、山のこちら側は真っ白だ。そうか、雪国に入ったんだな、という風に「時間の推移とともに」場面が刻々変化していく。

これに対して英文（2）はどうだろう。番組では、数人の英語話者をスタジオに招いて、この文から思い浮かぶ情景を絵に描かせていた。実に興味深いことに、汽車の中からの情景を描いたものは皆無で、全員が上方から見下ろしたアングルでトンネルを描いている。明らかに話者の

日本人に重宝されるのである。

　その様子を表に見られたい。「ドアが閉まります」は極めて日本的な発想の文だということがこれで分かる。似たような文がとても多いのだ。日本語は英語と比べるとはるかに行為文が少ない。多くの日本人の英語が苦手な理由のひとつは、これらの例で一目瞭然の「正反対の発想」が意識的に言語化されないことだ。これ以上まだまだリストを長くすることは容易にできるが、ここでは一〇例のみにとどめておこう。

（所有）	I	have money.	お金	が	ある。
（所有）		have a son.	息子		いる。
（欲求）		want this house.	この家		ほしい。
（欲求）		want to see this.	これ		見たい。
（理解）		understand Chinese.	中国語		分かる。
（必要）		need time.	時間		要る。
（知覚）		see Mt. Fuji.	富士山		見える。
（知覚）		hear a voice.	声		聞こえる。
（好き）		like this city.	この街		好きだ。
（嫌い）		hate cigarettes.	煙草		大嫌いだ。

表

　表の例文における英語と日本語の「逆方向の発想」をざっと解説しよう。英語の例文は、ことごとく他動詞を使った積極的行為文（する文）となっている。いわゆるSVO構文だ。すべての文で「I（私）」は「主語」であり、様々な行為の動作主として表現されている。これに対して日本語の様子はまるで異なっている。まず、大抵の場合、「私」はそもそも登場しない。表現されたとしても、せいぜい「私は／私には」と、主語ではなく主題（トピック）で現れるにすぎない。トピック（topic）の語源はギリシャ語の「topos」で、人ではなく「場所」である。つまり、あの人がある出来事に関わっている、ある人を通じてこれこれのコトが出来（しゅったい）する、ということにすぎない。

　行為文である英語とは正反対に、日本語で重要な役割を演じるのは格助詞「が」で示される名詞だ。しかし、英語とは対照的に、これらの単語は行為者ではない。それは表の例文を見ていただければ一目瞭然だろう。二つの言語におけるそれぞれの共通部分が、英語は主語の「I」であり、日本語は格助詞の「が」であるのは興味深い事実だ。「が」が付いた言葉は、英語の方では直接目的語となっていることが多く、そちらはSVO他動詞文が中心だ。だが、日本語ではどれひとつとして他動詞文ではない。つまり積極的な行為者がこちらには存在しない。述語は「ほしい／見たい」のように形容詞文だったり、「好きだ／大嫌いだ」のように名詞文だったり、それ以外では自動詞文となっている。「は／が」が主語を表す助詞である、などという学校文法は大嘘であることがこれで分かるはずだ。

(ウ) 社会科学の知識は理論的だが、役に立たない。

(エ) 理論と現実は、別のものである。

問題二

次の文章を読んで、設問に答えなさい。

一〇年近くも学校で英語を学びながら、ほとんどの日本人が英語での日常会話もおぼつかないのはなぜだろう。一言で言えば、英語と日本語は「発想が違いすぎるから」である。単語やイディオムをいくら暗記したって「ある日突然英語が話せる」ようには決してならない。逆に、発想の違いのパターンを把握したら上達は思ったより速い。

日本語では自動詞中心の「自然にそうなる」というタイプの言語表現が多い。英語はその逆で、人間の行為をせっせと表現する。それを「意図的にそうする」という他動詞中心のSVO構文で表現する傾向が非常に強いのだ。

筆者はカナダの日本語教室でこんなクイズをしている。黒板に「風〇窓〇開〇た」と大書して、「〇に平仮名をひとつずつ入れて、正しい文にしなさい」と聞く。マル埋めクイズだ。カナダの学生はどう答えるだろう。そして、読者の皆さんはどういう文にされるだろうか。

日本人なら「風[イ]窓[ロ]開[ハ]た」が一番自然な答えだと思う。ところが、カナダの学生にこう答える者はまずいない。それは、彼らが文頭の「風〇」を直観的に主語だと予想するからだ。すると残りは必然的に他動詞・目的語となるから、答えは「風[ニ]窓[ホ]開[ヘ]た」である。つまり日本人は自動詞文を好むが、カナダ人（母語は仏語か英語）は他動詞文を好む、ということになる。そしてそれを学習中の日本語にも当てはめる、というわけだ。(1)母語の外国語への干渉と言ってよいだろう。

同じような文だが、日本で電車が発車する時「ドアが閉まります。ご注意ください」という車掌のアナウンスがよく流れる。なぜ時には「ドアを閉めます」と言わないのか、と教え子が東京からわざわざ電子メールで尋ねてきたことがある。これもまた、日本人の自動詞文好みの表れだろう。「こういう文を耳にすれば、乗客は車掌が自分と同じ地平にいるという印象を持って安心するのだ」と返信したが、その「同じ地平」が「虫の視点」である。他動詞文の「ドアを閉めます」ではスイッチを押している車掌が行為者となり、その行為を受ける乗客との間に亀裂が生まれる。あたかも行為者は「神の視点」を持って状況を支配しているかのようだ。これでは乗客はいい印象を持てず、不安に襲われるかも知れない。

考えてみれば、畑仕事のお百姓さんに「精が出ますね」と声をかけるのも、自宅で「お茶が入りましたよ」とか「お風呂が沸いていますよ」などと言うのもそうした例で、これらは主客間の分断・対峙を避けるために好まれると言えよう。自動詞文には「行為者がいない」からこそ、

統制ということは、相手の人間性を自分の望みに合わせるのではなく、自分のほうが相手の人間性に合わせたやり方をすることだと認識してはじめて、統制力を向上させることができるのである。もし統制に失敗したなら、その原因は自分の選んだやり方が適切でなかったことにある場合が多い。自分の見通しどおりに動かなかったと従業員を責めてみたところで、自分の経営力が向上するものではないようだ。

（D・マグレガー著、高橋達男訳『企業の人間的側面（新版）』産業能率大学出版部より。原文の一部を省略した。）

問一　傍線部(1)「経営者は経営目的達成のためには社会科学のしかるべき知識をどんどん摂取して、個人的な経験や観察のみにたよる必要のない人でなくてはならない」のはなぜか。筆者の主張と合致するものを次の(ア)～(エ)から一つ選び、記号で答えなさい。

(ア)　経営者が意思決定をしてはじめて従業員が行動するので、経営者の意思決定スピードを早めることが大事だから。

(イ)　経営者が自分の体験に基づいた考え方に全幅の信頼をおいていると、科学的に有効とされていることを活用できないから。

(ウ)　社会科学者の書いたものはわかりにくいので、経営者は自然科学者の書いたものを読んで学ぶ必要があるから。

(エ)　経営者が見通しをもって統制しようとしても、従業員が怠けて指示を守らないことが多いために、統制がうまくいかないことが多いから。

問二　傍線部(2)「専門家というものは」とあるが、専門家についての筆者の主張と合致するものを次の(ア)～(エ)から一つ選び、記号で答えなさい。

(ア)　専門家は、理論と現実を意地悪く対比して考える。

(イ)　専門家は、たよりない理論を実際にあてはめようとする。

(ウ)　専門家は、体験よりも科学的知識をたよりにする。

(エ)　専門家は、同僚のもつ知識よりも体験をたよりにする。

問三　空欄 A に入るもっとも適切なことばを本文中から二字で抜き出しなさい。

問四　傍線部(3)「この点に関する従来の誤り」とあるが、「従来の誤り」に該当する経営者の行動はどのようなものか。本文中から2箇所、それぞれ句読点を含め三十三字で抜き出しなさい。

問五　傍線部(4)「人間の行動は予測のつくものではあるが、自然科学の場合と同じように正確な見通しができるかどうかは、その基礎となる理論的考え方が正しいかどうかにかかっている」とあるが、理論に関する著者の主張と合致するものを次の(ア)～(エ)から一つ選び、記号で答えなさい。（解答欄の位置に注意）

(ア)　経営者の決定には、理論的な考え方が影響する。

(イ)　理論的考えは、社会科学者だけが持っている。

あげつらうことは、だれにでもいとやすいことだから。

社会科学的知識を経営者が活用していない理由として、前述したことに劣らず重要なのは、人間行動に関する統制(コントロール)ということの性質を誤解していることである。技術で統制するということは、自然法則に合うよう調整することである。つまり、自然をわが意に添わせようなどとはしないのである。たとえば、われわれは水を高い方に流そうとして溝を掘ることもなければ、燈油で火を消すこともないのである。内燃機関を設計するときには、気体の熱膨張という性質を認め、それに合わせて設計するのであって、気体を膨張させまいとしたりはしない。自然現象を統制するということは、問題の自然現象の性質に「合った」手段を選び出すということなのである。

人間についても、事情は全く変わらないのだが、ここでは、われわれは水を高い方へ流そうとして溝を掘るようなことをすることがある。統制しようとして、相手に適応した［A］を選ぶどころか人間性を暗に踏みにじろうとすることがよくある。つまり、自然法則をないがしろにして、自分の思いのままに相手を動かそうとするのだ。やり方が正しくなければ、けっして望みどおりの成果が得られるものでないことは、技術の場合も人間相手の場合も同じことである。

経営者が人を使おうとするとき、もう一つ別の誤りを犯しているのをよく見うける。望みどおりの成果が達成できなかったとすると、その原因をくまなく探究はしても、けっして統制方法がまちがっていたとはしないものである。実は、方法がまちがっていることが原因であることが普通なのであるが。技術者は、水が上に流れないで下に流れるといって水を責めたり、熱せられた気体が、収縮せずに膨張したからといって気体を責めたりはしない。しかし、従業員が経営者の決定に従って思いどおりに動かないと、従業員を責めるのが普通である。こうなったのは「従業員」が愚鈍であり「従業員」が非協力的であり「従業員」が怠けていたせいだということであり、経営者の統制方法が適切でなかったとは言わない。

うまく見通しをもって統制することが仕事の核心であることは、経営でも技術でも医学でも変わりはない。もし従業員を組織して利潤の達成に邁進(まいしん)させる能力を向上させたいのなら、まずこのことを認めねばならないばかりでなく、また(3)この点に関する従来の誤りを認め、改めねばならない。

(4)人間の行動は予測のつくものではあるが、自然科学の場合と同じように正確な見通しができるかどうかは、その基礎となる理論的考え方が正しいかどうかにかかっている。実際のところ、理論なくして予測をつけうるものではない。あらゆる経営上の決定も施策も人を使う場合の考え方次第で変わるのである。もし、自分は「現実本位だ」とか「経営は一個の芸術だ」とかいうまちがった考えをもって、この点について耳を覆(おお)って鈴を盗むような態度をとるならば、企業の人間的側面の進歩は遅々たるものであろう。自分のもつ理論的考え方を検討し試験してみないと、とても、それを妥当なものに改め、矛盾を取り除いて、見通し能力を向上させることはできないのである。

社会科学の知識を自然科学の知識ほど経営者が活用していない理由はほかにもある。このうち次の二つは特に重要である。まず第一は、経営者というものは、無理からぬことではあるが、自分もひとかどの社会科学者だと思い込んでいることである。幼少から人とじゅうぶんつき合っているので、これ以上人間について知る必要はないとまともに考えているものなのである。経営者にしてみれば、社会科学者が説く人間行動の知識は、理論的ではあっても自分が当面している現実とは無関係で、自分自身の体験に基づいた知識こそ実際的で役にたつものと思っていることが多い。

このように、人間の管理について理論と現実とを意地悪く対比して考えていることが多く、これがかなりのハンディキャップとなってこの面の進歩発展を遅らせている。そんなことから未熟な科学的成果を実行に移すような心得違いもし、また、イカサマ師や山師に跳梁（ちょうりょう）させるスキを与えてしまったのである。

経営者の施策はすべて、仮定、帰納、仮説——すなわち理論に基づいているのである。仮定なるものは暗々裡（あんあんり）のものが多く、全然意識しないこともあり、また時には矛盾していることも多いが、それでもこうした仮定があればこそ、甲をやれば乙が起こるという予想もつくのである。つまり理論と現実は不可分のものなのである。

多かれ少なかれ理論的な考え方はだれしももっているのであって、正しいかどうかは別にして、経営者が決定を下したり施策を講じたりする場合にこうした考え方に影響されないということは、ありえない。実際的、実際的とこだわることは、実は「とやかく言わずに俺の理論的な考え方をのんでくれ」ということなのである。普通理論的な考え方をとくと確かめもせずに物事にとりかかるのであるが、これで経営者がとんでもない矛盾撞着した行動をすることがよくある。

経営者のやることに理論はたいせつではないということを言わんとして、よく聞くセリフにもう一つ「経営は一個の芸術だ」ということがある。ということは、直観とか感情をたよりにして、初めから個々の経営施策のもとになっている理論を徹底的に吟味しようとしないのである。直観や感情については、最初にお断わりしたように、ここで取り上げるつもりはない。また、経営は一個の科学であるかどうかも問題ではない。経営は科学ではない。ネライが違うのだ。科学は知識をのばすことがネライであり、一方、経営は現実の目標を達成することがネライなのである。もちろんこれは経営に限らずどの専門職も同様であるが。そういった目標を達成するのに経営者が科学的知識を活用できるかどうかが問題なのである。経営は一個の芸術だと言い張ることは、ただ、系統的で証明済みの科学的知識を実際に適用することを拒否せんがためとしか思えないのである。経営者が自分の体験に基づいた考え方に全幅の信頼をおいている限りは、科学的に有効とされていることも活用できないものである。そういう例がたくさんみられる。社会科学の知識は、まれにどころか、経営者自身の体験と撞着し、大事に育ててきた夢をぶちこわすことが多い。そうされたくないと思えば、いちばん安易な逃げ道は科学的知識を拒否することである。科学的知識の不完全さ、不じゅうぶんさを

とがあるのも事実である。現代社会問題のうちの重要なものを考えてみたまえ。ほとんどがうまくいっていない。青少年の非行、犯罪、交通事故の多発、労使紛争、冷い戦争などすべてこれである。

事業経営におけるこれまでの成果は、人間の行動を予見し、これを統制する偉大な能力のおかげであることがわかる。ある会社がもうかっているということはいろいろ理由はあろうが、とりわけ経営者が、従業員を雇い入れて、これを組織し、指揮して、財貨・サービスの製造販売を行なわせ、利潤をあげたということである。しかし、自分は社内の従業員の出方を予見し、統制する手腕があると胸を張って言える経営者はほとんどいないといってよい。この分野を新たに開発したいということは、経営者が経営になお改善の余地があることを認めている証拠である。大(おお)法螺(ぼら)吹(ふ)きの山師どもが、経営の特効薬といって売り込みにチョイチョイ成功しているところをみても、経営者が現状でよしと思ってはいないことがわかる。現在手持ちの人材の潜在能力を引き出す方法がわかったら、会社の能率はどんなに少なく見積もっても倍加するということには大かたの経営者は異論がないであろう。

このことについて、私はもっと社会科学を駆使した人の使い方をすれば、企業経営もいっそう進歩発展するのではないかという確信を深めているのであるが、同僚の中にもこれに賛成してくれる人がいる。もちろん、経営の改善が遅れているのにはそれなりに理由があろう。社会科学それ自身にも問題はあろう。社会科学は自然科学に比べて、なお未熟であり、その成果も断片的でとりとめがなく、正確さを欠き、肝心な問題で今なお議論が分かれているものが多い。とはいえ、これは相対的問題であって、今日と三〇年前の状態とをちょっと比較すれば、その間に多くの成果が上がっていることがわかろう。社会科学はまだまだこれからの学問であるとはいえ、今日経営者が社会科学に学ばねばならないものはきわめて多いのである。

社会科学者の書いたものは素人にはわかりにくいという議論があるが、特に気にすることはないと思っている。その点は自然科学者だって大同小異である。また残念なことに、割合にたよりない理論を向こう見ずに実際にあてはめようとする社会科学者もいれば、応用面にはとんと無頓(むとん)着(ちゃく)な社会科学者もいるのだが、これとても社会科学に限ったことではない。今日、経営者の中には社会科学者をコンサルタントとかスタフといった「仲人」に雇うか、専門雑誌と日曜付録の中間をゆく論文を読んで、理論や研究を理解し、その主張なり提案が科学的に正しいかどうかを判断している程度の人が多い。しかし、有能な経営者が（他分野の専門家と同様に）自分の仕事に関係ある科学的知識を身につけ、科学的論文を読み、かつ、その成果や主張の妥当性まで判断しなければならぬ時代が遠からず訪れるだろう。

この点、われわれ社会科学者にもむろん責任のあることである。経営者と社会科学の関係はいつの日か、きっとエンジニアと自然科学、あるいは医者と化学・生理学の関係と同じようになると思う。(2)専門家というものは科学者である必要はないけれども、科学的知識を巧みに駆使できるようになっていなければならないのである。

国語

（六〇分）

問題一

次の文章を読んで、設問に答えなさい。

専門家というものは目標を達成しようとする場合、まず知識にたよろうとする。技術者が機器を設計する場合も、開業医が患者を診察したり処方箋を書いたりする場合も、弁護士や建築家が相談にのる場合もみなそうである。専門家というものは、自己の領分に関する科学的知識、同僚のもつ知識、あるいはまた自らの体験を通じて得た知識を元手にしているものである。体験よりも科学的知識や同僚のもつ知識をたよりにするところが、素人と違うところである。

経営者になるためには、まず手始めにこの点で専門家にならなくてはならない。(1)経営者は経営目的達成のためには社会科学のしかるべき知識をどんどん摂取して、個人的な経験や観察のみにたよる必要のない人でなくてはならない。

どんな専門においても、上達するには見通しをもって統制する能力がなければならないのであるが、このことはまた事業経営においてもしかりである。経営者の最も重要な仕事の一つは、みんなの力を結集して企業の経済目標を達成することである。経営者が意思決定をしてはじめて従業員が行動することになる。経営者がうまくやれるかどうかは、従業員の出方に見通しをつけ、これを統制できるかどうかによる。もちろん、経営の成否が以上のことだけで決まるわけではないが、重要な部分を占めていることはまちがいない。

この点で、現代経営者の能力にはきわめてムラが多いといえる。場合によってはきわめてうまくいくこともある。たとえば、約束をとりつけること、購入契約に判を押すこと、長距離電話をかけること、部下に報告書を出させること、ホテルの予約をとること、手紙を出すことなど日常やっていることを考えてみたまえ。われわれは文字どおり無数のやり方で、相手の出方をかなり正確に見通して、自分の望む方向へと相手を動かしているのである。

同時にまた、見通しをもって統制しようとしても、うまくいかないこ

解答編

1

解答　≪2年前にはこれを書くなんて想像もしなかった≫

(1)—ア　(2)①—ウ　②—エ　③—イ　(3)—ウ　(4)—ア　(5)—エ

出典：I Never Would've Imagined Writing This Two Years Ago, Esquire on July 1, 2020 by Naomi Osaka

2

解答　(1)①—ウ　②—ア　③—エ　(2)④—ウ　⑤—エ

3

解答　(1)①—ア　②—ウ　③—イ　④—オ　⑤—エ

(2)①—エ　②—ア　③—オ　④—ウ　⑤—イ

(3)①—エ　②—ア　③—イ　④—オ　⑤—ウ

(4)①—イ　②—オ　③—ウ　④—エ　⑤—ア

(5)①—イ　②—オ　③—ウ　④—ア　⑤—エ

4

解答　(1)—ア　(2)—イ　(3)—ウ　(4)—ウ　(5)—イ　(6)—イ

(7)—エ　(8)—エ　(9)—エ　(10)—ウ

数学

1　解答　≪小問4問≫

(1)　$\{4\}\subset A$ より　　$4\in A$

また，$2\in A$ と集合 A の要素数が 2 であることから

$A=\{2,\ 4\}$　……(答)

(2)　偏差の和は 0 となることから

$-17+18+(-10)+11+(-9)+10+(-7)+7+\mathrm{A}+2=0$

より　　$\mathrm{A}=-5$　……(答)

平均値が 56 より，生徒のテストの得点は，それぞれの偏差に 56 を加えたものであるから，次のようになる。

39，74，46，67，47，66，49，63，51，58

これを，小さい順に並べると

39，46，47，49，51，58，63，66，67，74

このとき，5 番目が 51，6 番目が 58 であるから，中央値は

$$\frac{51+58}{2}=\frac{109}{2}=54.5$$　……(答)

(3)　$||x+1|-3|\leqq 2$ より

$-2\leqq|x+1|-3\leqq 2$

よって

$1\leqq|x+1|\leqq 5$

となる。

$1\leqq|x+1|$ より

$x+1\leqq -1,\ 1\leqq x+1$

よって

$x\leqq -2,\ 0\leqq x$　……①

$|x+1|\leqq 5$ より

$-5\leqq x+1\leqq 5$

よって

$-6 \leqq x \leqq 4$ ……②

したがって，求める実数 x の値の範囲は，①かつ②より

$-6 \leqq x \leqq -2,\ 0 \leqq x \leqq 4$ ……(答)

(4)　$AB=\sqrt{\{3-(-1)\}^2+\{1-(-1)\}^2}=\sqrt{20}=2\sqrt{5}$

三角形 ABC において，余弦定理を用いると

$$\cos\angle BAC=\frac{(2\sqrt{5})^2+(3\sqrt{5})^2-(\sqrt{17})}{2\cdot 2\sqrt{5}\cdot 3\sqrt{5}}$$

$$=\frac{4}{5}$$

$\sin\angle BAC>0$ より

$$\sin\angle BAC=\sqrt{1-\left(\frac{4}{5}\right)^2}$$

$$=\frac{3}{5}$$

三角形 ABC の面積は

$\frac{1}{2}\cdot 3\sqrt{5}\cdot 2\sqrt{5}\cdot\frac{3}{5}=9$ ……(答)

2　解答　≪2 次関数≫

(1)　$x=0$ のとき，$y=c$ より

$f(x)$ が y 軸と交わるときの y の値は　c ……(答)

(2)　平行移動によって放物線が一致するのは，x^2 の係数が等しいときであるから，a，b，c の条件は

$a=3$　b，c は任意 ……(答)

(3)　$(0,\ 0)$ を通ることから，$0=f(0)$ より

$0=c$

$c=0$ ……①

$(1,\ 3)$ を通ることから，$3=f(1)$ より

$3=a+b+c$

$a+b+c=3$ ……②

$(3,\ -5)$ を通ることから，$-5=f(3)$ より

$-5=9a+3b+c$

$9a+3b+c=-5$ ……③

①，②より

$a+b=3$ ……④

①，③より

$9a+3b=-5$ ……⑤

④，⑤より

$a=-\frac{7}{3},\ b=\frac{16}{3}$

よって，求める a，b，c の値は

$a=-\frac{7}{3},\ b=\frac{16}{3},\ c=0$ ……(答)

3 解答 ≪図形と計量≫

(1) $\angle ABD+\angle ADB=\angle BAC$ より

$$\angle ABD=\angle BAC-\angle ADB$$
$$=\alpha-\beta \quad \cdots\cdots(答)$$

(2) △ABD において，正弦定理を用いると，$\frac{AB}{\sin\angle ADB}=\frac{AD}{\sin\angle ABD}$ より

$$\frac{AB}{\sin\beta}=\frac{l}{\sin(\alpha-\beta)}$$

よって

$$AB=\frac{l\sin\beta}{\sin(\alpha-\beta)} \quad \cdots\cdots(答)$$

(3) △ABC において，$\sin\alpha=\frac{BC}{AB}$ より

$$BC=AB\sin\alpha$$
$$=\frac{l\sin\beta}{\sin(\alpha-\beta)}\cdot\sin\alpha$$
$$=\frac{l\sin\alpha\sin\beta}{\sin(\alpha-\beta)}$$

したがって

$$\mathrm{BP}=\mathrm{BC}+\mathrm{CP}$$
$$=\frac{l\sin\alpha\sin\beta}{\sin(\alpha-\beta)}+h \quad \cdots\cdots(答)$$

(4)
$$\mathrm{BP}=\frac{100\sin 60^\circ\sin 30^\circ}{\sin(60^\circ-30^\circ)}+1.5$$
$$=\frac{100\sin 60^\circ\sin 30^\circ}{\sin 30^\circ}+1.5$$
$$=100\sin 60^\circ+1.5$$
$$=100\cdot\frac{\sqrt{3}}{2}+1.5$$
$$=\frac{100\sqrt{3}+3}{2}$$

よって，求める木の高さ BP は

$$\frac{100\sqrt{3}+3}{2}〔\mathrm{m}〕 \quad \cdots\cdots(答)$$

4 解答 ≪整数の性質≫

(1)
$$n^4-4n^2=n^2(n^2-4)$$
$$=n^2\{(n^2-1)-3\}$$
$$=n^2\{(n+1)(n-1)-3\}$$
$$=n^2(n+1)(n-1)-3n^2$$
$$=(n-1)n(n+1)\cdot n-3n^2$$

$(n-1)n(n+1)$ は連続する 3 整数の積であるから，3 の倍数である。

したがって，n^4-4n^2 は 3 の倍数である。　　　　（証明終）

(2)　ある整数 n について，n^2+n+1 は 4 で割り切れると仮定する。

このとき，整数 k を用いて

$$n^2+n+1=4k$$

と表せる。

$$n(n+1)+1=4k$$

$n(n+1)$ は連続する 2 整数の積であるから，2 の倍数である。

したがって，左辺は奇数となるが，これは右辺が偶数であることに矛盾する。

したがって，n^2+n+1 は 4 で割り切れない。 (証明終)

(3)

$$
\begin{aligned}
n^5+4n &= n\{(n^4-5n^2+4)+5n^2\} \\
&= n\{(n^2-1)(n^2-4)+5n^2\} \\
&= n(n^2-1)(n^2-4)+5n^3 \\
&= n(n+1)(n-1)(n+2)(n-2)+5n^3 \\
&= (n-2)(n-1)n(n+1)(n+2)+5n^3
\end{aligned}
$$

$(n-2)(n-1)n(n+1)(n+2)$ は連続する 5 整数の積であるから，5 の倍数である。

したがって，n^5+4n は 5 の倍数である。 (証明終)

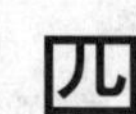

四

出典　メアリ・ダグラス『汚穢と禁忌』〈第二章　世俗における汚穢〉（塚本利明訳、ちくま学芸文庫）

解答

問一　(あ)―(c)　(い)―(d)　(う)―(a)　(え)―(b)　(お)―(d)

問二　汚れとは、我々の正常な分類図式から拒否された剰余ともいうべき範疇

問三　知覚

問四　(エ)

問五　(エ)

問六　(イ)

問五

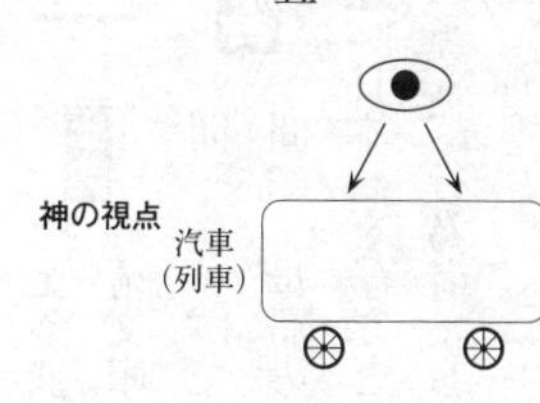

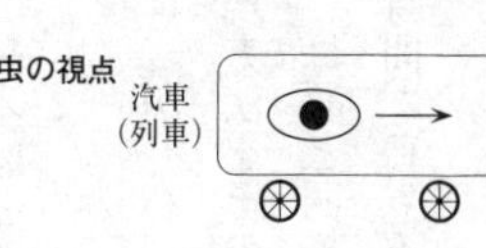

三

出典 河野哲也『暴走する脳科学――哲学・倫理学からの批判的検討』〈第二章　脳と拡張した心〉(光文社新書)

解答

問一　(ウ)

問二　何の行動もせずにただ空想を繰り返す(こと)

問三　現実世界との双方向的なやり取り

問四　(一番目のケース) 脳内の回路だけで心が実現している場合。
(二番目のケース) 脳―身体のシステム全体に心が実現する場合。

問五　(ア)・(エ)

国語

一

出典　D・マグレガー『企業の人間的側面――統合と自己統制による経営〔新版〕』〈第一章　経営者と科学的知識〉（高橋達男訳、産業能率大学出版部）

解答

問一　(イ)

問二　(ウ)

問三　手段

問四　自然法則をないがしろにして、自分の思いのままに相手を動かそうとする従業員が経営者の決定に従って思いどおりに動かないと、従業員を責める

問五　(ア)

二

出典　金谷武洋『日本語と西欧語――主語の由来を探る』〈第一章「神の視点」と「虫の視点」〉（講談社学術文庫）

解答

問一　イ、で　ロ、が　ハ、い　ニ、が　ホ、を　ヘ、け

問二　母語の表現方法をそのまま外国語にあてはめること。（二十五字以内）

別解　日本語を学ぶとき、母語と同様に他動詞文を好むこと。

問三　A、行為者　B、時間　C、不動

問四　(イ)

/////////////////// · memo · ///////////////////

/////////////////// · memo · ///////////////////

教学社 刊行一覧

2025年版 大学赤本シリーズ

374大学556点
全都道府県を網羅

国公立大学（都道府県順）

全国の書店で取り扱っています。店頭にない場合は，お取り寄せができます。

1 北海道大学（文系－前期日程）
2 北海道大学（理系－前期日程） 医
3 北海道大学（後期日程）
4 旭川医科大学（医学部〈医学科〉） 医
5 小樽商科大学
6 帯広畜産大学
7 北海道教育大学
8 室蘭工業大学／北見工業大学
9 釧路公立大学
10 公立千歳科学技術大学
11 公立はこだて未来大学 総推
12 札幌医科大学（医学部） 医
13 弘前大学 医
14 岩手大学
15 岩手県立大学・盛岡短期大学部・宮古短期大学部
16 東北大学（文系－前期日程）
17 東北大学（理系－前期日程） 医
18 東北大学（後期日程）
19 宮城教育大学
20 宮城大学
21 秋田大学 医
22 秋田県立大学
23 国際教養大学 総推
24 山形大学 医
25 福島大学
26 会津大学
27 福島県立医科大学（医・保健科学部） 医
28 茨城大学（文系）
29 茨城大学（理系）
30 筑波大学（推薦入試） 医 総推
31 筑波大学（文系－前期日程）
32 筑波大学（理系－前期日程） 医
33 筑波大学（後期日程）
34 宇都宮大学
35 群馬大学 医
36 群馬県立女子大学
37 高崎経済大学
38 前橋工科大学
39 埼玉大学（文系）
40 埼玉大学（理系）
41 千葉大学（文系－前期日程）
42 千葉大学（理系－前期日程） 医
43 千葉大学（後期日程） 医
44 東京大学（文科） DL
45 東京大学（理科） DL 医
46 お茶の水女子大学
47 電気通信大学
48 東京外国語大学 DL
49 東京海洋大学
50 東京科学大学（旧 東京工業大学）
51 東京科学大学（旧 東京医科歯科大学） 医
52 東京学芸大学
53 東京藝術大学
54 東京農工大学
55 一橋大学（前期日程）
56 一橋大学（後期日程）
57 東京都立大学（文系）
58 東京都立大学（理系）
59 横浜国立大学（文系）
60 横浜国立大学（理系）
61 横浜市立大学（国際教養・国際商・理・データサイエンス・医〈看護〉学部）
62 横浜市立大学（医学部〈医学科〉） 医
63 新潟大学（人文・教育〈文系〉・法・経済科・医〈看護〉・創生学部）
64 新潟大学（教育〈理系〉・理・医〈看護を除く〉・歯・工・農学部） 医
65 新潟県立大学
66 富山大学（文系）
67 富山大学（理系） 医
68 富山県立大学
69 金沢大学（文系）
70 金沢大学（理系） 医
71 福井大学（教育・医〈看護〉・工・国際地域学部）
72 福井大学（医学部〈医学科〉） 医
73 福井県立大学
74 山梨大学（教育・医〈看護〉・工・生命環境学部）
75 山梨大学（医学部〈医学科〉） 医
76 都留文科大学
77 信州大学（文系－前期日程）
78 信州大学（理系－前期日程） 医
79 信州大学（後期日程）
80 公立諏訪東京理科大学 総推
81 岐阜大学（前期日程） 医
82 岐阜大学（後期日程）
83 岐阜薬科大学
84 静岡大学（前期日程）
85 静岡大学（後期日程）
86 浜松医科大学（医学部〈医学科〉） 医
87 静岡県立大学
88 静岡文化芸術大学
89 名古屋大学（文系）
90 名古屋大学（理系） 医
91 愛知教育大学
92 名古屋工業大学
93 愛知県立大学
94 名古屋市立大学（経済・人文社会・芸術工・看護・総合生命理・データサイエンス学部）
95 名古屋市立大学（医学部〈医学科〉） 医
96 名古屋市立大学（薬学部）
97 三重大学（人文・教育・医〈看護〉学部）
98 三重大学（医〈医〉・工・生物資源学部） 医
99 滋賀大学
100 滋賀医科大学（医学部〈医学科〉） 医
101 滋賀県立大学
102 京都大学（文系）
103 京都大学（理系） 医
104 京都教育大学
105 京都工芸繊維大学
106 京都府立大学
107 京都府立医科大学（医学部〈医学科〉） 医
108 大阪大学（文系） DL
109 大阪大学（理系） 医
110 大阪教育大学
111 大阪公立大学（現代システム科学域〈文系〉・文・法・経済・商・看護・生活科〈居住環境・人間福祉〉学部－前期日程）
112 大阪公立大学（現代システム科学域〈理系〉・理・工・農・獣医・医・生活科〈食栄養〉学部－前期日程） 医
113 大阪公立大学（中期日程）
114 大阪公立大学（後期日程）
115 神戸大学（文系－前期日程）
116 神戸大学（理系－前期日程） 医
117 神戸大学（後期日程）
118 神戸市外国語大学 DL
119 兵庫県立大学（国際商経・社会情報科・看護学部）
120 兵庫県立大学（工・理・環境人間学部）
121 奈良教育大学／奈良県立大学
122 奈良女子大学
123 奈良県立医科大学（医学部〈医学科〉） 医
124 和歌山大学
125 和歌山県立医科大学（医・薬学部） 医
126 鳥取大学 医
127 公立鳥取環境大学
128 島根大学 医
129 岡山大学（文系）
130 岡山大学（理系） 医
131 岡山県立大学
132 広島大学（文系－前期日程）
133 広島大学（理系－前期日程） 医
134 広島大学（後期日程）
135 尾道市立大学 総推
136 県立広島大学
137 広島市立大学
138 福山市立大学 総推
139 山口大学（人文・教育〈文系〉・経済・医〈看護〉・国際総合科学部）
140 山口大学（教育〈理系〉・理・医〈看護を除く〉・工・農・共同獣医学部） 医
141 山陽小野田市立山口東京理科大学 総推
142 下関市立大学／山口県立大学
143 周南公立大学 新 総推
144 徳島大学 医
145 香川大学 医
146 愛媛大学 医
147 高知大学 医
148 高知工科大学
149 九州大学（文系－前期日程）
150 九州大学（理系－前期日程） 医
151 九州大学（後期日程）
152 九州工業大学
153 福岡教育大学
154 北九州市立大学
155 九州歯科大学
156 福岡県立大学／福岡女子大学
157 佐賀大学 医
158 長崎大学（多文化社会・教育〈文系〉・経済・医〈保健〉・環境科〈文系〉学部）
159 長崎大学（教育〈理系〉・医〈医〉・歯・薬・情報データ科・工・環境科〈理系〉・水産学部） 医
160 長崎県立大学 総推
161 熊本大学（文・教育・法・医〈看護〉学部・情報融合学環〈文系型〉）
162 熊本大学（理・医〈看護を除く〉・薬・工学部・情報融合学環〈理系型〉） 医
163 熊本県立大学
164 大分大学（教育・経済・医〈看護〉・理工・福祉健康科学部）
165 大分大学（医学部〈医・先進医療科学科〉） 医
166 宮崎大学（教育・医〈看護〉・工・農・地域資源創成学部）
167 宮崎大学（医学部〈医学科〉） 医
168 鹿児島大学（文系）
169 鹿児島大学（理系） 医
170 琉球大学 医

2025年版　大学赤本シリーズ

国公立大学 その他

171 〔国公立大〕医学部医学科 総合型選抜・学校推薦型選抜※ 医 総推
172 看護・医療系大学〈国公立 東日本〉※
173 看護・医療系大学〈国公立 中日本〉※
174 看護・医療系大学〈国公立 西日本〉※
175 海上保安大学校／気象大学校
176 航空保安大学校
177 国立看護大学校
178 防衛大学校 総推
179 防衛医科大学校（医学科） 医
180 防衛医科大学校（看護学科）

※ No.171～174の収載大学は赤本ウェブサイト（http://akahon.net/）でご確認ください。

私立大学①

北海道の大学（50音順）

201 札幌大学
202 札幌学院大学
203 北星学園大学
204 北海学園大学
205 北海道医療大学
206 北海道科学大学
207 北海道武蔵女子大学・短期大学
208 酪農学園大学（獣医学群〈獣医学類〉）

東北の大学（50音順）

209 岩手医科大学（医・歯・薬学部） 医
210 仙台大学 総推
211 東北医科薬科大学（医・薬学部） 医
212 東北学院大学
213 東北工業大学
214 東北福祉大学
215 宮城学院女子大学 総推

関東の大学（50音順）

あ行（関東の大学）

216 青山学院大学（法・国際政治経済学部－個別学部日程）
217 青山学院大学（経済学部－個別学部日程）
218 青山学院大学（経営学部－個別学部日程）
219 青山学院大学（文・教育人間科学部－個別学部日程）
220 青山学院大学（総合文化政策・社会情報・地球社会共生・コミュニティ人間科学部－個別学部日程）
221 青山学院大学（理工学部－個別学部日程）
222 青山学院大学（全学部日程）
223 麻布大学（獣医、生命・環境科学部）
224 亜細亜大学
226 桜美林大学
227 大妻女子大学・短期大学部

か行（関東の大学）

228 学習院大学（法学部－コア試験）
229 学習院大学（経済学部－コア試験）
230 学習院大学（文学部－コア試験）
231 学習院大学（国際社会科学部－コア試験）
232 学習院大学（理学部－コア試験）
233 学習院女子大学
234 神奈川大学（給費生試験）
235 神奈川大学（一般入試）
236 神奈川工科大学
237 鎌倉女子大学・短期大学部
238 川村学園女子大学
239 神田外語大学
240 関東学院大学
241 北里大学（理学部）
242 北里大学（医学部） 医
243 北里大学（薬学部）
244 北里大学（看護・医療衛生学部）
245 北里大学（未来工・獣医・海洋生命科学部）
246 共立女子大学・短期大学
247 杏林大学（医学部） 医
248 杏林大学（保健学部）
249 群馬医療福祉大学・短期大学部
250 群馬パース大学 総推
251 慶應義塾大学（法学部）
252 慶應義塾大学（経済学部）
253 慶應義塾大学（商学部）
254 慶應義塾大学（文学部） 総推
255 慶應義塾大学（総合政策学部）
256 慶應義塾大学（環境情報学部）
257 慶應義塾大学（理工学部）
258 慶應義塾大学（医学部） 医
259 慶應義塾大学（薬学部）
260 慶應義塾大学（看護医療学部）
261 工学院大学
262 國學院大學
263 国際医療福祉大学 医
264 国際基督教大学
265 国士舘大学
266 駒澤大学（一般選抜T方式・S方式）
267 駒澤大学（全学部統一日程選抜）

さ行（関東の大学）

268 埼玉医科大学（医学部） 医
269 相模女子大学・短期大学部
270 産業能率大学
271 自治医科大学（医学部） 医
272 自治医科大学（看護学部）／東京慈恵会医科大学（医学部〈看護学科〉）
273 実践女子大学 総推
274 芝浦工業大学（前期日程）
275 芝浦工業大学（全学統一日程・後期日程）
276 十文字学園女子大学
277 淑徳大学
278 順天堂大学（医学部） 医
279 順天堂大学（スポーツ健康科・医療看護・保健看護・国際教養・保健医療・医療科・健康データサイエンス・薬学部） 総推
280 上智大学（神・文・総合人間科学部）
281 上智大学（法・経済学部）
282 上智大学（外国語・総合グローバル学部）
283 上智大学（理工学部）
284 上智大学（TEAPスコア利用方式）
285 湘南工科大学
286 昭和大学（医学部） 医
287 昭和大学（歯・薬・保健医療学部）
288 昭和女子大学
289 昭和薬科大学
290 女子栄養大学・短期大学部 総推
291 白百合女子大学
292 成蹊大学（法学部－A方式）
293 成蹊大学（経済・経営学部－A方式）
294 成蹊大学（文学部－A方式）
295 成蹊大学（理工学部－A方式）
296 成蹊大学（E方式・G方式・P方式）
297 成城大学（経済・社会イノベーション学部－A方式）
298 成城大学（文芸・法学部－A方式）
299 成城大学（S方式〈全学部統一選抜〉）
300 聖心女子大学
301 清泉女子大学
303 聖マリアンナ医科大学 医
304 聖路加国際大学（看護学部）
305 専修大学（スカラシップ・全国入試）
306 専修大学（前期入試〈学部個別入試〉）
307 専修大学（前期入試〈全学部入試・スカラシップ入試〉）

た行（関東の大学）

308 大正大学
309 大東文化大学
310 高崎健康福祉大学
311 拓殖大学
312 玉川大学
313 多摩美術大学
314 千葉工業大学
315 中央大学（法学部－学部別選抜）
316 中央大学（経済学部－学部別選抜）
317 中央大学（商学部－学部別選抜）
318 中央大学（文学部－学部別選抜）
319 中央大学（総合政策学部－学部別選抜）
320 中央大学（国際経営・国際情報学部－学部別選抜）
321 中央大学（理工学部－学部別選抜）
322 中央大学（5学部共通選抜）
323 中央学院大学
324 津田塾大学
325 帝京大学（薬・経済・法・文・外国語・教育・理工・医療技術・福岡医療技術学部）
326 帝京大学（医学部） 医
327 帝京科学大学 総推
328 帝京平成大学 総推
329 東海大学（医〈医〉学部を除く－一般選抜）
330 東海大学（文系・理系学部統一選抜）
331 東海大学（医学部〈医学科〉） 医
332 東京医科大学（医学部〈医学科〉） 医
333 東京家政大学・短期大学部 総推
334 東京経済大学
335 東京工科大学
336 東京工芸大学
337 東京国際大学
338 東京歯科大学
339 東京慈恵会医科大学（医学部〈医学科〉） 医
340 東京情報大学
341 東京女子大学
342 東京女子医科大学（医学部） 医
343 東京電機大学
344 東京都市大学
345 東京農業大学
346 東京薬科大学（薬学部） 総推
347 東京薬科大学（生命科学部） 総推
348 東京理科大学（理学部〈第一部〉－B方式）
349 東京理科大学（創域理工学部－B方式・S方式）
350 東京理科大学（工学部－B方式）
351 東京理科大学（先進工学部－B方式）
352 東京理科大学（薬学部－B方式）
353 東京理科大学（経営学部－B方式）
354 東京理科大学（C方式、グローバル方式、理学部〈第二部〉－B方式）
355 東邦大学（医学部） 医
356 東邦大学（薬学部）

2025年版　大学赤本シリーズ

私立大学②

357 東邦大学(理・看護・健康科学部)
358 東洋大学(文・経済・経営・法・社会・国際・国際観光学部)
359 東洋大学(情報連携・福祉社会デザイン・健康スポーツ科・理工・総合情報・生命科・食環境科学部)
360 東洋大学(英語〈3日程×3カ年〉)
361 東洋大学(国語〈3日程×3カ年〉)
362 東洋大学(日本史・世界史〈2日程×3カ年〉)
363 東洋英和女学院大学
364 常磐大学・短期大学 総推
365 獨協大学
366 獨協医科大学(医学部) 医

な行(関東の大学)

367 二松学舎大学
368 日本大学(法学部)
369 日本大学(経済学部)
370 日本大学(商学部)
371 日本大学(文理学部〈文系〉)
372 日本大学(文理学部〈理系〉)
373 日本大学(芸術学部〈専門試験併用型〉)
374 日本大学(国際関係学部)
375 日本大学(危機管理・スポーツ科学部)
376 日本大学(理工学部)
377 日本大学(生産工・工学部)
378 日本大学(生物資源科学部)
379 日本大学(医学部) 医
380 日本大学(歯・松戸歯学部)
381 日本大学(薬学部)
382 日本大学(N全学統一方式−医・芸術〈専門試験併用型〉学部を除く)
383 日本医科大学 医
384 日本工業大学
385 日本歯科大学
386 日本社会事業大学 総推
387 日本獣医生命科学大学
388 日本女子大学
389 日本体育大学

は行(関東の大学)

390 白鷗大学(学業特待選抜・一般選抜)
391 フェリス女学院大学
392 文教大学
393 法政大学(法〈Ⅰ日程〉・文〈Ⅱ日程〉・経営〈Ⅱ日程〉学部−A方式)
394 法政大学(法〈Ⅱ日程〉・国際文化・キャリアデザイン学部−A方式)
395 法政大学(文〈Ⅰ日程〉・経営〈Ⅰ日程〉・人間環境・グローバル教養学部−A方式)
396 法政大学(経済〈Ⅰ日程〉・社会〈Ⅰ日程〉・現代福祉学部−A方式)
397 法政大学(経済〈Ⅱ日程〉・社会〈Ⅱ日程〉・スポーツ健康学部−A方式)
398 法政大学(情報科・デザイン工・理工・生命科学部−A方式)
399 法政大学(T日程〈統一日程〉・英語外部試験利用入試)
400 星薬科大学 総推

ま行(関東の大学)

401 武蔵大学
402 武蔵野大学
403 武蔵野美術大学
404 明海大学
405 明治大学(法学部−学部別入試)
406 明治大学(政治経済学部−学部別入試)
407 明治大学(商学部−学部別入試)
408 明治大学(経営学部−学部別入試)
409 明治大学(文学部−学部別入試)
410 明治大学(国際日本学部−学部別入試)
411 明治大学(情報コミュニケーション学部−学部別入試)
412 明治大学(理工学部−学部別入試)
413 明治大学(総合数理学部−学部別入試)
414 明治大学(農学部−学部別入試)
415 明治大学(全学部統一入試)
416 明治学院大学(A日程)
417 明治学院大学(全学部日程)
418 明治薬科大学 総推
419 明星大学
420 目白大学・短期大学部

ら・わ行(関東の大学)

421 立教大学(文系学部−一般入試〈大学独自の英語を課さない日程〉)
422 立教大学(国語〈3日程×3カ年〉)
423 立教大学(日本史・世界史〈2日程×3カ年〉)
424 立教大学(文学部−一般入試〈大学独自の英語を課す日程〉)
425 立教大学(理学部−一般入試)
426 立正大学
427 早稲田大学(法学部)
428 早稲田大学(政治経済学部)
429 早稲田大学(商学部)
430 早稲田大学(社会科学部)
431 早稲田大学(文学部)
432 早稲田大学(文化構想学部)
433 早稲田大学(教育学部〈文科系〉)
434 早稲田大学(教育学部〈理科系〉)
435 早稲田大学(人間科・スポーツ科学部)
436 早稲田大学(国際教養学部)
437 早稲田大学(基幹理工・創造理工・先進理工学部)
438 和洋女子大学 総推

中部の大学(50音順)

439 愛知大学
440 愛知医科大学(医学部) 医
441 愛知学院大学・短期大学部
442 愛知工業大学 総推
443 愛知淑徳大学
444 朝日大学 総推
445 金沢医科大学(医学部) 医
446 金沢工業大学
447 岐阜聖徳学園大学 総推
448 金城学院大学
449 至学館大学 総推
450 静岡理工科大学
451 椙山女学園大学
452 大同大学
453 中京大学
454 中部大学
455 名古屋外国語大学 総推
456 名古屋学院大学 総推
457 名古屋学芸大学 総推
458 名古屋女子大学 総推
459 南山大学(外国語〈英米〉・法・総合政策・国際教養学部)
460 南山大学(人文・外国語〈英米を除く〉・経済・経営・理工学部)
461 新潟国際情報大学
462 日本福祉大学
463 福井工業大学
464 藤田医科大学(医学部) 医
465 藤田医科大学(医療科・保健衛生学部)
466 名城大学(法・経営・経済・外国語・人間・都市情報学部)
467 名城大学(情報工・理工・農・薬学部)
468 山梨学院大学

近畿の大学(50音順)

469 追手門学院大学 総推
470 大阪医科薬科大学(医学部) 医
471 大阪医科薬科大学(薬学部) 総推
472 大阪学院大学 総推
473 大阪経済大学 総推
474 大阪経済法科大学 総推
475 大阪工業大学 総推
476 大阪国際大学・短期大学部 総推
477 大阪産業大学 総推
478 大阪歯科大学(歯学部)
479 大阪商業大学 総推
480 大阪成蹊大学・短期大学 総推
481 大谷大学 総推
482 大手前大学・短期大学 総推
483 関西大学(文系)
484 関西大学(理系)
485 関西大学(英語〈3日程×3カ年〉)
486 関西大学(国語〈3日程×3カ年〉)
487 関西大学(日本史・世界史・文系数学〈3日程×3カ年〉)
488 関西医科大学(医学部) 医
489 関西医療大学 総推
490 関西外国語大学・短期大学部 総推
491 関西学院大学(文・法・商・人間福祉・総合政策学部−学部個別日程)
492 関西学院大学(神・社会・経済・国際・教育学部−学部個別日程)
493 関西学院大学(全学部日程〈文系型〉)
494 関西学院大学(全学部日程〈理系型〉)
495 関西学院大学(共通テスト併用日程〈数学〉・英数日程)
496 関西学院大学(英語〈3日程×3カ年〉) 新
497 関西学院大学(国語〈3日程×3カ年〉) 新
498 関西学院大学(日本史・世界史・文系数学〈3日程×3カ年〉) 新
499 畿央大学 総推
500 京都外国語大学・短期大学 総推
502 京都産業大学(公募推薦入試) 総推
503 京都産業大学(一般選抜入試〈前期日程〉)
504 京都女子大学 総推
505 京都先端科学大学 総推
506 京都橘大学 総推
507 京都ノートルダム女子大学 総推
508 京都薬科大学 総推
509 近畿大学・短期大学部(医学部を除く−推薦入試) 総推
510 近畿大学・短期大学部(医学部を除く−一般入試前期)
511 近畿大学(英語〈医学部を除く3日程×3カ年〉)
512 近畿大学(理系数学〈医学部を除く3日程×3カ年〉)
513 近畿大学(国語〈医学部を除く3日程×3カ年〉)
514 近畿大学(医学部−推薦入試・一般入試前期) 医 総推
515 近畿大学・短期大学部(一般入試後期) 医
516 皇學館大学 総推
517 甲南大学 総推
518 甲南女子大学(学校推薦型選抜) 新 総推
519 神戸学院大学 総推
520 神戸国際大学 総推
521 神戸女学院大学 総推
522 神戸女子大学・短期大学 総推
523 神戸薬科大学 総推
524 四天王寺大学・短期大学部 総推
525 摂南大学(公募制推薦入試) 総推
526 摂南大学(一般選抜前期日程)
527 帝塚山学院大学 総推
528 同志社大学(法、グローバル・コミュニケーション学部−学部個別日程)

いつも受験生のそばに—赤本

大学入試シリーズ＋α
入試対策も共通テスト対策も赤本で

入試対策

赤本プラス

赤本プラスとは，**過去問演習の効果を最大にする**ためのシリーズです。「赤本」であぶり出された弱点を，赤本プラスで克服しましょう。

大学入試 すぐわかる英文法 DL
大学入試 ひと目でわかる英文読解
大学入試 絶対できる英語リスニング DL
大学入試 すぐ書ける自由英作文
大学入試 ぐんぐん読める 英語長文〔BASIC〕DL
大学入試 ぐんぐん読める 英語長文〔STANDARD〕DL
大学入試 ぐんぐん読める 英語長文〔ADVANCED〕DL
大学入試 正しく書ける英作文
大学入試 最短でマスターする 数学Ⅰ・Ⅱ・Ⅲ・A・B・C
大学入試 突破力を鍛える最難関の数学
大学入試 知らなきゃ解けない 古文常識・和歌
大学入試 ちゃんと身につく物理
大学入試 もっと身につく 物理問題集（①力学・波動）
大学入試 もっと身につく 物理問題集（②熱力学・電磁気・原子）

入試対策

英検® 赤本シリーズ

英検®（実用英語技能検定）の対策書。
過去問集と参考書で万全の対策ができます。

▶**過去問集（2024年度版）**
英検®準1級過去問集 DL
英検®2級過去問集 DL
英検®準2級過去問集 DL
英検®3級過去問集 DL

▶**参考書**
竹岡の英検®準1級マスター DL
竹岡の英検®2級マスター CD DL
竹岡の英検®準2級マスター CD DL
竹岡の英検®3級マスター CD DL

CD リスニングCDつき　DL 音声無料配信
新 2024年新刊・改訂

入試対策

赤本プレミアム

赤本の教学社だからこそ作れた、過去問ベストセレクション

東大数学プレミアム
東大現代文プレミアム
京大数学プレミアム〔改訂版〕
京大古典プレミアム

入試対策

赤本メディカルシリーズ

過去問を徹底的に研究し，独自の出題傾向をもつメディカル系の入試に役立つ内容を精選した実戦的なシリーズ。

〔国公立大〕医学部の英語〔3訂版〕
私立医大の英語〔長文読解編〕〔3訂版〕
私立医大の英語〔文法・語法編〕〔改訂版〕
医学部の実戦小論文〔3訂版〕
医歯薬系の英単語〔4訂版〕
医系小論文 最頻出論点20〔4訂版〕
医学部の面接〔4訂版〕

入試対策

体系シリーズ

国公立大二次・難関私大突破へ，自学自習に適したハイレベル問題集。

体系英語長文
体系英作文
体系現代文
体系世界史
体系物理〔第7版〕

入試対策

単行本

▶**英語**
Q&A即決英語勉強法
TEAP攻略問題集〔新装版〕DL 新
東大の英単語〔新装版〕
早慶上智の英単語〔改訂版〕

▶**国語・小論文**
著者に注目! 現代文問題集
ブレない小論文の書き方 樋口式ワークノート

▶**レシピ集**
奥薗壽子の赤本合格レシピ

入試対策　共通テスト対策

赤本手帳

赤本手帳（2025年度受験用）プラムレッド
赤本手帳（2025年度受験用）インディゴブルー
赤本手帳（2025年度受験用）ナチュラルホワイト

入試対策

風呂で覚えるシリーズ

水をはじく特殊な紙を使用。いつでもどこでも読めるから，ちょっとした時間を有効に使える！

風呂で覚える英単語〔4訂新装版〕
風呂で覚える英熟語〔改訂新装版〕
風呂で覚える古文単語〔改訂新装版〕
風呂で覚える古文文法〔改訂新装版〕
風呂で覚える漢文〔改訂新装版〕
風呂で覚える日本史〔年代〕〔改訂新装版〕
風呂で覚える世界史〔年代〕〔改訂新装版〕
風呂で覚える倫理〔改訂版〕
風呂で覚える百人一首〔改訂版〕

共通テスト対策

満点のコツシリーズ

共通テストで満点を狙うための実戦的参考書。
重要度の高いリスニング対策は
「カリスマ講師」竹岡広信が一回読みにも
対応できるコツを伝授！

共通テスト英語〔リスニング〕満点のコツ〔改訂版〕DL 新
共通テスト古文 満点のコツ〔改訂版〕新
共通テスト漢文 満点のコツ〔改訂版〕新
共通テスト生物基礎 満点のコツ〔改訂版〕新

入試対策　共通テスト対策

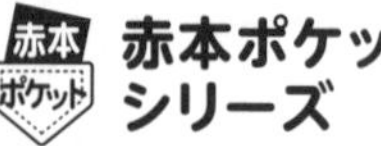

赤本ポケットシリーズ

▶**共通テスト対策**
共通テスト日本史〔文化史〕

▶**系統別進路ガイド**
デザイン系学科をめざすあなたへ